农业农村部农业农村资源农业信息化发展专项

中国农业农村信息化发展报告

（2020）

李道亮　主编

机械工业出版社

本书客观、全面、系统地记录了2019—2020年我国农业农村信息化发展的进程，是一本关于我国农业农村信息化发展的蓝皮书。全书内容包括理论进展篇、基础建设篇、应用进展篇、地方建设篇、企业推进篇、科研创新篇、发展政策篇、专家视点篇、大事记篇，共九篇三十一章。本书得到了农业农村部“农业农村信息化发展支撑服务”项目（项目编号：11200034）的支持，凝聚了众多农业农村信息化领域领导、专家与科研人员的智慧和见解，有较高的参考价值。

本书可供从事农业农村信息化的管理人员和技术人员参考，也可供相关专业的在校师生和研究人员参考。

图书在版编目（CIP）数据

中国农业农村信息化发展报告．2020 / 李道亮主编．—北京：机械工业出版社，2021.7
ISBN 978-7-111-68410-7

Ⅰ．①中…　Ⅱ．①李…　Ⅲ．①农业－信息化建设－研究报告－中国－2020 ②农村－信息化建设－研究报告－中国－2020　Ⅳ．① F32

中国版本图书馆 CIP 数据核字（2021）第 107848 号

机械工业出版社（北京市百万庄大街 22 号　邮政编码 100037）
策划编辑：陈保华　责任编辑：陈保华　王永新
责任校对：赵　燕　封面设计：马精明
责任印制：李　昂
北京捷迅佳彩印刷有限公司印刷
2021 年 7 月第 1 版第 1 次印刷
184mm × 260mm · 13.75 印张 · 330 千字
标准书号：ISBN 978-7-111-68410-7
定价：139.00 元

电话服务
客服电话：010-88361066
010-88379833
010-68326294

网络服务
机　工　官　网：www.cmpbook.com
机　工　官　博：weibo.com/cmp1952
金　　书　　网：www.golden-book.com
机工教育服务网：www.cmpedu.com

编 委 会

Preface 前言

2007年，我们编写的《中国农村信息化发展报告（2007）》，作为我国农业农村信息化发展的第一本蓝皮书出版；2020年，该系列报告已经走过了14个年头，一直忠实地记录着我国农业农村信息化发展的全貌。14年来，我们严格按照三个基本定位记录该年度农业农村信息化总体进展、发展特色和重大事件，第一个基本定位是要客观、全面、系统地记录我国农业农村信息化事业的年度进展；第二个基本定位是要总结实践、凝练提升、丰富和完善农业农村信息化的理论体系；第三个基本定位是要洞察新动向、提炼新模式、总结新观点、发现新探索、阐明新政策，以期对全国农业农村信息化发展有指导作用。本书也秉承这三个基本定位展开。

乡村振兴战略作为新时代“三农”工作的总抓手，是关系全面建设社会主义现代化国家的全局性、历史性任务。数字乡村建设既是乡村振兴的战略方向，也是建设数字中国的重要内容，将整体带动和提升农业农村现代化发展，为乡村经济社会发展提供强大动力。

2020年是决胜脱贫攻坚和全面建成小康社会之年，也是实现第一个百年奋斗目标和“十三五”规划收官之年。目前，乡村振兴战略开局良好，新一代信息技术不断释放其发展效应，农业农村发展转型升级动能更加强劲，“三农”工作呈现出新的特征，农业农村现代化迈向新的阶段。同时，国际国内发展形势日趋复杂，不确定性不稳定性明显增加，新冠肺炎疫情影响深远。2020年，我国数字乡村建设加快推进，多部门相继发布了《数字农业农村发展规划（2019—2025年）》《2020年数字乡村发展工作要点》等政策文件，浙江、河北、江苏、山东、湖南、广东等22个省份相继出台数字乡村发展政策文件，政策体系更加完善，统筹协调、整体推进的工作格局初步形成。

2020年7月，中央网信办、农业农村部、国家发展改革委、工业和信息化部、科技部、市场监管总局、国务院扶贫办印发《关于开展国家数字乡村试点工作的通知》，统筹部署开展国家数字乡村试点工作。在地方推荐、专家评审及复核、社会公示基础上，确定117个县（市、区）为首批国家数字乡村试点地区，重点在开展数字乡村整体规划设计、完善新一代信息基础设施、探索乡村数字经济新业态、探索乡村数字治理新模式、完善“三农”信息服务体系、完善设施资源整合共享机制、探索数字乡村可持续发展机制七个方面先行先试，为全面推进数字乡村建设探索有益经验。

党的十九大以来，有关推动农业农村信息化发展的顶层设计密集出台和落地实施，在提高农业农村信息化水平、帮助广大农民增收、促进基本公共服务均等化、提升基层政府部门服务效率等方面发挥了重要作用。

基于上述分析，本报告客观、全面、系统地记录了2019—2020年我国农业农村信息化发展进程，本书的内容框架主要包括理论进展篇、基础建设篇、应用进展篇、地方建设篇、企业推进篇、科研创新篇、发展政策篇、专家视点篇、大事记篇，共九篇三十一章。

理论进展篇：从智慧农业的基本内涵与特征、智慧农业建设内容、智慧农业发展的基本路径、智慧农业的误区与壁垒、智慧农业推进建议等方面进行梳理，提出发展智慧农业是未来推动农业现代化发展势不可挡的明智选择。

基础建设篇：主要从农村广播、电视网，农村互联网接入，农村智慧物流和农业信息资源建设（农业网站、农业数据库、农业大数据）四个方面，系统介绍了我国农村新型信息化基础建设和农业信息资源建设的主要进展，并对发展趋势进行分析，以期对我国农业农村信息化建设情况有一个总体的认识。

应用进展篇：主要包括农业生产信息化、农业经营信息化、农业管理信息化、农业信息服务、乡村治理信息化五个部分，对我国农业农村信息化发展在各个领域的情况进行了介绍，以期让读者对信息技术在我国农业农村中的应用进展有一个全面的了解。

地方建设篇：选择农业农村信息化建设成绩突出、特色突出、代表性强的安徽、北京、福建、海南、黑龙江、江苏、上海、天津、浙江 9 个省（市），基于其农业农村部门公开发表的相关资料，总结整理了它们推进农业农村信息化建设的发展情况、创新模式以及主要成效，以期为全国各地开展农业农村信息化建设提供借鉴。

企业推进篇：企业是应用和创新的主体，一大批企业积极推进物联网、移动互联、云计算、大数据等现代信息技术在生产、经营、管理及服务等领域的应用和创新，促进了农业农村信息化的健康、稳定、快速发展。该篇主要介绍了农业农村信息化贡献突出、农业农村信息化工作扎实、积极性高的农信互联、农信通、拓普云农、派得伟业、朗坤物联网等农业农村信息化企业在推进农业农村信息化方面所做出的探索。

科研创新篇：科研单位为农业农村现代化和乡村全面振兴提供有力的技术支撑，该篇主要选取了国家农业信息化工程技术研究中心、国家数字渔业创新中心，介绍了其概况与机构设置以及在 2019—2020 年的主要工作和科研成果。

发展政策篇：系统梳理了 2019—2020 年我国农业农村信息化领域出台的相关政策法规，以期读者对我国农业农村信息化的政策法规有一个了解。

专家视点篇：阐述了 2019—2020 年农业农村部领导与知名农业农村信息化专家对农业农村信息化的认识，重点介绍了如何准确把握农业农村信息化发展面临的形势和任务，认清农业农村信息化发展存在的问题和困难，扎实推进农业农村信息化的各项工作。

大事记篇：梳理了 2019—2020 年我国农业农村信息化建设中的重大事件，以期读者对我国举办的农业农村信息化活动有一个了解。

《中国农业农村信息化发展报告》编写是一个庞大的、需要各位同行共同参与的繁重工作，热切盼望各位同行加入《中国农业农村信息化发展报告》的编写中来，群策群力。让我们联起手来，共同推进我们所热爱的农业农村信息化事业，为通过信息技术推动现代农业发展、促进乡村全面振兴、培养和造福社会主义新农民而共同努力。

本书凝聚了很多农业农村信息化领域科研人员的智慧和见解。感谢我的导师中国农业大学傅泽田教授，他多年来在系统思维、科研教学、为人处世方面对我的教诲和指导让我受益良多。感谢国家农村信息化工程技术研究中心赵春江院士、上海交通大学刘成良教授、浙江大学何勇教授和中国农业科学院许世卫研究员，他们多年来兄长般的关心与支持使我和我的团队不断进步。感谢国家农村信息化指导组王安耕、梅方权、汪懋华、孙九林等老专家对我的关爱和一贯的支持，也感谢王文生、王儒敬等专家在历次农业农村信息化建设工作中给予的支持和帮助。感谢联合国粮食及农业组织总干事屈冬玉，农业农村部于康震副部长，中国农业科学院张合成书记，农业农村部市场信息司唐珂司长、宋丹阳副司长与信息化推进处张天翊处长、王耀宗副处长，监测统计处王松处长、邓飞副处长，综合处宋代强处长，农业农村部信息中心王小兵主任、刘桂才副主任、张国副主任，在农业农村部物联网区域试验示范工程、农业信息化评价、信息进村入户工程、公益性行业（农业）科研专项等农业农村信息化工作与项目实施过程中给予的指导和帮助。

同时，本书的出版得到了农业农村部"农业农村信息化发展支撑服务"项目（项目编号：11200034）的支持，在这里表示特别感谢。

本书由李道亮提出总体框架，具体分工如下：前言（李道亮），总报告（李道亮），理论进展篇（李道亮），基础建设篇（赵然、张盼），应用进展篇（孟志军、王朝元、位耀光、赵俊晔、梁娥、尹国伟、王曼维、刘洋、李岩、栾志强），地方建设篇[安徽、北京、福建、海南、黑龙江、江苏、上海、天津、浙江 9 省（市）农业农村厅信息化处提供的资料]，企业推进篇（于莹、郭志杰、钱鹏、吴建伟、刘晓飞），科研创新篇（李奇峰、王亮），发展政策篇（沈立宏、张盼），专家视点篇（唐华俊、赵春江、王小兵、李道亮），大事记篇（张盼）。在本书的编写过程中，每部分内容都经过编者多次讨论，最后由李道亮、沈立宏进行了统稿。

由于时间仓促，编者水平有限，书中肯定有不足或不妥之处，诚恳希望同行和读者批评指正，以便我们今后改正、完善和提高。农业农村信息化事业前景辉煌，方兴未艾，它是我们大家的事业，需要大家共同参与，再次欢迎各位同行加入到《中国农业农村信息化发展报告》的撰写中，让我们共同推进我国农业农村信息化不断向前发展，为提升我国农业农村信息化水平贡献我们的力量！

作者联系方式如下：

地址：北京市海淀区清华东路 17 号中国农业大学 121 信箱
邮编：100083
电话：010-62737679
传真：010-62737741
Email：dliangl@cau.edu.cn

李道亮

2021 年 3 月 31 日

目 录 Contents

总报告

党的十九届五中全会明确提出，优先发展农业农村，全面推进乡村振兴。坚持把解决好“三农”问题作为全党工作重中之重，走中国特色社会主义乡村振兴道路，全面实施乡村振兴战略，强化以工补农、以城带乡，推动形成工农互促、城乡互补、协调发展、共同繁荣的新型工农城乡关系，加快农业农村现代化。2020 年是决胜脱贫攻坚和全面建成小康社会之年，也是实现第一个百年奋斗目标和“十三五”规划收官之年。目前，乡村振兴战略开局良好，新一代信息技术不断释放其发展效应，农业农村发展转型升级动能更加强劲，“三农”工作呈现出新的特征，农业农村现代化迈向新的阶段。2020 年，我国数字乡村建设加快推进，发布《数字农业农村发展规划 (2019—2025 年)》《2020 年数字乡村发展工作要点》，浙江、河北、江苏、山东、湖南、广东等 22 个省份相继出台数字乡村发展政策文件，政策体系更加完善，统筹协调、整体推进的工作格局初步形成。

第一节　农业农村信息化发展现状

一、农业农村信息化基础设施建设不断夯实

农业农村信息基础设施建设步伐加快，大幅提升农业农村网络设施水平，不断完善信息终端服务供给，加速农业农村基础设施数字化转型，有效补齐农业农村网络发展短板。

（一）农业农村信息基础设施建设全面升级

工业和信息化部联合财政部组织实施了 6 批电信普遍服务试点，支持 13 万个行政村通光纤和 5 万个 4G 基站建设，并优先支持“三区三州”等深度贫困地区加快网络覆盖和普及应用，全国行政村通光纤和通 4G 比例双双超过 98%，保障农村群众的上网用网需求。截至 2020 年年底，全国农村宽带用户总数达 1.42 亿户，全年净增 712 万户，比上年末增长 5.3%。电信普遍服务试点地区平均下载速率超过 70Mbit/s，农村和城市实现“同网同速”。2015—2020 年农村宽带接入用户及占比情况如图 0-1 所示。

（二）农业农村广播电视网络基本实现全覆盖

广播电视重点惠民工程深入实施，农村地区广播电视基础设施建设和升级改造持续推进。截至 2019 年年底，农村广播节目综合人口覆盖率 98.84% ，农村电视节目综合人口覆盖率 99.19%。其中，农村有线广播电视实际用户数 0.73 亿户，直播卫星公共服务有效覆盖全国 59.5 万个行政村和 1.43 亿用户。应急广播体系建设不断推进，基层应急广播在疫情防控中的独特作用得以充分发挥，已落实中央财政资金支持的 443 个深度贫困县应急广播体

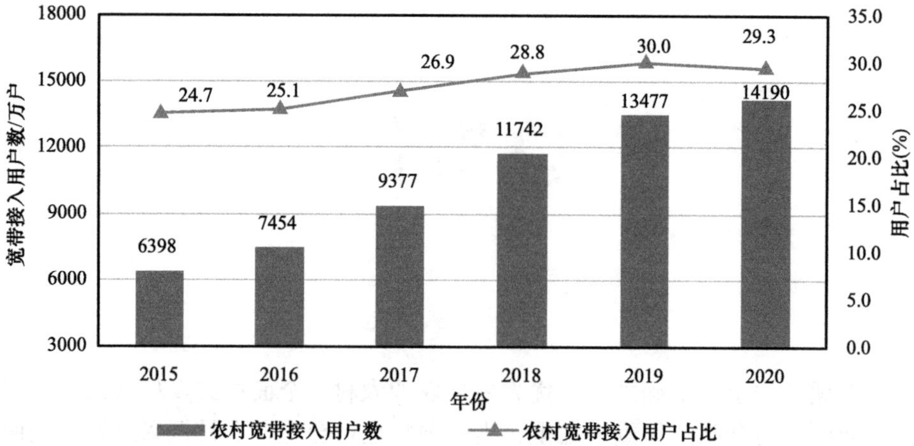

图 0-1　2015—2020 年农村宽带接入用户及占比情况

系建设，对 32042 个符合条件的行政村综合文化服务中心广播器材配置予以补助。在新冠肺炎疫情防控期间，31 个省（区、市）调动 6182 个乡镇、近 10.5 万个行政村（社区）使用 127.2 万个农村应急广播终端设备，展开疫情防控政策和知识宣传，将党和政府的关心关怀以及疫情防控信息覆盖到 2 亿多农村人口，为农村疫情防控织密了“安全网”。地面电视全面进入数字化时代，无线模拟电视退出历史舞台，5000 余座发射台、上万部数字电视发射机覆盖广大城乡地区，保障农村群众享受高质量电视服务。全国有线电视网络和 5G 建设一体化发展，编制出台有线电视网络 IP 化升级改造和 5G 接入深度覆盖等相关指导文件，推动有线电视网络向 5G 的光纤化、IP 化、云化、智慧化、融合化升级改造。

（三）电信网络诈骗等违法犯罪行为得到逐步遏制

打击治理电信网络诈骗专项行动深入推进，保障农村人民群众的合法权益和社会稳定。

1）组织开展专项行动。全国公安机关开展“长城 2 号”“云剑 -2020”“510”等专项行动，破获案件 10.1 万起，抓获嫌疑人 9.2 万名，同比分别上升 73.7%、78.4%。

2）设立集群战役专班。在苏州、杭州、重庆、广州设立集群战役专班，集中研判打击贷款诈骗、刷单诈骗、网络购物诈骗、网络交友诱导投资或赌博诈骗（杀猪盘）等高发类案，组织 12 次统一收网行动，破获百万元以上案件 236 起，高发类案得到明显遏制。

3）铲除境内电信网络诈骗设备窝点。对全国每日发案开展统一研判，锁定诈骗窝点，组织各地公安机关快速打击，捣毁窝点 1.2 万个，同比增长 50%。

4）斩断黑灰产业违法犯罪链。集中研判下发黑灰产线索，对重点城市予以红黄牌警告和挂牌整治，全国涉案对公账户下降 85%，多卡宝、非法短信平台等一批作案通信设备基本清零，源头治理取得明显进展。

5）建设技术拦截系统。拦截诈骗电话 5100 万次、短信 6.3 亿条，封堵诈骗网站 21 万个；建立涉诈资金快速止付冻结机制，支撑基层公安机关对 4200 余家银行和 120 家支付机构一键止付、线上冻结，拦截赃款 1076 亿元。

通过以上手段，电信网络诈骗等违法行为得到逐步遏制。

二、农业农村信息化实践成效显著

加快推广云计算、大数据、物联网、人工智能在农业生产经营管理中的运用，促进信息技术与种植业、畜牧业、渔业、种业、农机装备、农垦全面深度融合应用，打造科技农业、智慧农业、品牌农业。

（一）农业生产数字化

1. 种植业数字化

1）农情监测体系数字化建设不断完善。统一的全国农情信息调度平台有效支撑种植业全程精准管控。完善省级农情调度远程视频会商系统，提高了农情信息的时效性。开发数据分析功能，开展小麦、玉米和水稻长势分级指标和标准图谱制定，提高了田间定点数据自动化比对分析水平。与中国气象局完成部分信息共享对接，实现了基础监测数据传输共享。完善花卉产业综合统计系统，实现了各省（区、市）农业农村部门对花卉保护地栽培情况、花卉产销情况、花卉生产经营实体情况等产业数据的网上填报。升级完善全国农作物重大病虫监测预警信息系统，开发草地贪夜蛾监测预警与指挥功能，实现了草地贪夜蛾监测数据网上填报、一张图管理和展示。

2）种植技术数字化指导成效显著。各地农业农村部门积极探索利用现代信息化手段，建立了县域科学施肥专家查询系统，为农民提供科学施肥信息服务的有效模式。各地依托手机自动定位、田块编码查询、电子商务系统等信息化手段不断提升测土配方施肥技术入户率，扩大测土配方知识覆盖面。

3）行政管理平台数字化建设逐步强化。加强种植全程肥料、农药的精准管控力度，实现农业投入品的安全追溯。完善肥料登记审批系统，实现了肥料登记全程网上审批，确保资料受理、技术审查、行政批准、数据公布、数据交换等环节信息通畅，提高审批效率。加强肥料登记信息公开，及时在农业农村部网站“有效肥料登记信息发布”模块公开肥料登记证审批通过的相关信息，方便社会公众查询和监督。完善数字农药监管平台，制定实施方案，综合利用物联网、3S 技术、移动互联、大数据、云计算等信息技术，加强数字农药监管平台建设。大力推动农药登记数据、市场执法监管数据互通共享，优化农药市场监管，为基层开展农药执法监管提供支撑服务。推进高毒农药追溯系统建设，强化农药生产经营企业主体责任，推动企业建设电子追溯码体系，完善农药追溯信息查询、真伪认证和安全预警功能。截至 2020 年上半年，平台已归集农药生产许可证 1511 个，经营许可证 23 万个，生产追溯码约 48 亿条，注册安装农资进销存系统 15.79 万家。

2. 畜牧业数字化

1）养殖场直联直报系统不断完善。全面推进畜牧兽医信息化工作，扩大养殖场数据采集范围，实现畜牧兽医监管精准动态监测，信息横向互通、省部互联。加快完善养殖场直联直报系统功能，扩大线上填报范围。截至 2020 年上半年，平台登记规模养殖场已达 80 余万家，涉及信息约 1200 万条，基本摸清了主要畜禽品种规模养殖的家底。督促养殖场户通过“掌上牧云 App”自行填报数据，实现了畜牧业监测预警信息进村入户，在指导养殖场户恢复生猪生产过程中起到促进作用。“数字奶业信息服务云平台”试点省已达到 11 个，实现了奶牛的饲喂、产奶、配种、健康状况等信息实时采集，同步传输，显著提高了饲养管理水平。

2）养殖技术线上指导服务广泛开展。组织相关行业协会、产业技术体系、行业专家，发挥网络直播受众广、无接触的优势，开设网络直播培训，线上答疑解惑，加快推广普及科学合理的养殖技术。国家奶牛产业技术体系、荷斯坦杂志、中国乳业杂志等单位分别举办多期线上论坛，国家肉鸡产业技术体系与北京博亚和讯公司合作并通过网络平台免费播放“战役保供，体系在行动”系列节目，国家蜂产业技术体系与中国养蜂学会利用各类网络平台直播讲授养蜂技术，免费共享培训课件。

3）畜牧业复工复产网络调度效果显著。疫情期间，复工复产工作的有序推进对于经济发展具有非常重要的意义，建立畜牧、屠宰、饲料等多个行业微信工作群，及时调度企业复工复产情况，帮助企业解决实际困难，渡过难关。建立全国百家饲料企业名单，及时调度复工复产情况。截至 2020 年 3 月，1679 家饲料生产厂开工率达到 97%，员工到岗率达到 82%。组织开发微信小程序，调度兽药生产企业、高致病性禽流感和口蹄疫疫苗生产企业复工复产情况。

3. 渔业数字化

1）渔船渔港管理系统信息化建设持续推动。渔船渔港动态监控管理系统异地容灾备份中心项目建设积极推进，2019 年 9 月，容灾备份中心进入试运行阶段，妥善储存了沿海各地渔船渔港动态数据，为渔船管理、渔政执法、应急安全等渔业渔政管理提供了有效支撑。编制完成渔船渔港综合管理改革信息系统优化整合方案，启动渔船渔港信息系统互联互通工作，加强渔船渔港信息化建设。实施渔业捕捞许可证电子化，将渔业捕捞许可证纳入国办推行电子证照试点范围，为渔民提供便捷行政许可服务。升级改造渔业安全事故直报系统，为推进渔业安全与应急管理规范化、信息化奠定基础。

2）渔业装备升级改造不断加强。各地海洋渔船通导与安全装备建设项目实施积极推进，截至 2019 年年底，沿海 11 个省和大连、青岛、宁波、厦门 4 个计划单列市完成海洋渔船通导与安全装备升级改造 120428 台（套），建设数字渔业岸台基站 179 座。研发“插卡式 AIS”设备终端，开发渔业无线电综合服务平台，推进实现“一船一码一设备”监管目标。推进水产养殖装备机械化、自动化、智能化，数字化技术逐步应用于水产养殖环境监控、饵料自动投喂、养殖病害监测预警、循环水装备控制、深水网箱远程监控等领域。

3）渔业生产大数据平台建设稳步推进。渔业基础数据库是渔业信息资源开发利用的重要环节，是实现渔业信息共享的基础，包括渔业组织机构数据库、渔业自然资源数据库、渔业生产信息数据库、渔业文献档案数据库和国外渔业数据库等。渔业资源环境动态监测体系建立健全，利用遥感技术开展渔业资源评估和养殖水域空间监测。疫情期间指导搭建全国水产品产销对接平台，开展产销对接，推动各地开展“鱼你同行”水产品驰援一线、爱心助力水产品销售等行动。

4. 种业数字化

1）数字化育种平台成功应用。国内首个作物育种云平台（金种子云平台）建设完成，在隆平高科、北大荒垦丰种业、全国农业技术推广服务中心、中国农业科学院等育种企业和科研单位成功应用。平台覆盖玉米、水稻、大豆、棉花、小麦等作物的多种育种模式或技术体系，大幅提升了育种单位的管理效率和市场核心竞争力。平台面向大型育种企业、育种科研单位、作物品种区域试验站、联合测试体、绿色通道单位、种子站等用户，提供全程信息化管理。

2）种业大数据管理基础不断夯实。种业大数据平台生产经营管理、品种管理、种情监测调度等关键业务子系统得到优化，底层数据实现部分板块互通；完成了与国务院、各部委、省级、基层体系等政务系统的对接；形成了《数字种业数据描述规范（草案）》，推动种业数据规范化。

3）种业大数据服务能力显著增强。种业大数据平台支撑产业发展成效明显，通过共享节水、高抗、机收、稳产、高产品种信息数据推动种业高质量发展，大大提升了执法效率，优化了种业发展环境。平台实现了品种、主体和种子信息链的综合查询，推进了信息数据实时动态可视化展示，品种智能化分析辅助决策功能初步成形。信息服务手段升级，各类智能终端（种业通 App）为种业多元主体提供种业数据、技术、服务、政策、法律的一站式综合服务。

5. 农机装备数字化

1）农机装备数字化步伐不断加快。加快农机装备数字化发展，制定并发布智能农机产品鉴定大纲。2020 年已发布自动挤奶设备、自动推料机、设施环境监控设备（系统）、挤奶作业监控设备、奶牛行为监控设备等 5 项推广鉴定大纲，已下达农机辅助驾驶导航监控终端、畜禽养殖场巡检机器人、农机耕整地作业监测终端、农机播种作业监测终端等 4 项推广鉴定大纲的制定任务。支持智能农机装备推广应用，通过实施农机购置补贴政策，加快智能农机装备推广应用。截至 2020 年 9 月底，使用中央财政补贴资金 2.5 亿元，支持 1.2 万农户购置农业用北斗终端 1.5 万台；使用中央财政资金 1.6 亿元，支持 20 个省份开展植保无人飞机规范应用试点，支持 0.5 万农户购置近 1 万台植保无人飞机。全国已有 45 家农机企业将北斗终端作为标准配置，北斗终端已从拖拉机、联合收割机、植保无人飞机扩展到插秧机、大型自走式植保机、秸秆捡拾打捆机等装备。

2）农机作业数字化服务深入推进。开通“春耕农机线上服务站”，组织地方创新农机化技术指导方式，为农机骨干提供针对性的网络培训指导服务。组织线上作业供需对接，积极引导各地利用全国农机化信息服务“农机直通车”平台，服务组织在线对接作业需求，强化机具合理调度，做细生产安排，保障了“春耕”“三夏”作业顺利高效完成。推行“无接触”农机化作业，多地通过手机 App 就近就快为小农户开展代耕代种、一条龙、一站式“全程机械化 + 综合农事”等服务。广东惠州、福建南平、浙江余姚、湖南鼎城、山东巨野等地采用滴滴农机模式开展农机作业“无接触”服务，在线下单、远程监测、线上结算，帮助农户“足不出户”完成作业。举办智能农机田间日活动，以“智能农机无人农业”为主题，在河北赵县举办田间日活动，现场演示无人收割机、运粮车协同作业等国内最新的智能化、精准化、少人化农机技术装备，近 20 万人通过视频直播在线观摩。

3）农机管理数字化水平显著提升。31 个省（区、市）均已全面实行农机购置补贴辅助管理系统持续开放，已有 35 个省级实施单位实现农机购置补贴辅助管理系统与农机安全监理牌证系统数据互联互通，所有省份已全面实行补贴受益信息、资金使用进度实时公开。大力推广使用手机 App，简化程序，提高效率，全国已有超过 35% 的补贴申请通过手机 App 提交，其中北京、浙江、青岛的网络申请率超过 99%。利用数字化技术探索农机购置补贴管理模式，继续开展农机购置补贴“三合一”试点，支持北京、上海、江西、四川等试点地区运用物联网、大数据等信息化技术，打通补贴申请、机具识别、作业轨迹监测等方面的数据通道，探索更加安全、高效、便民的补贴机具核验与补贴资金申领模式。截至 2020 年 9 月底，试点地区已办理补贴试点机具 2.2 万台（套），使用中央财政补贴资金 6.2 亿元，监测作业轨迹面积 545 万亩（1 亩 =666.6̇平方米）。

6. 农垦数字化

1）农垦基础数据资源建设不断加强。根据《中共中央 国务院关于进一步推进农垦改革发展的意见》总体部署，在基本完成农垦国有土地确权发证工作基础上，建立统一数据库，集中收集存储确权发证信息。截至2019年年底，28个垦区2.16亿亩土地完成建库上图数字化处理，入库宗地21.36万宗，入库权证8.38万个，初步形成农垦土地资源大数据。建立完善农垦法人数据库，以农垦国有农场综合信息平台为抓手，整合信息资源，从隶属关系、组织类型、产业行业、区域布局等关键因素入手，开发建设农垦组织机构数据库，涵盖全国农垦1700多个农场、5000多家独立核算企业，实现农垦系统法人组织统一、分类、有序信息化管理。

2）农业经营数字化转型加快推进。通过期货交易市场、第三方电商平台、自建电商平台等多种途径，积极推进农业经营数字化转型。全系统线上交易额达240亿元以上。北大荒大米、九三豆油、完达山奶粉线上销售额超过4亿元，电商逐步成为北大荒农产品营销重要渠道。苏垦米业公司建设的自有农产品电商平台"苏垦尚膳"，实现了完整的电商经营流程闭环，电商网站年交易流水超千万元。盘锦大洼农垦集团创设"互联网+认养农业"模式，利用互联网平台搭建认养者与农业公司之间的桥梁，采用"蟹稻共生"生态模式，全程溯源追踪，实时视频监管，恒温保鲜仓储，每月免费直供配送。江苏农垦三河农场公司开发集旅游观光、产品信息、活动介绍等于一体的综合性App，推动"农业旅游+农产品"电商模式升级，线上梨树认养1300多棵，全年销售额超过130万元。

（二）农业经营数字化

1."互联网+"农产品出村进城工程初见成效

2019年，农业农村部、国家发展改革委、财政部、商务部出台《关于实施"互联网+"农产品出村进城工程的指导意见》后，"互联网+"农产品出村进城工程进入部署实施阶段，推选了110个县（市）作为试点县。各试点县针对试点的200余个优质特色农产品，同互联网企业对接协作，充分调动社会各方资金和力量，强化县级产业化运营主体培育，建立完善适应农产品网络销售的供应链体系、运营服务体系和支撑保障体系。工程实施以来，基本形成了政企协作、线上线下融合的农产品电商发展新机制，营造了"一方牵头部署、多方聚力推进"的发展氛围。试点工程各项建设的开展，有助于推动形成"互联网+"与农村一二三产业深度融合发展的新格局，让农产品出村进城更为便捷、顺畅、高效。

2.应对新冠肺炎疫情冲击方面电子商务表现突出

在疫情防控关键时期，电子商务凭借其特有的线上撮合特点和配送渠道优势，在缓解农产品滞销难卖、保障市场供给等方面发挥了重要作用。2020年上半年全国农产品网络零售额3037.3亿元，同比增长53.2%，增速高于全国网络消费品45.9个百分点，占全国实物商品网络零售额的比重已达6.6%，比去年同期高1.6个百分点。针对突发疫情和防控需要，电子商务展现了创新快、应对及时的特点，推出直播卖货、移动菜篮子、"无接触配送"等新模式。特别是直播电商，由于进入门槛低、传播快、受众广，在后疫情时期发挥强大的带货能力，阿里巴巴、京东、拼多多等各大平台均开辟了助农直播间，成为引领农产品网络营销的新模式。依托新兴的直播、短视频、流媒体等技术手段，抖音、快手等也进入农产品电商领域，农产品网络销售的渠道、平台和方式更加多元化。

3.电商扶贫频道助推农产品销售

商务部、财政部、国务院扶贫办协调地方政府和大型电商企业建立公益性电商扶贫频道，通过网络销售促进农民增收。阿里巴巴、京东等电商企业通过在手机端和网页端开通了电商扶贫频道，对贫困地区农副产品网络销售给予流量支持、减免费用等优惠措施，打造贫困地区产品网络销售直通车。截至 2020 年上半年，开通电商扶贫频道的企业发展至 21 家，与超过 600 个国家级贫困县实现对接，销售各类农产品约 200 亿元。

4. 邮政在农特产品进城中的渠道作用不断增强

各地邮政管理部门指导邮政企业充分挖掘寄递网络价值，参与到农村电子商务发展中，助力发展乡村特色产业。自 2017 年启动"一市一品"工作以来，通过邮政渠道累计实现农产品交易额 191.74 亿元，产生农产品包裹业务 6.4 亿件，帮助 48.7 万户贫困人口增收 20.8 亿元。2020 年上半年，已培育快递业务量超千万件的"一地一品"项目 23 个，邮政在农特产品进城中的渠道作用进一步得到强化。

5. 电商进村综合示范项目取得积极进展

商务部会同财政部、国务院扶贫办持续推进电子商务进农村综合示范项目，支持建设完善农村电商公共服务体系和县乡村三级物流体系，着力补齐农村流通基础设施短板，整合邮政、供销、商贸流通企业等资源开展共同配送。截至 2019 年年底，综合示范项目对 832 个国家级贫困县实现全覆盖，全国农村网商超 1300 万家。截至 2020 年上半年，综合示范项目累计支持 1466 个示范县，在全国支持建设县级电商公共服务和物流配送中心超 2000 个，乡村电商服务站点超 13 万个，示范地区快递乡镇覆盖率近 100%，培训建档立卡贫困户 189 万人次。统计数据显示，前六批（2014—2019 年）的 1180 个示范县农产品网络零售额实现 725.8 亿元，同比增长 29.8%；832 个国家级贫困县农产品网络零售额达 281.1 亿元，同比增长 28.9%。

6. 村级电商服务能力不断增强

各地供销合作总社积极引入电子商务、大数据等信息技术，推进连锁超市、村级便利店、综合服务社等农村实体网点的信息化改造，拓展经营服务功能，提供代购代销、代收代发、物流配送、电子支付等电商服务，推动传统物流业态加快转型升级，形成线上带动线下、线下促进线上的融合发展格局。2019 年，全国具备电子商务配送站点的村占比为 43.1%，开展休闲农业和乡村旅游接待的村占比为 10.2%。据统计，2019 年全国农村网络零售额 1.7 万亿元，同比增长 23.4%。截至 2020 年上半年，全国供销合作社系统已通过信息化改造发展村级电商服务站点超过 10 万个。全国农村网络零售额逐年变化情况如图 0-2 所示。

图 0-2 全国农村网络零售额逐年变化情况

（三）农业服务数字化

信息服务是数字乡村建设的关键落脚点，是满足广大农民对美好生活向往的重要着力点。建设完善乡村信息服务体系，不断增强农业生产经营在线服务能力，全面提升乡村公共服务数字化水平，广泛开展面向农民及新型农业经营主体的信息化培训，形成了乡村信息服务全面触网、深度渗透、相互借力的良好局面。

1. 信息进村入户工程取得显著成效

农业农村部深入推进信息进村入户工程，先后通过中央财政转移支付支持 18 个省份开展信息进村入户整省推进，其余省份也陆续自行开展了整省推进。各地依托基层农业服务体系，聚合线上资源，建立了农业生产服务一揽子解决方案，为农产品出村进城和农民增收致富提供了新手段。截至 2020 年上半年，全国共建成运营益农信息社 42.4 万个，累计培训信息员 106.3 万人次，为农民和新型农业经营主体提供公益服务 1.1 亿人次，开展便民服务 3.1 亿人次，实现电子商务交易额 342.1 亿元。通过信息进村入户工程，初步形成了纵向联结从省到村，横向覆盖政府、农民、新型农业经营主体和各类企业的信息服务网络体系。

2. 供销合作惠农服务网络更加完善

全国供销合作总社扎实开展惠农服务平台创建行动，以为农服务为宗旨、综合平台建设为重点、线上线下融合为方向，进一步提升为农服务能力。各地供销合作社充分利用基层经营服务网点，加强与涉农部门及有关单位的协同配合，整合各方资源，打造县有运营中心、乡镇有服务平台、村有服务站点的三级惠农服务网络。截至 2020 年 8 月底，全国供销系统共发展各类综合服务社 41.98 万个，通过承接益农信息社、气象信息服务站等服务，基本实现了一网多能、一网多用，形成了为农服务的整体合力。

3. 普惠金融信息服务日趋完善

中国人民银行深入推进农村基础金融服务覆盖工作，探索开发一体化数字服务平台，不断加强乡村基础支付服务和便民支付产品供给，银行业金融机构基本实现乡镇一级全覆盖，“存、取、汇”等基本金融服务在行政村一级基本全覆盖。截至 2020 年 6 月底，银行业金融机构覆盖全国 3.01 万个乡镇，覆盖率为 96.64%；基础金融服务覆盖全国 53 万个行政村，覆盖率为 99.94%，六年来提高了 8.7 个百分点；农村地区 ATM 机达 37.16 万台，POS 机达 685.84 万台；助农取款服务点达 89.73 万个，乡村振兴卡发卡规模 1064 万张，稳定了偏远乡村基础支付服务供给。

三、农村信息化人才培养持续发力

（一）高素质农民培育工程稳步推进

农业农村部联合财政部启动高素质农民培育工程，近年来，累计安排中央财政 113.9 亿元支持高素质农民培育。重点面向种养大户、家庭农场主、农民合作社和农业社会化服务组织骨干以及返乡下乡创新创业者，以提高生产经营能力和专业技能为目标，开展农业全产业链培训，累计培训 1600 万人。围绕产业发展需要，从电子商务、农民手机应用等通用知识、专业技能、经营管理水平等方面规范培训内容，通过线上线下融合培训，精准培育了一批基本掌握智慧农业技术的高素质农民。

（二）农村实用人才带头人和大学生村官示范培训大力开展

农业农村部会同中央组织部大力开展农村实用人才带头人和大学生村官示范培训，探索形成了“村庄是教室，村官是教师，现场是教材”的特色培训模式。2017年以来，示范培训全部面向贫困地区实施，培训对象覆盖全部国家级贫困县，并向深度贫困地区倾斜，重点遴选农村基层组织负责人、新型农业经营主体带头人、乡村能工巧匠、返乡入乡“双创”人员等作为培训对象，提升了各类农村实用人才的脱贫致富带动能力。截至2020年上半年，累计举办示范培训班1400余期，培训14万余人，为农村培养了一大批留得住、用得上、干得好的带头人。

（三）职业教育专业教学资源库应用成效显著

教育部加大职业教育专业教学资源库建设，为职业院校在校学生以及包括职业农民在内的社会学习者提供了免费、优质、丰富、实用的信息化学习平台。截至2020年上半年，1300余所职业院校和2800余家企业参与平台建设，标准课程总量达6206门，资源总量达394万余条；累计访问超7亿人次，资源访问总量7.58亿次，课程访问总量2.96亿次。经过多年建设，初步形成了国家、省、学校三级互补的优质资源共建共享体系，实现了各类优质数字资源网络化、泛在化、共享化。

第二节　农业农村信息化发展展望

一、加强规划布局，谋划“十四五”数字乡村发展

抢抓实施乡村振兴战略机遇，将乡村建设摆在我国现代化建设的重要位置，大力实施乡村建设行动，推动数字乡村向纵深发展。按照《数字乡村发展战略纲要》提出的“到2025年数字乡村建设取得重要进展”的要求，加强对数字乡村建设新形势的深刻剖析，聚焦“十四五”数字乡村发展关键领域、薄弱环节，深入开展重大课题研究，形成一批有价值、有深度的研究成果，提出有针对性、可操作的政策建议。在中央网信办、农业农村部等部门共同指导推动下，指导国家数字乡村试点地区编制数字乡村建设规划，做好整体设计，明确建设目标、重点任务工程和实施步骤。

二、夯实发展基础，加快建设乡村新一代信息基础设施

以信息网络为基础，以技术创新为驱动，新型基础设施建设为数字农村发展提供更加坚实的基础和条件。加强基础设施共建共享，打造集约高效、绿色智能、安全适用的数字乡村基础设施。加快农村光纤宽带、移动互联网、数字电视网和下一代互联网发展，提升4G网络覆盖水平，探索5G、人工智能、物联网等新型基础设施建设和应用，全域覆盖、普惠共享、城乡一体的基础设施网络基本形成，乡村互联网普及率大幅提升。加快推动农村水利、公路、电力、冷链物流、农产品加工等基础设施的数字化、智能化转型，智慧物流、智慧水利等设施建设取得良好成绩。在乡村地区构建起高速、安全的新一代信息基础设施，加快提供与城市地区无差别的网络质量和速率，城乡间的普及率差距显著缩小，全面支撑农村生产生活和生态保护的数字化转型。

三、释放数字红利，培育壮大农业农村发展新动能

数字技术应用于农业生产经营管理的各个环节之中，实现农业数字化、智能化，进一

步提高农业生产效率和农民生活品质。智慧农业形成规模，数字化技术在农业生产中的总体应用比例显著提高，数字化技术支撑农产品绿色生产、标准化生产和质量安全监管。智慧农田、智慧牧场、智慧渔场等全面普及，显著提高农业发展质量和效益。农业农村科技创新供给更加丰富，数字技术与农业装备、农机作业服务和农机管理深度融合。农村电商成为乡村数字经济发展新动力，“互联网+”农产品出村进城深入推进，建立起农产品网络销售供应链体系、运营服务体系和支撑保障体系，促进农产品产销顺畅衔接。

四、创新治理模式，提升乡村治理能力现代化水平

数字化技术深度应用将不断推动基层党员教育管理方式创新，增强基层党组织的凝聚力和战斗力，助力提升基层党组织的群众工作水平。线上线下相结合的村民自治方式，进一步保障村民的民主决策、民主监督权利。“互联网＋政务”不断向乡村延伸，助力推动社会治理和服务重心向基层下移，实现县乡联动，把更多公共资源下沉到乡镇和村。覆盖城乡、均等普惠的在线公共法律服务体系加快形成，有效提升乡村社会治安防控体系效能。

五、推动融合发展，统筹发展数字乡村与智慧城市

城乡在规划布局、要素配置、产业发展、公共服务等方面一体化发展，以新型智慧城市建设拉动数字乡村协同发展，人才、资金、物资等生产要素向乡村流动，把乡村建设成为与城市共生共荣、各美其美、美美与共的美好家园。城乡生产、生活、生态空间数字化、网络化、智能化发展，建立起工农互促、城乡互补的新型工农城乡关系，形成共建共享、互联互通、交相辉映的数字城乡融合发展格局。

六、激发内生动力，接续推进网络扶贫与数字乡村建设

已摘帽贫困县通过数字乡村建设，巩固提升网络扶贫成果。网络扶贫经验转化为数字乡村工作的方式方法，做大做强扶贫产业，解决乡村经济发展突出问题，发展数字经济新业态，挖掘新的增长点，乡村地区发展短板逐渐补齐，机制建设和产业发展能力进一步加强。网络“扶志”和“扶智”持续开展，贫困群众生产经营技能持续提升，乡村振兴内生动力不断增强。广大农民参与数字乡村建设的积极性增强，农村创业创新环境优化，吸引各类人才返乡入乡创业创新，为数字乡村建设注入新活力。

理论进展篇

第一章 1

面向需求协同推进我国智慧农业发展

我国作为农业大国，农业生产形式已由粗放型向集约型转变，生产结构不断调整升级，生产水平也在不断进步；但仍存在生产规模较小，生态环境恶化，劳动力老龄化严重，劳动生产率、农业生产效率以及资源利用率较低等问题，发展生产集约、产出高效、环境友好、产品安全的现代农业道路是解决这些问题的根本途径。要实现集约高效，发展智慧农业是有效途径和重要方向。针对目前我国农业发展现状，党的十九大提出了“推动新型工业化、信息化、城镇化、农业现代化同步发展”的战略部署，在这四化中，农业现代化是短腿，而农业信息化是农业现代化的最终目标，智慧农业是农业信息化的高级阶段，农业现代化对智慧农业提出了更高要求。同时，《中共中央　国务院关于实施乡村振兴战略的意见》中指出，要积极推进我国农机装备转型升级，优化从业者结构，大力发展数字农业，建设智慧农业工程。无论是从我国国情还是政策导向来看，智慧农业发展已是大势所趋。

第一节　智慧农业的基本内涵与特征

智慧农业是移动互联网、物联网、大数据、云计算、空间信息技术与智能装备等现代化技术手段与现代农业融合的产物，是信息技术与农业生产、经营、管理和服务全产业链的“生态融合”和“基因重组”，是信息技术、农业技术与装备技术对区域农业资源、生产、市场的重新优化配置，是现代农业发展的一种新业态。在传统农业模式无法突破目前的发展瓶颈时，信息技术凭借自身科学、客观、先进、高效的特点，为农业发展带来了新的机遇和挑战。利用互联网技术的应用模式和思维结构，从生产、经营、销售多个环节全面改进、发展传统农业的运行模型和产业结构，最终发展成智慧农业。智慧农业的主要特征表现在以下几个方面。

1. 农业生产要素数字化、在线化

利用先进传感技术、智能处理及远程控制等物联网技术，感知养殖环境、装备及种养殖对象信息，基于可靠的数据传输和智能处理技术，通过远程控制技术指导农业设备工作，实现农业生产全过程精准控制和自动化作业，大大提高农产品质量和效率，节省人力劳动和成本，减少资源浪费。

2. 农业决策大数据化、智能化

基于生产过程的海量数据，充分利用大数据技术和人工智能技术，对数据进行加工整理形成专家知识库。当需要做出决策判断时，系统与历史数据进行调用、对比，产生最优化决策。基于大数据与人工智能技术结合的农业决策，保障农业生产全过程决策大数据化和智能化，提高智慧农业的智慧水准，使农业生产更加科学化。

3. 全天候服务个性化、针对化

通过建设农业云计算平台和区域化模块使农业系统具备自主运算能力，可以在短时间内对数万组数据进行处理，大大提高了农业系统的运算速度，可快速得到反馈结果。智慧农业系统可以全天候在线服务，很大程度上提高了智慧农业系统的实用性和针对性。

4. 农业管理信用化、安全化

农业生产中食品安全溯源和大数据是十分重要的信息，将信息集中到云管理系统或者服务器中，对数据安全、快速存储等存在严重威胁。区块链作为去中心化技术可以解决这类问题，基于其“不可伪造”“全程留痕”“可以追溯”“公开透明”“集体维护”等特征，奠定了坚实的“信任”基础，使农业管理信用化、安全化。

5. 全区域智慧化、泛在化

智慧农业包括智慧生产、智慧经营、智慧管理、智慧服务，是在全过程、全区域都使用信息化技术手段代替人力劳动，以科学、智能化的方式进行农业生产经营，摆脱传统农业生产的弊端，提高农业生产率和品质，节省人力和资源成本。

第二节　智慧农业建设内容

一、建立以信息技术为支撑的农业生产体系

开展高效的农业环境信息感知、传输、监测和控制系统建设，实现设施园艺数字化、精准化和自动化生产；创建以农情监测、高效管理和自动收获为一体的自动生产模式，提高种植业生产全过程的智慧监测和管理，提升农业生产的数字化、信息化建设水平，实现农作物的高效生产；利用3S技术、5G技术和物联网等信息技术实现果园的智能化和规模化生产；积极推进全球定位系统（GPS）、地理信息系统（GIS）、遥感系统、射频识别（RFID）、人工智能（AI）、大数据、云计算等信息技术在智慧农业生产中的应用，提高农业装备的现代化和智能化。推进畜禽与水产养殖产业的智能化养殖建设，推动养殖环境实时监测、精准投喂和智能管理等专业信息化设备的投入与使用，实现养殖环境的科学管理、智慧控制和精准运行。开展畜禽水产养殖基地个体生长特征的自动化监测，建立养殖对象的生理信息自动化监测平台，实现对动物生长状态监测、疾病预防与诊断。

二、建立智慧流通体系

将农产品的种植、管理、收获、加工和销售等流程与人工智能、物联网等信息技术相结合，在生产环节对农业生产对象及生产环境实时监测，及时调整农业作业流程，合理使用生产资源，降低生产成本，提高农产品质量；在农产品流通环节将电子商务与冷链运输相结合，完善冷链设施，创新物联网技术，推进冷链运输在农业流通环境的应用。引入物联网标识技术实现对农产品生命周期档案的建立，科学整合和利用农产品追溯数据，制定合理的销售方案；推进农产品质量安全追溯管理平台的建设，实现农产品信息的在线化、可视化管理；完善农产品质量安全监督、管理、预警体系，制定相应的农产品质量安全审核制度，切实保障农产品质量安全。推广物联网技术在农户中的使用，开展电子商务技术培训，探索电子商务试点的建立；协调相关部门建立完善的农产品物流、仓储、金融体系，利用信息技术推进农产品流通系统的进一步发展。

三、构建智慧管理与服务体系

基于传感器、大数据、物联网、云计算等信息技术，加强对种植业、畜牧业和农业装备制造业的监测和调度，推进农业数字化、智能化和集约化生产；加快建设农产品质量安全信用体系，建立健全农业生产规范化管理，提高政府主管部门在生产决策、指挥调度、资源优化配置和信息反馈等方面的监管力度，实现农业管理的高效和透明。强化互联网平台在农产品生产、流通中的重要作用，促进传统农业服务模式由公益服务向市场化、多元服务转变，使农民通过互联网掌握农业生产、销售等相关数据，从而有利于农民结合实际情况决策农业生产的重点。以互联网为驱动，积极推进信息进村入户工程，加快农村信息化普及速度，使农民便捷灵活的掌握农业生产信息化服务。

第三节　智慧农业发展的基本路径

一、大力加强农业生产集约化、组织化，大力推进装备化、设施化

农业生产集约化、组织化、装备化、设施化是提升农村生产力、促进农业发展多元化的重要基础，是智慧农业发展的初级阶段。农业生产装备化是基于传统农业发展起来的，是指利用各种配套设备和动力设备装备农业，使用现代农业机械取代人力和畜力作业进入机械化主导的农业生产阶段。农业生产装备化促进生产力的极大发展，提高劳动生产率，显著降低劳动强度和生产成本，推动农业生产逐步向依靠农业机械等技术进步的集约型生产模式转变。

二、大力加强农业装备的数字化改造，推进农业装备数字化

计算机及网络技术的出现，促进了农业装备数字化的发展。农业装备数字化是指在传统农业机械装备基础上引入信息技术，形成具有自动控制功能的各类农业机械装备。农业装备数字化为精准作业打下基础，为农业自动化生产提供了有力保障，有利于节约生产资料、实现土地利用率最大化。农业装备数字化是改变传统农业机械生产方式、提高农业生产竞争力的重要手段，是实现智慧农业生产高度精准化、自动化的基础。

三、大力加强农业物联网发展，推进农业装备网联化、在线化

农业装备网联化是指运用物联网技术实现农业全程智慧生产、收获的典型应用，是指通过运用各类视觉采集终端、无线传感器、RFID 等感知设备，获取农业生产过程中的现场信息，并按照约定的协议，实现农业产前、产中、产后等相关信息的可靠通信和传输，将传统的农机装备升级为具备计算、通信、控制能力的新型智能装备。实现农业装备和互联网相互关联，最终形成可定位识别、监控跟踪以及智慧管理的巨大智能化网络，这也是进行精准作业的前提。

四、加快农业大数据和人工智能发展，推进农业决策大数据化、智能化

决策大数据化、智能化是智慧农业发展的高级阶段，是指采用人工智能、大数据、物

联网、5G 等信息技术，获取并分析农业生产中的海量数据，由云管控平台自主计划和决策，并由装备自主完成农业生产全过程，实现以机器为核心、数据为驱动的一种新型农业智能化生产模式，这也是智慧农业的终极形态。

五、大力发展农业装备智能化和农业机器人，推进作业精准化、自动化

作业精准化是我国智慧农业发展的必由之路，是指利用 3S 技术、物联网、智能装备、机器人等现代化技术手段，实现对农业生产过程的精准控制，并对动植物生长状况进行精准监测。再结合人工智能、大数据和云计算等信息技术，实现精准定位、精准施肥、精准变量投喂、精准喷药、精准播种、精准收获。农业生产作业的精准化提高了作业效率、作业质量和农作物产量，是智慧农业发展的必经之路。

第四节　智慧农业的误区与壁垒

信息技术的快速发展为智慧农业的持续创新奠定了坚实的技术基础，也迎来了非常好的发展时机。但是，我们必须认识到从理论向实践转化过程中需要避免的误区。首先要避免为了智慧农业而搞形象工程。各方面应冷静思考、潜心探索、务实推进，切实利用新技术化解行业痛点。其次要清楚认识理论向实践转化过程中系统性、长期性和复杂性的特征，科学谋划，分步推进，切忌好高骛远，避免冒进和激进。智慧农业建设是一个循序渐进、动态变化、长期发展的过程，不能一气呵成，需要由坚实的顶层设计出发，分阶段推进实施，只有在政府规划引导下，智慧农业才能沿着正确的方向快速发展。

由于我国智慧农业发展起步较晚，整体上仍然处于初级阶段，存在一系列的问题和不足。从当前的发展形势来看，在物联网相关技术的开发运用方面时间较短，在生产、加工、流通和消费各环节涉及的网络技术还不成熟，仍然存在许多瓶颈需要攻克。尽管我国已在农业相关基础研究领域获得大量的研究成果，但在现代化农业生物技术，如基因组学，农业前沿智能技术，如人工智能、大数据，农业低碳循环技术，如新材料、新能源等方面尚存不足。除此之外，由于我国物联网技术在农业生产中的应用规模较小且模式复杂，导致大型 IT 企业参与度不高，所以在智慧农业发展中亟须大型传感器运营商和制造商的加入及技术支持。同时，智慧农业标准尚缺，无法满足农业标准化生产对资源的需求，科研工作无法获取全面、广泛的农业信息，这也是制约智慧农业进一步发展的主要原因。

第五节　智慧农业推进建议

一、加大技术研发力度

政府部门应在全国层面设立智慧农业发展专项资金，将智慧农业建设和发展经费纳入财政资金预算，明确资金使用时各区县等财政配套比例，发挥智慧农业专项资金的放大和引导作用。各地应从实际出发，争取资金支持，加大智慧农业相关新型技术研发力度，攻克传感器、动植物生长模型、机器人等“卡脖子”技术，确保智慧农业建设进度全国协调一致。

二、鼓励大型工业企业介入

政府部门应鼓励互联网、通信、物流等巨头企业加快融入智慧农业建设。充分利用这些企业的资源和对农业的理解，将互联网工具渗透农业生产全过程，激活农业内生产力，带动智慧农业快速发展。

三、加大大规模试验示范

智慧农业发展过程中融入了各种先进的高新技术，具有投入大、基础薄弱，但公益性强、受益面广等特点。在当前智慧农业效益不明显、农民收入不高、市场信息化运作欠佳的情况下，公益行业的加入将促进智慧农业的发展。因此，建议国家相关部门基于我国农业现代化发展需求，基于“发展需要、技术可靠、示范性好”的原则，实施一批具有深远影响的智慧农业示范工程，加快推进国家级重点智慧农业示范基地建设，促使智慧农业跨领域交叉快速发展。

四、创新产学研用体系

针对我国智慧农业发展需求，政府应加强科研高校、科研机构在智慧农业科研方面的投入力度，制定相关学科及培训机构，健全产学研用培养体系，开展农业人才、新型职业农民、农业经纪人等农业从业者科普、教育、培训工作，加快培养大量的复合型人才。

五、鼓励市场化机制与模式探索

政府部门应针对智慧农业的市场发展需求及方向进行宏观指导，以国家政策带动农业高效益发展，建立政府部门支持、科学技术支撑、企业参与运营的运行机制。借助人工智能、大数据、云计算以及物联网等信息技术，打破智慧农业市场发展的时间和空间限制，鼓励开辟农业新市场，实现智慧农业市场多元化发展。

第二章 以数字化助推我国乡村全面振兴 2

第一节 数字乡村建设的重要意义

《中共中央 国务院关于实施乡村振兴战略的意见》中提出“我国发展不平衡不充分问题在乡村最为突出，主要表现在：农产品阶段性供过于求和供给不足并存，农业供给质量亟待提高；农民适应生产力发展和市场竞争的能力不足，新型职业农民队伍建设亟须加强；农村基础设施和民生领域欠账较多，农村环境和生态问题比较突出，乡村发展整体水平亟待提升；国家支农体系相对薄弱，农村金融改革任务繁重，城乡之间要素合理流动机制亟待健全；农村基层党建存在薄弱环节，乡村治理体系和治理能力亟待强化。”

《乡村振兴战略规划（2018—2022年）》中提出“实施乡村振兴战略，深化农业供给侧结构性改革，构建现代农业产业体系、生产体系、经营体系，实现农村一二三产业深度融合发展，有利于推动农业从增产导向转向提质导向，增强我国农业创新力和竞争力，为建设现代化经济体系奠定坚实基础。”

《数字乡村发展战略纲要》中提出“着力发挥信息技术创新的扩散效应、信息和知识的溢出效应、数字技术释放的普惠效应，加快推进农业农村现代化；着力发挥信息化在推进乡村治理体系和治理能力现代化中的基础支撑作用，繁荣发展乡村网络文化，构建乡村数字治理新体系；着力弥合城乡数字鸿沟，培育信息时代新农民，走中国特色社会主义乡村振兴道路，让农业成为有奔头的产业，让农民成为有吸引力的职业，让农村成为安居乐业的美丽家园。”

《2020年数字乡村发展工作要点》中提出“2020年数字乡村发展工作目标：农村信息基础设施建设加快推进，基本实现行政村光纤网络和4G普遍覆盖，农村互联网普及率明显提升。农村数字经济快速发展，农业农村数字化转型快速推进，遥感监测、物联网、大数据等信息技术在农业生产经营管理中广泛应用。乡村信息惠民便民不断深化，乡村数字普惠金融覆盖面进一步拓展。网络扶贫行动目标任务全面完成，巩固提升脱贫成果。”

基于上述一系列要求，今后的数字乡村建设任务中，必须紧紧把握网络化、信息化、数字化在推进农业全面升级、农村全面进步、农民全面发展中的重要作用，更好地推进数字乡村建设、实现乡村振兴任务。

第二节 数字乡村内涵及特点

一、数字乡村内涵

数字乡村是指乡村依托数字经济的发展，按照产业兴旺、生态宜居、乡风文明、治理有效、生活富裕的总要求，以数字化、信息化、网络化为重要载体，基于乡村信息基础设施建设，实现乡村产业数字化、治理数据化、服务信息化以及生活智慧化。不断解放传统生产劳动力，提高产业生产自动化、数字化、智能化水平，重构乡村现代经济发展形态，打造乡村治理数据化新模式。

二、数字乡村特点

1. 数字化

通过将互联网、物联网、大数据、云计算等信息技术与农业生产、乡村治理和农民生活深度融合，为新时期的乡村发展提供了新的契机和动力，乡村数字化平台的建设，为全面提升产业数字化、治理数字化、生活数字化等提供了精准、高效的新路径。农业生产、农民生活、农村生态都可数字化，可促进农业新产业新业态竞相涌现、科技创新能力不断提升、农民生活日益便利、农村管理更加高效。

2. 网络化

通过将互联网、物联网、大数据、云计算等信息技术与数字乡村建设深度融合，使农业生产、乡村管理、农民生活形成一个网络。在这个网络下，数据共享、信息透明、管理高效，乡村信息服务体系不断健全，打破省、市、县、镇 4 级联通，政务、村务、党务平台建设取得突破性进展。

3. 智能化

通过将互联网、物联网、大数据、云计算等信息技术与数字乡村建设深度融合，一方面，不仅促使农业生产环节改造升级，也使农业管理变得更加智能化、精细化及高效化。另一方面，促使乡村安防以及应对社会突发事件（如疫情）的应急防控预案更加智能化。

第三节　我国数字乡村建设的主要成效

一、数字乡村基础设施建设成效显著

电信基础设施全面升级。优先支持“三区三州”等深度贫困地区加快网络覆盖和普及应用，截至 2020 年年底，全国行政村、贫困村通光纤、通 4G 比例均超过 98%，农村互联网应用快速发展，基本保障了广大农村群众的联网用网需求。广播电视网基本实现全覆盖。农村地区广播电视基础设施建设和升级改造持续推进，截至 2019 年年底，农村广播节目综合人口覆盖率为 98.84%，农村电视节目综合人口覆盖率为 99.19%。在新冠肺炎疫情防控期间，31 个省（区、市）调动乡镇、行政村（社区）使用农村应急广播终端设备，展开疫情防控政策和知识宣传，为农村疫情防控织密了“安全网”。电信网络诈骗等违法犯罪行为逐步遏制。通过组织开展专项行动，设立集群战役专班，铲除境内电信网络诈骗设备窝点，斩断黑灰色产业违法犯罪链条，建设技术拦截系统，拦截诈骗电话 5100 万次、短信 6.3 亿条，封堵诈骗网站 21 万个。

二、农业农村大数据建设开始起步

农业农村部印发了《关于推进农业农村大数据发展的实施意见》，明确了农业农村大数据发展和应用的5大基础性工作和11个重点领域，对农业农村大数据发展和应用做出总体安排。2016年起，在北京等21个省（区、市）开展了涉农数据共享、单品种大数据建设等4个方面的农业农村大数据建设试点工作。组织实施数字农业建设试点项目，开展大豆、苹果、天然橡胶等一批重要农产品全产业链大数据中心建设试点，通过试点示范带动农业农村数字化转型。通过数据整合共享，农产品市场信息平台汇聚粮、棉、油、糖、畜禽产品、水产品、蔬菜、水果等8大类15个重点农产品全产业链数据，突出实时性、公开性的要求，实现了数字在线查询分析、共享开放及可视化展示等多样化功能。农、兽药基础数据平台投入运行，初步实现了“五个一”的农药数字化和信息化管理，绘制了一张农药数字管理地图，汇聚了一个农药基础数据中心，构建了一个网上行政审批平台，建成了一个农药管理门户网站和一个农药质量追溯系统。国家兽药追溯系统覆盖了1814家兽药生产企业、5.25万家兽药经营企业、2443家基层监管单位，截至2019年年底，用户累计申请兽药追溯码104.92亿个，用户体验和口碑都比较好。

三、农业监管信息化水平持续提升

1）在种植业信息化方面，全国农情信息调度平台、花卉产业综合统计系统、全国农作物重大病虫害监测预警系统建立健全，提高了农情信息的时效性，与中国气象局完成部分信息共享对接，实现了基础监测数据传输共享，数据开放共享服务更加完善；种植技术数字化指导成效显著，为了保证种植过程科学施肥，建立了县域科学施肥专家查询系统，为农民提供科学施肥信息服务的有效模式。

2）在畜牧业信息化方面，为了全面推进畜牧兽医信息化工作，扩大养殖场数据采集范围，实现畜牧兽医监管精准动态监测，养殖场直连直报系统实现横向互通、省部互联，扩大了线上填报范围；组织开展直播培训，线上指导服务广泛开展，加快推广科学合理的养殖技术。

3）在渔业信息化方面，各地海洋渔船通导与安全装备建设项目实施积极推进。实施渔业捕捞许可证电子化，将渔业捕捞许可证纳入国办推行电子证照试点范围，为渔民提供便捷行政许可服务；升级改造渔业安全事故直报系统，为推进渔业安全与应急管理规范化、信息化奠定基础；渔业资源环境动态监测体系建立健全，利用遥感技术开展渔业资源评估和养殖水域空间监测。疫情期间指导搭建全国水产品产销对接平台，开展产销对接，推动各地开展“鱼你同行”水产品驰援一线、爱心助力水产品销售等行动。

4）在种业信息化方面，国内首个作物育种云平台建设完成，在隆平高科、北大荒垦丰种业、全国农业技术推广服务中心、中国农业科学院等育种企业和科研单位成功应用；中国种业大数据平台生产经营管理、品种管理、种情监测调度等关键业务子系统得到优化，底层数据实现部分板块互通；中国种业大数据平台支撑产业发展成效明显，通过共享节水、高抗、机收、稳产高产品种信息数据推动种业高质量发展，大大提升了执法效率，优化了种业发展环境。

5）在农机装备信息化方面，支持鼓励养殖企业进行物联化、智能化设施与装备升级改造，促进畜牧设施装备使用、管理与信息化技术深度融合。截至2020年9月底，全国已有45家农机企业将北斗终端作为标准配置，北斗终端已从拖拉机、联合收割机、植保无人飞机扩展到插秧机、大型自走式植保机、秸秆捡拾打捆机等装备；通过开通“春耕农机线上服务站”，开展线上培训服务，为骨干农机提供针对性的网络培训指导服务。为了加快实现农机装备的数字化管理，农机购置补贴数字化管理水平大幅提升。

四、乡村服务信息化建设加快提升

基层信息服务体系进一步健全，信息进村入户工程取得显著成效，截至 2020 年上半年，全国共建成运营益农信息社 42.4 万个，累计培训信息员 106.3 万人次，为农民和新型农业经营主体提供公益服务 1.1 亿人次，开展便民服务 3.1 亿人次，实现电子商务交易额 342.1 亿元。供销合作系统的惠农服务网点更加密集，截至 2020 年 8 月底，全国供销系统共发展各类综合服务社 41.98 万个，通过承接益农信息社、气象信息服务站等服务，基本实现了一网多能、一网多用，形成了为农服务的整体合力。普惠金融服务站点基本实现全覆盖，截至 2020 年 6 月底，银行业金融机构覆盖全国 3.01 万个乡镇，覆盖率为 96.64%；基础金融服务覆盖全国 53 万个行政村，覆盖率为 99.94%。

数字化对农业生产经营的支撑更加有力，全国农业科教云平台初现成效，截至 2020 年上半年，平台线上用户数 523.6 万，其中包括 36.5 万基层农技人员、100 万职业农民、200 多万自增长用户，同时开放接入第三方平台用户 166 万，建成了以用户为核心的农业科技服务网络。重点农产品市场信息服务能力不断提升，加快聚合全链条数据资源，主要涉及农产品批发价格 200 指数等业务内容，通过数据整合共享，汇聚了生产、国际贸易、成本收益、市场动态、品牌建设等相关信息。农产品线上产销对接服务持续发力，据不完全统计，2020 年海南、广西、云南、湖北等近 20 个省（区）组织开展了线上推介活动，多种渠道促进了产销精准对接。

乡村公共服务的数字化水平不断提升，民政服务信息系统建设全面推进，乡村网络文化管理与创造加速优化，乡村公共数字文化服务提档升级，农耕文化保护与传承活动风靡网络平台，金融支农信息服务取得阶段性成效，公共法律线上服务水平不断提高，传统村落保护实现全景网络漫游，乡村就业、社保、医保服务信息化水平大幅提升，乡村中小学教育信息化水平迈上新台阶。面向农业和各类生产经营主体的信息化培训扎实开展，农村实用人才和大学生村官示范培训取得良好成效。

五、乡村数字经济新业态迅猛发展

电商进村综合示范项目取得显著进展，村级电商规模不断扩大，截至 2020 年上半年，综合示范项目累计支持 1466 个（次）示范县，在全国支持建设县级电商公共服务和物流配送中心超 2000 个，乡村电商服务站点超 13 万个，示范地区快递乡镇覆盖率近 100%，培训建档立卡贫困户 189 万人次。邮政在农特产品进城中的渠道作用不断增强，2020 年上半年，已培育快递业务量超千万件的“一地一品”项目 23 个。

乡村旅游智慧化水平大幅提升，短视频平台大大提升了乡村旅游重点村的知名度，在 2019 年第一批 320 个乡村旅游重点村基础上，2020 年继续推出第二批 680 个乡村旅游重点村，丰富了乡村旅游产品供给。乡村旅游人才数字技术培训力度加大，形成了“数字文旅”“智慧旅游”等新型服务模式，2020 年疫情期间通过开设“乡村旅游面对面”直播课堂，帮助乡村旅游从业者提升能力、树立信心，为疫情后企业复苏、转型升级做了准备。

农村创新创业带头人队伍不断壮大，形成了一批具有较强影响力、一二三产业融合发展的返乡入乡创业产业园、示范区（县）。截至2019年年底，全国返乡入乡创新创业人员达850万人，带动就业约4000万人，“田秀才”“土专家”“乡创客”等本乡创业创新人员达3100多万人次，年均增长均为10%。其中，利用信息技术创业创新人员超过54%，创办的实体企业87%在乡镇以下地区，超过82%的企业主要发展产业融合项目，成为乡村振兴的重要力量。

六、数字化推进乡村治理能力不断提升

“互联网＋政务”加快向农村延伸，实行“一窗受理”“一条龙”服务，行政审批和公共服务“一站式”办结。农业行政审批流程电子化改革初见成效，着力深化农业行政审批制度改革，精简审批、放宽市场准入、加强事中事后监管，促进公平竞争，优化服务质量，打通堵点难点，加快激发农业农村市场活力和创新创业创造新动能。借助数字化平台理顺了三资管理的体制机制，多地规范化建设集体资产登记、保管、使用、处置等管理电子台账，完善农村集体资产监督管理平台功能，借助建设数字化三资智慧监管系统，将监管范围拓展到对农村集体资金、资产和资源的全方位管理。

“互联网＋基层党建”建设全面展开，推动各地加快推进党员管理信息化平台建设。例如，吉林打造“新时代e支部”智慧党建平台，全省8.3万个基层党组织入驻平台、160.3万名党员在平台注册，基本实现全覆盖。在加强农村公共区域视频点位建设的基础上，动员乡镇街道、村组社区的居民群众将自建的视频资源接入“雪亮工程”共享交换总平台，增加了“雪亮工程”在农村地区的覆盖广度。“互联网＋村务”创新融合发展获得各级政府大力支持，多地出台相关政策，坚持传统公开模式和现代方式相结合，以“互联网＋村务”为载体，拓宽群众知情渠道，使村民与村务“面对面、零距离”。

疫情防控信息化建设不断完善，多地启动智慧乡村信息平台，利用布点到村的智能监测站，构建乡村疫情防控管理系统，全天候、全方位、全场景监测乡村疫情防控情况。各地注重突出需求导向，充分运用互联网小程序、健康码等信息化手段打通疫情防控“最后一公里”，为农村居民提供多渠道便捷服务。各地农业农村市场与信息化系统上下联动，迅速响应，结合当地实际，出台行之有效措施，全力抓好“菜篮子”产品生产，为打赢疫情防控阻击战提供了基础支撑。

七、智慧绿色乡村建设迈出新步伐

互联网等数字化技术在智慧绿色乡村建设中的重要作用不断深入普及，积极推广农业绿色生产方式，不断推进农田生态数字化监测工作，完成了近4000个土壤环境风险监控点的监测工作。国家追溯平台的功能在不断完善，截至2020年7月初，国家追溯平台共有9.41万家生产经营主体，产品种类981个，企业上传数据量达11.3万条。各先行区围绕节地节水节肥节药节能，畜禽粪污、秸秆、农膜等农业废弃物资源化利用，提升绿色优质农产品供给能力等方面开展先行先试，取得了明显成效，初步探索了一批可推广可复制的发展模式。

倡导乡村绿色生活方式，农村人居环境基础设施建设不断完善，供水信息化管理能力不断提升，完成54万处全国集中供水工程的地图标绘和数据采集。拓宽农村涉水问题监督举报渠道，截至2020年上半年，共办结1102件，及时解决老百姓迫切需要解决的涉水问题，有力支撑了“补短板，强监管”水利改革发展总基调的贯彻落实。

乡村生态保护信息化水平显著提升，水土流失信息化动态监测手段不断升级。在全国范围内实施生产建设项目水土保持卫星遥感监管，加大了无人机、移动终端等信息化手段在监督检查工作中的应用力度，有效防控了人为水土流失，有力促进了城乡生态环境的持续改善。为加强河湖信息化建设，提升河湖管理水平，水利部搭建完成河湖遥感“四查”平台，开发河湖督查 App 持续支撑河湖督查暗访和“清四乱”工作，共支撑 7 个流域管理机构、174 个督查小组、655 人次河湖管理检查工作，共检查 5848 个河段、1049 个湖片，支撑 31 个省（区、市）自查自纠上报河湖“四乱”问题 18407 个，为实现美丽乡村目标提供了技术支撑。

八、网络扶贫成效显著

贫困地区网络覆盖目标提前超额完成，不断强化工作力度和增加资源投入，加快贫困地区互联网建设和应用步伐，为贫困地区打通了网络基础设施“最后一公里”。全国行政村通光纤和通 4G 比例均超过 98%，贫困村通宽带比例超过 98%，贫困村通光纤比例由电信普遍服务试点之前不到 70% 提高到 98%，深度贫困地区贫困村通宽带比例从 25% 提升到 98%，提前超额完成 2020 年“宽带网络覆盖 90% 贫困村”的目标。

电子商务进农村实现国家级贫困县全覆盖，通过公共服务平台建设、物流网络建设、电商主体培育等方面综合施策，推动贫困地区电商发展。电子商务进农村综合示范项目已累计支持 1466 个县，实现对 832 个国家级贫困县全覆盖；全国农村网络零售额由 2014 年的 1800 亿元，增长到 2019 年的 1.7 万亿元，规模扩大了 9.4 倍。

贫困地区教育信息化水平快速提升，通过加快学校联网、推广远程教育、开展网络培训、提升贫困群众网络技能等方式，提高贫困地区教育水平和就业创业能力。截至 2020 年上半年，全国中小学（含教学点）互联网接入率从 2016 年底的 79.2% 上升到 98.7%，配备多媒体教学设备普通教室从 281 万间增至 400.6 万间，93.1% 的学校已拥有多媒体教室，其中 74.2% 的学校实现多媒体教学设备全覆盖，进一步夯实信息化教学基础条件。

贫困地区享受到更加便捷的信息服务，加强基层信息服务体系建设、信息服务资源整合和扶贫数据交换，围绕贫困群众生产生活建立完善信息服务体系。全国统一的扶贫开发大数据平台、一县一平台（电商扶贫平台或频道）、一乡（镇）一节点、一村一带头人、一户一终端、一户一档案、一支网络扶贫队伍的“七个一”网络扶贫信息服务体系基本建立，为扶贫工作的开展提供有力的信息支撑。

网络公益扶贫惠及更多贫困群体，搭建网络公益平台、组织网络公益活动、开展网络公益宣传，充分发动网民、网信企业、网络社会组织力量，助力脱贫攻坚。大力开展消费扶贫行动，促进产销对接，扩大扶贫产品销售。截至 2020 年 9 月底，国务院扶贫办已通过平台正式发布 7 批共 103086 款扶贫产品，涉及中西部 1745 个县、28795 个供应商，全年可提供的商品价值总量达 1.08 万亿元。

第四节　在推进数字乡村建设中存在的问题及挑战

随着云计算、大数据、互联网、物联网等信息技术在数字乡村建设中的助推作用不断加强，我国乡村地区按照产业兴旺、生态宜居、乡风文明、治理有效、生活富裕的总要求，持续推进数字乡村建设任务，但在数字乡村建设中还存在一些痛点、短板。

一、数字乡村动力不足，建设缺乏整体规划

乡村振兴战略中已明确提出“实施数字乡村战略，做好整体规划设计”的要求。目前，虽然农业农村信息化有总体规划，但数字乡村建设还处于自下而上的各地自主探索阶段；“全国农业农村信息化示范基地”以地方政府、企事业单位为主体，并不是以某地乡村为主体；各类智慧应用功能还处于各自分别应用状态，有待进行系统性统筹。

二、数据获取体系薄弱，区域发展存在差异

数字乡村综合服务大数据平台欠缺，基层数据上报缓慢，分析及把控各地区政治、经济、文化、社会发展情况存在困难，政策精准调控地区发展是一大挑战；各部门信息共建共享机制还未完全形成，很难实现任务合理分工及统筹协调；天空地一体化数据获取能力较弱、覆盖率低，重要农产品全产业链大数据、农业农村基础数据资源体系建设刚刚起步，借力信息技术，在农业、政务、教育、医疗、金融等方面的应用深度和广度仍需持续拓展。

三、科技创新供给不足，产业发展尚待提高

聚焦三农产品开发和服务的企业少，产学研模式推广及落实力度不够；适合三农特点的产品和服务统计体系不健全；信息技术服务企业针对数字乡村建设的技术创新服务动力存在不足；智能终端制造能力不强；农业专用传感器缺乏，农业机器人、智能农机装备适应性较差。与其他领域相比，农业农村领域数字化研究应用明显滞后。

四、农业生产规模小，生产数字化需求不足

农业基础良好，部分地区现代农业示范园、智慧农场初具规模。不过，部分农业用地仍以散户居多，规模化种植水平低，信息化技术手段应用成本高，群众收益低，导致群众数字化发展积极性不高；留守种植人员以老年人和儿童为主，以经验种植、养殖为主，接受信息化、数字化等新技术意识薄弱。

五、城乡发展差距较大，以城带乡挑战极大

虽然数字乡村建设不断推进，但与智慧城市建设相比，差距还很大，城乡数字鸿沟长期存在。加之数字乡村建设基础薄弱、专业人才匮乏、农民综合素质较低、建设投入资金有限，很难短期内弥补与城市建设之间的差距，以智慧城市建设带动数字乡村面临诸多挑战。

第五节　我国数字乡村未来政策取向

一、抢抓战略机遇，努力推进数字乡村新基建

今后将数字乡村建设摆在中国现代化建设的重要位置，大力实施乡村建设行动，抢抓实施乡村振兴战略机遇，推动新基建向数字乡村延伸。加强基础设施共建共享，打造集约高效、绿色智能、安全适用的数字乡村基础设施。加快农村光纤宽带、移动互联网、数字电视网和下一代互联网发展，提升4G网络覆盖水平，探索5G、人工智能、物联网等新型

基础设施建设和农业农村应用。加快推动农村电力、冷链物流、农产品加工等基础设施的数字化、智能化转型，推进农村智慧交通、智能电网、智慧农业、智慧物流建设。

二、大力推进农业生产规模化，努力提升农业生产数字化水平

深化制度机制创新，大力推进土地流转，积极培育农民合作社、家庭农场，提高农业生产的集约化、组织化程度，强化农业农村科技创新供给，推动数字技术与农业生产装备、农机作业、设施农业、工厂化农业等领域的融合，推进信息技术与农业生产各环节深度融合，推动农业生产数字化，积极打造科技农业、精准农业、智慧农业，提高农业土地产出率、劳动生产率和资源利用率。

三、释放创新活力，扎实推进数字乡村新业态

充分调动广大农民参与数字乡村建设的积极性，持续强化政策扶持和指导服务，进一步优化农村创业创新环境，吸引各类人才返乡入乡创业创新。以数字技术带动业态融合发展，促进农业与信息产业融合。加快培育农村电子商务主体，在农业生产、加工、流通等环节，加快互联网技术应用与推广，持续改善农村电子商务环境，面向农业和各类生产经营主体的信息化培训扎实开展，农村实用人才和大学生村官示范培训，加强农村电子商务人才培养，营造良好市场环境。大力培育一批信息化程度高、示范带动作用强的生产经营组织，培育形成一批叫得响、质量优、特色显的农村电商品牌，因地制宜培育创意农业、认养农业、观光农业、都市农业等新业态。

四、巩固脱贫成果，推进数字乡村民生信息化

大力推进数字乡村民生信息化，促进脱贫攻坚同乡村振兴有效衔接，巩固拓展脱贫攻坚成果，防止返贫。乡村公共服务的数字化水平不断提升，民政服务信息系统建设全面推进，乡村网络文化管理加速优化，乡村公共数字文化服务提档升级，农耕文化保护与传承活动风靡网络平台，金融支农信息服务取得阶段性成效，公共法律线上服务水平不断提高，传统村落保护实现全景网络漫游，乡村就业、社保、医保服务信息化水平大幅提升，乡村中小学教育信息化水平迈上新台阶，增强农民群众获得感和幸福感。

五、大力发展农业农村信息化产业，提升数字乡村发展新动能

大力扶持与培育农业农村信息化企业，提高大型农业企业信息化、数字化网络化经营能力，特别鼓励精准农业、精准牲畜、农产品品质检测、农业无人机、拖拉机无人驾驶等领域发展壮大，为数字农业发展提供有力支撑。鼓励出台相关数字农业、数字乡村企业产品的补贴政策，鼓励国家建立数字农业、数字乡村专项，培育和壮大我国农业农村信息化产业发展。鼓励农业龙头企业建立基于大数据的农村信息传播商业化运作模式，依托专业大数据平台，开展农场精准生产个性化定制服务以及市场营销信息服务，提升数字乡村发展新动能。

六、坚持城乡统筹，推进数字乡村治理新格局

坚持把城市和乡村作为一个整体统筹谋划，促进城乡在规划布局、要素配置、产业发

展、公共服务等方面一体化发展，强化农业农村优先发展制度保障，形成工农互促、城乡互补、全面融合、共同繁荣的新型工农城乡关系。以智慧城市建设拉动数字乡村协同发展，引导人才、资金、物资等生产要素向乡村流动，把乡村建设成为与城市共生共荣、各美其美、美美与共的美好家园。

七、坚持开放合作，引领全球数字乡村新模式

坚持开放合作，加强数字乡村“引进来，走出去”工作，不断学习国外高水平数字乡村建设的经验和模式，引进、消化、吸收、再创新，充分调动各方力量和广大农民参与数字乡村建设，在整体规划设计、制度机制创新、技术融合应用、发展环境营造等方面形成一批可复制、可推广的数字乡村中国模式。加强与联合国粮农组织、开发计划署（UNDP）等国际组织交流，借助“一带一路”，主动推出数字乡村中国模式和中国经验，进而引领全球数字乡村发展。

基础建设篇

第三章 3

农村新型信息化基础设施

第一节 农村广播、电视网

一、全国整体情况

农村信息化是整个国民经济和社会信息化的重要方面。2019 年，在以习近平同志为核心的党中央坚强领导下，全国广播电视行业深入学习宣传贯彻习近平新时代中国特色社会主义思想，增强“四个意识”、坚定“四个自信”、做到“两个维护”，聚焦“举旗帜、聚民心、育新人、兴文化、展形象”使命任务，围绕庆祝新中国成立 70 周年工作主线，大力实施“舆论引导能力提升”“新时代精品”“智慧广电建设”“视听中国播映”“管理优化”五大工程，广播电视和网络视听总体保持稳中向好的发展态势，加快高质量创新性发展。在各地区各部门的共同努力下，我国农村信息化建设取得了积极进展。信息基础设施建设稳步推进，特别是通过实施广播电视“村村通”工程，有效地提高了农村地区广播电视人口综合覆盖率。

2019 年，农村居民人均可支配收入突破 1.6 万元，农村居民人均可支配收入和农村平均每户彩色电视机保有量变化如图 3-1 所示，公共广播、电视节目套数变化如图 3-2 所示。截至 2019 年年底，全国广播节目综合人口覆盖率为 99.13%，其中农村地区广播节目综合人口覆盖率为 98.84%。电视节目综合人口覆盖率为 99.39%，其中农村地区电视节目综合人口覆盖率为 99.19%。全国有线广播电视实际用户数达到 20661 万户，其中农村有线广播电视实际用户数为 7322 万户，占农村家庭数量的 31.66%。

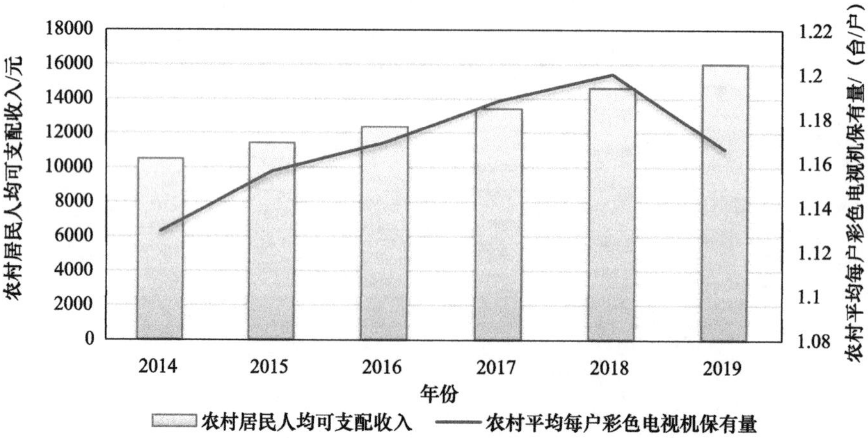

图 3-1 农村居民人均可支配收入和农村平均每户彩色电视机保有量变化

注：数据来源于国家统计局。

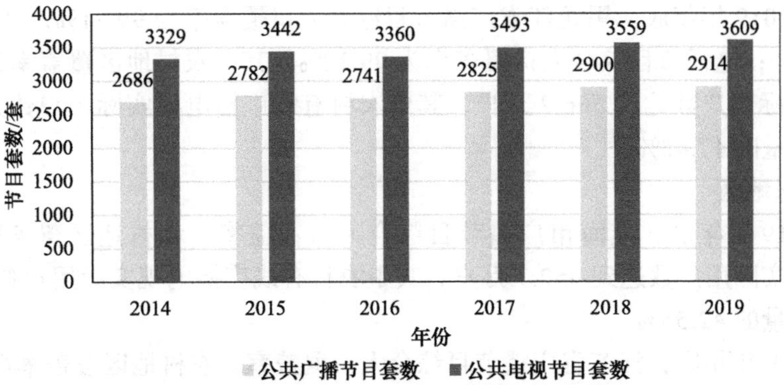

图 3-2　公共广播、电视节目套数变化

注：数据来源于国家统计局。

（一）华北地区

北京：2019 年年底，北京市广播节目综合人口覆盖率、农村地区覆盖率均为 100%，电视节目综合人口覆盖率、农村地区覆盖率均为 100%。有线广播电视实际用户数达到 598.9 万户，其中农村有线广播电视实际用户数为 91.4 万户，占农村家庭数量的 90.20%。

天津：2019 年年底，天津市广播节目综合人口覆盖率、农村地区覆盖率均为 100%，电视节目综合人口覆盖率、农村地区覆盖率均为 100%。有线广播电视实际用户数达到 356.0 万户，其中农村有线广播电视实际用户数为 49.6 万户，占农村家庭数量的 40.00%。

河北：2019 年年底，河北省广播节目综合人口覆盖率为 99.58%，其中农村地区覆盖率为 99.36%；电视节目综合人口覆盖率为 99.68%，其中农村地区覆盖率为 99.53%。有线广播电视实际用户数达到 695.8 万户，其中农村有线广播电视实际用户数为 163.3 万户，占农村家庭数量的 13.97%。

山西：2019 年年底，山西省广播节目综合人口覆盖率为 98.91%，其中农村地区覆盖率为 98.29%；电视节目综合人口覆盖率为 99.59%，其中农村地区覆盖率为 99.30%。有线广播电视实际用户数达到 372.5 万户，其中农村有线广播电视实际用户数为 104.3 万户，占农村家庭数量的 22.51%。

内蒙古：2019 年年底，内蒙古自治区广播节目综合人口覆盖率为 99.24%，其中农村地区覆盖率为 98.89%；电视节目综合人口覆盖率为 99.22%，其中农村地区覆盖率为 98.77%。有线广播电视实际用户数达到 218.2 万户，其中农村有线广播电视实际用户数为 14.2 万户，占农村家庭数量的 3.81%。

（二）东北地区

辽宁：2019 年年底，辽宁省广播节目综合人口覆盖率为 99.24%，其中农村地区覆盖率为 98.61%；电视节目综合人口覆盖率为 99.27%，其中农村地区覆盖率为 98.75%。有线广播电视实际用户数达到 663.5 万户，其中农村有线广播电视实际用户数为 170.2 万户，占农村家庭数量的 25.36%。

吉林：2019 年年底，吉林省广播节目综合人口覆盖率为 99.36%，其中农村地区覆盖率为 99.16 %；电视节目综合人口覆盖率为 99.41%，其中农村地区覆盖率为 99.00%。有线广播电视实际用户数达到 435.6 万户，其中农村有线广播电视实际用户数为 150.6 万户，占农村家庭数量的 35.69%。

黑龙江：2019 年年底，黑龙江省广播节目综合人口覆盖率为 99.21%，其中农村地区覆盖率为 99.60%；电视节目综合人口覆盖率为 99.12%，其中农村地区覆盖率为 99.62%。有线广播电视实际用户数达到 666.2 万户，其中农村有线广播电视实际用户数为 106.3 万户，占农村家庭数量的 17.48%。

（三）华东地区

上海：2019 年年底，上海市广播节目综合人口覆盖率、农村地区覆盖率均为 100%，有线广播电视实际用户数达到 452.7 万户，其中农村有线广播电视实际用户数为 40.7 万户，占农村家庭数量的 42.56%。

江苏：2019 年年底，江苏省广播节目综合人口覆盖率、农村地区覆盖率均为 100%，有线广播电视实际用户数达到 1545.7 万户，其中农村有线广播电视实际用户数为 696.8 万户，占农村家庭数量的 51.07%。

浙江：2019 年年底，浙江省广播节目综合人口覆盖率为 99.73%，其中农村地区覆盖率为 99.70%；电视节目综合人口覆盖率为 99.82%，其中农村地区覆盖率为 99.79%。有线广播电视实际用户数达到 1346.7 万户，其中农村有线广播电视实际用户数为 857.0 万户，占农村家庭数量的 70.09%。

安徽：2019 年年底，安徽省广播节目综合人口覆盖率为 99.87%，其中农村地区覆盖率为 99.85%；电视节目综合人口覆盖率为 99.87%，其中农村地区覆盖率为 99.84%。有线广播电视实际用户数达到 786.6 万户，其中农村有线广播电视实际用户数为 276.5 万户，占农村家庭数量的 18.92%。

福建：2019 年年底，福建省广播节目综合人口覆盖率为 99.62%，其中农村地区覆盖率为 99.47%。有线广播电视实际用户数达到 727.4 万户，其中农村有线广播电视实际用户数为 460.5 万户，占农村家庭数量的 63.87%。

江西：2019 年年底，江西省广播节目综合人口覆盖率为 98.62%，其中农村地区覆盖率为 98.42%；电视节目综合人口覆盖率为 99.14%，其中农村地区覆盖率为 98.94%。有线广播电视实际用户数达到 551.8 万户，其中农村有线广播电视实际用户数为 315.6 万户，占农村家庭数量的 51.68%。

山东：2019 年年底，山东省广播节目综合人口覆盖率为 99.13%，其中农村地区覆盖率为 98.88%；电视节目综合人口覆盖率为 99.10%，其中农村地区覆盖率为 98.96%。有线广播电视实际用户数达到 1579.2 万户，其中农村有线广播电视实际用户数为 691.5 万户，占农村家庭数量的 38.52%。

（四）华中、华南地区

河南：2019 年年底，河南省广播节目综合人口覆盖率为 99.44%，其中农村地区覆盖率为 99.37%；电视节目综合人口覆盖率为 99.47%，其中农村地区覆盖率为 99.40%。有线广播电视实际用户数达到 903.1 万户，其中农村有线广播电视实际用户数为 295.5 万户，占农村家庭数量的 13.85%。

湖北：2019 年年底，湖北省广播节目综合人口覆盖率为 99.79%，其中农村地区覆盖率为 99.70%；电视节目综合人口覆盖率为 99.70%，其中农村地区覆盖率为 99.56%。有线广播电视实际用户数达到 1071.5 万户，其中农村有线广播电视实际用户数为 395.7 万户，占农村家庭数量的 37.62%。

湖南：2019年年底，湖南省广播节目综合人口覆盖率为99.36%，其中农村地区覆盖率为99.01%；电视节目综合人口覆盖率为99.72%，其中农村地区覆盖率为99.58%。有线广播电视实际用户数达到790.5万户，其中农村有线广播电视实际用户数为260.2万户，占农村家庭数量的27.74%。

广东：2019年年底，广东省广播节目综合人口覆盖率为99.98%，其中农村地区覆盖率为99.97%；电视节目综合人口覆盖率为99.98%，其中农村地区覆盖率为99.97%。有线广播电视实际用户数达到1767.0万户，其中农村有线广播电视实际用户数为400.4万户，占农村家庭数量的52.35%。

广西：2019年年底，广西壮族自治区广播节目综合人口覆盖率为97.81%，其中农村地区覆盖率为97.25%；电视节目综合人口覆盖率为98.92%，其中农村地区覆盖率为98.58%。有线广播电视实际用户数达到674.3万户，其中农村有线广播电视实际用户数为246.3万户，占农村家庭数量的22.25%。

海南：2019年年底，海南省广播节目综合人口覆盖率为99.06%，其中农村地区覆盖率为98.53 %；电视节目综合人口覆盖率为99.08%，其中农村地区覆盖率为98.56%。有线广播电视实际用户数达到155.8万户，其中农村有线广播电视实际用户数为50.5万户，占农村家庭数量的33.47%。

（五）西南地区

重庆：2019年年底，重庆市广播节目综合人口覆盖率为99.17%，其中农村地区覆盖率为98.82%；电视节目综合人口覆盖率为99.40%，其中农村地区覆盖率为99.17%。有线广播电视实际用户数达到624.1万户，其中农村有线广播电视实际用户数为74.7万户，占农村家庭数量的10.95%。

四川：2019年年底，四川省广播节目综合人口覆盖率为98.23%，其中农村地区覆盖率为97.70%；电视节目综合人口覆盖率为98.95%，其中农村地区覆盖率为98.75%。有线广播电视实际用户数达到1023.4万户，其中农村有线广播电视实际用户数为345.9万户，占农村家庭数量的17.67%。

贵州：2019年年底，贵州省广播节目综合人口覆盖率为94.63%，其中农村地区覆盖率为94.13%；电视节目综合人口覆盖率为97.00%，其中农村地区覆盖率为96.65%。有线广播电视实际用户数达到813.0万户，其中农村有线广播电视实际用户数为419.4万户，占农村家庭数量的54.24%。

云南：2019年年底，云南省广播节目综合人口覆盖率为98.95%，其中农村地区覆盖率为98.69%；电视节目综合人口覆盖率为99.14%，其中农村地区覆盖率为98.89%。有线广播电视实际用户数达到376.3万户，其中农村有线广播电视实际用户数为113.0万户，占农村家庭数量的12.73%。

西藏：2019年年底，西藏自治区广播节目综合人口覆盖率为98.07%，其中农村地区覆盖率为97.58%；电视节目综合人口覆盖率为98.61%，其中农村地区覆盖率为98.27%。有线广播电视实际用户数达到24.6万户。

（六）西北地区

陕西：2019年年底，陕西省广播节目综合人口覆盖率为98.87%，其中农村地区覆盖率为98.29%；电视节目综合人口覆盖率为99.38%，其中农村地区覆盖率为99.04%。

甘肃：2019 年年底，甘肃省广播节目综合人口覆盖率为 98.57%，其中农村地区覆盖率为 98.28%；电视节目综合人口覆盖率为 98.90%，其中农村地区覆盖率为 98.66%。有线广播电视实际用户数达到 174.8 万户，其中农村有线广播电视实际用户数为 28.3 万户，占农村家庭数量的 5.59%。

青海：2019 年年底，青海省广播节目综合人口覆盖率为 98.81%，其中农村地区覆盖率为 98.31%；电视节目综合人口覆盖率为 98.82%，其中农村地区覆盖率为 98.43%。有线广播电视实际用户数达到 97.2 万户，其中农村有线广播电视实际用户数为 1.6 万户，占农村家庭数量的 1.68%。

宁夏：2019 年年底，宁夏回族自治区广播节目综合人口覆盖率为 99.61%，其中农村地区覆盖率为 99.38%；电视节目综合人口覆盖率为 99.88%，其中农村地区覆盖率为 99.77%。有线广播电视实际用户数达到 108.0 万户，其中农村有线广播电视实际用户数为 3.5 万户，占农村家庭数量的 4.09%。

新疆：2019 年年底，新疆维吾尔自治区广播节目综合人口覆盖率为 98.30%，其中农村地区覆盖率为 97.97%；电视节目综合人口覆盖率为 98.52%，其中农村地区覆盖率为 98.16%。有线广播电视实际用户数达到 315.3 万户，其中农村有线广播电视实际用户数为 14.6 万户，占农村家庭数量的 4.26%。

二、发展规律分析

广播电视重点惠民工程深入实施，农村地区广播电视基础设施建设和升级改造持续推进。截至 2019 年年底，农村地区广播节目综合人口覆盖率为 98.84%，农村地区电视节目综合人口覆盖率为 99.19%。其中，农村有线广播电视实际用户数 0.73 亿户，直播卫星公共服务有效覆盖全国 59.5 万个行政村和 1.43 亿用户。乡村广播电视网络基本实现全覆盖，基本实现农村广播电视户户通。应急广播体系建设不断推进，基层应急广播在疫情防控中的独特作用得以充分发挥，已落实中央财政资金支持的 443 个深度贫困县应急广播体系建设，对 32042 个符合条件的行政村综合文化服务中心广播器材配置予以补助。在新冠肺炎疫情防控期间，31 个省（区、市）调动 6182 个乡镇、近 10.5 万个行政村（社区）使用 127.2 万个农村应急广播终端设备，展开疫情防控政策和知识宣传，将党和政府的关心关怀以及疫情防控信息覆盖到 2 亿多农村人口，为农村疫情防控织密了“安全网”。地面电视全面进入数字化时代，无线模拟电视退出历史舞台，5000 余座发射台、上万部数字电视发射机覆盖广大城乡地区，保障农村群众享受高质量电视服务。全国有线电视网络和 5G 建设一体化发展，编制出台有线电视网络 IP 化升级改造和 5G 接入深度覆盖等相关指导文件，推动有线电视网络向 5G 的光纤化、IP 化、云化、智慧化、融合化升级改造。

第二节　农村互联网接入

一、全国整体情况

信息化的高速发展，丰富了人们获取信息的途径，增添了生活娱乐，给人们的生活带来了方方面面的便捷。作为信息的传输载体——互联网，已经成为人们获取信息的重要来源。完善农村网络基础建设，提供优质网络服务，打通信息高速公路，对贫困地区的脱贫攻坚、全面建设成小康社会以及全面提升农业农村信息化水平有着重要意义。在过去，交通是阻碍农村发展的重要原因之一。现如今，互联网作为信息的高速公路，已经成为乡村脱贫、乡村振兴的关键所在。

为缩小农村与城镇之间的数字鸿沟，加快农村互联网建设，近年来，中央网信办、国家发改委以及工业和信息化部等有关部门大力推动农村地区宽带发展与普及，组织实施“宽带乡村”试点工作，持续推进农村地区的电信覆盖。其中，2015 年以来工业和信息化部与财政部联合开展了 6 批电信普遍服务试点，中央财政和基础电信企业累计投资超过 500 亿元，支持全国 13 万个行政村光纤建设以及 5 万个 4G 基站建设。据中国互联网络信息中心（CNNIC）发布的第 45 次《中国互联网络发展状况统计报告》显示，2006 年以来，我国农村网民规模呈逐年上升趋势，2016 年突破 2 亿人，达到 2.01 亿人。2019 上半年中国农村网民规模达到 2.25 亿人。截至 2020 年 3 月，中国网民规模为 9.04 亿人，其中农村网民规模为 2.55 亿人，占网民整体的 28.2%，较 2018 年年底增长 3308 万人；城镇网民规模为 6.49 亿人，占网民整体的 71.8%，较 2018 年年底增长 4200 万人。2014—2020 年农村网民规模变化趋势如图 3-3 所示。

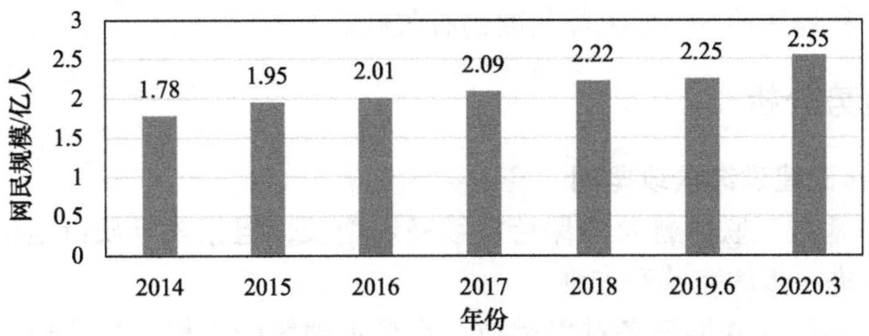

图 3-3　2014—2020 年农村网民规模变化趋势

注：数据来源于中国互联网络信息中心。

2019 年 4 月，中央网信办、国家发改委、国务院扶贫办、工业和信息化部联合印发《2019 年网络扶贫工作要点》，提出要充分释放数字红利，加大网络扶贫工作力度。2019 年，我国“村村通”和“电信普遍服务试点”两大工程深入实施，中国广大农村及偏远地区贫困群众逐步跟上互联网时代的步伐，同步享受信息社会的便利。截至 2019 年 10 月，我国行政村通光纤和通 4G 比例均超过 98%，贫困村通宽带比例超过 98%，实现了全球领先的农村网络覆盖；试点地区的平均下载速度超过 70Mbit/s，基本实现农村城市“同网同速”。农村及偏远地区学校网络接入条件不断改善，全国中小学校联网率超过 96%，助力实现教育均等化，为网络扶贫奠定坚实基础。网络赋能扶贫攻坚，成效显著，极大地提升了我国农村偏远地区宽带以及移动网络的覆盖，明显改善网络基础设施，为农村地区的振兴和发展提供了坚实的网络保障。截至 2019 年年底，全国农村宽带用户全年净增 1735 万户，总数达到 1.35 亿，比上年末增长 14.8%，增速较城市宽带用户高 6.3 个百分点；在固定宽带接入用户中占 30%(上年同期占比为 28.8%)，占比较上年末提高 1.2 个百分点。2014—2019 年农村宽带接入用户数量变化如图 3-4 所示。

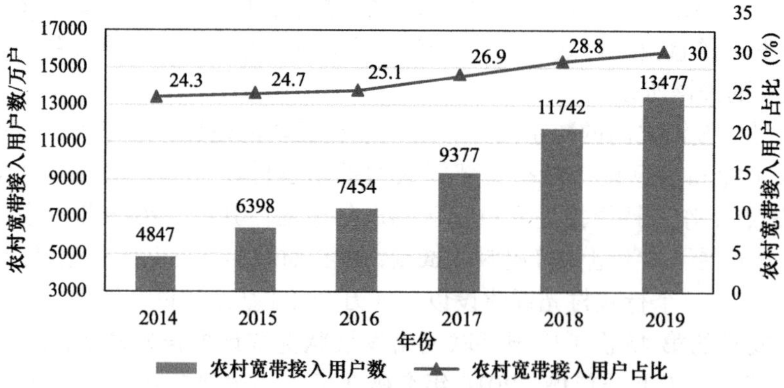

图 3-4　2014—2019 年农村宽带接入用户数量变化图

注：数据来源于工业和信息化部。

此外，随着通信技术的发展和普及，5G 技术逐渐渗透到人们的生活中，给人们提供更加快速的网络服务，极大的便捷了人们的生活。目前部分农村已经建了 5G 基站，但从全国范围来看，不论是 4G 还是当年的 3G，农村大面积铺开一项新的通信技术，还需要分阶段、分步骤来进行，农村地区的 5G 终端普及度仍有欠缺。

二、发展趋势分析

（一）互联网基础建设进入攻坚期

虽然我国农村地区互联网普及率保持持续稳定增长，但相较于城市地区，农村信息基础建设设施仍有待进一步的完善和加强。

一方面，偏远地区互联网设备难以就位。在偏远地区的农村，自然形成的地势环境和落后的交通设施是阻碍农村发展的重要原因，数字化和智能化设备难以落实，网络覆盖存在明显的分布不均。

另一方面，农村对于互联网的接入意识不强。近年来，在国家政策的大力支持下，农村信息基础建设设施实现跨越式发展，但由于经济发展的不平衡，农民对于信息的重要性认识不足，还无法充分有效地利用现有的信息基础设施。电子商务等互联网应用在乡村地区的发展迟迟得不到突破，成为乡村经济发展的阻碍。部分地区缺少针对农民的互联网使用讲座培训，农村地区的互联网教育工作进展缓慢。

（二）“互联网 +”给农村发展带来新的机遇

“互联网 +”的含义就是通过互联网将相关部门和相关个体联系起来。由于网络沟通的便捷性、高效性以及实时性，这种联系方式很容易跨越时空和身份限制，提高有关方面协同工作的效率和程度。由于网络的进一步普及，可以构建从农业科技研发到产业化的畅通路径，借助于互联网的帮助，农业科技人员不仅可以监控整个技术的推广和实施过程，对于实施过程中出现的纰漏和变数进行有效的调整，甚至可以将产品在市场销售中出现的反馈意见，很便捷地传递到科技人员和生产第一线，进而对产品进行进一步的优化调整。这种技术的革新打破了原有农业生产过程中各个环节之间的时空阻隔、生活条件等多重阻碍，使得农业科技从研发、出台、实施、评估等方面拥有了畅通的信息联系渠道。

我国农村经济长期沿用粗放的资源驱动型增长方式，这种生产方式对于人均资源本身十分匮乏的我国来说并不适合。近年来，很多地方都出现因为盲目种植某类农产品，丰收后难以销售的现象，导致部分农产品价格出现大起大落的现象，影响了农民的收入，也造成了巨大的浪费。依据我国的国情，必须实现农业的精准发展才能真正解决我国农村的可持续发展问题。借助于互联网的特质，用互联网思维进行自我革新、自我革命，促使农业生产从粗放式经营转移到精准式发展的道路上。这种发展模式，是我国农业基于互联网的创新式发展，也是进一步完成中央提出的精准扶贫的基本保障。

“互联网 +”最主要的特征就是构建一个高度开放化的生态系统。与产业链有关的部门和个人通过网络有效地衔接起来，直接对话，直接沟通，有效消除制约创新的环节和防止孤岛式创新。在农业生产中，研发者、市场和生产者之间不仅存在很大的时空阻碍，文化层次、思维习惯等方面的差距也形成了沟通的障碍。而互联网可以构建一个开放化的体系，让科技的研发者很容易和生产者、市场形成对接，让有关人员很容易找到自己的合作对象，进而利用开放的信息体系进行沟通，从而达成共识。

“互联网 +”农村农业的常见模式有以下几种：农村电子商务模式、农业众筹模式、农村信息化服务模式、农业金融模式、农产品品牌创建模式、农村电商物流服务模式。在“互联网 +”农业的大潮中，电子商务企业自然是排头兵。自 2015 年起，农村电子商务发展如火如荼，优质农副产品通过在网上进行售卖，畅销全国。电子商务不断成为转变农业发展方式的重要手段，也成为政府精准扶贫的重要载体。

作为热度飙升的互联网金融的一个分支，众筹对很多人来说已不再陌生，但在农业领域运作众筹，尚属新鲜。农业众筹目前并没有非常成熟的模式，农业企业需要多借助其他行业经验，跳出行业看行业，打破传统思维，创造符合自身条件的新模式。总体来说，农业众筹可以贯穿于整个农业大链条的各个环节，从农业育种、种植到生产、加工和销售等全产业链。同时，企业能够运用互联网的大数据提前了解消费者的需求，就可以有序地组织生产。从田间地头开始，通过互联网技术对农作物实施灌溉，最后输出合格的产品，再通过互联网传输出去。对消费者来说，食品安全溯源系统极有吸引力。

各种各样的农村信息服务网站正在兴起，全国涉农的网站已经超过了 3000 个，村村乐、万村网、三农网、新农网、村村通网等逐渐形成了自己的核心资源。目前“互联网 +”农村信息服务类的公司还不是很多，一方面是农村网络设施不够完善，另一方面则是在农村使用计算机和智能手机的人数较少，即使在使用的人当中，还存在着一批将智能手机仅用来作为日常看电视、打电话的一种工具，真正用于上网获取信息资源的还较少。但随着时间的推移、技术的发展和农村网络化的铺开，农村信息服务也会大受欢迎。

对于农民，除了渴望便捷的基础金融服务外，他们还迫切希望解决发展产业上缺资金、技术、能力的难题，让各类“三农”客户，特别是贫困农民贷款进得来、贷得到、办得快、还得起。2020 年中央一号文件提出，稳妥扩大农村普惠金融改革试点，鼓励地方政府开展县域农户、中小企业信用等级评价，加快构建线上线下相结合、“银保担”风险共担的普惠金融服务体系，推出更多免抵押、免担保、低利率、可持续的普惠金融产品。抓好农业保险保费补贴政策落实，督促保险机构及时足额理赔。

随着农业的不断发展，品牌农业或将成为我国未来最大的商机。农村电子商务已经不是一种营销工具，它已成为一种生活方式，一种思维模式。目前比较出色的农产品电商品牌有河北羊绒、山东博兴的草编和土布、奉节脐橙、甘肃成县核桃等。由于农产品整体的品牌缺位，农产品比其他品类具有更大的品牌打造空间，所以未来农产品电商品牌将有更广阔的市场空间。

农村物流网络尚需完善。传统物流仅仅依靠邮政来支撑，随着农村电商队伍的不断壮大，以及农村网购的数量增多，再加上工业品下乡、农产品上城政策的放开，邮政的业务负荷巨大，难免不产生纰漏。目前，邮政依托原有的邮政基地，打开邮乐网网购平台，通过邮政物流运送至千家万户。同时，开发除农产品外的农村电商新内容，如农资农具、数字农家乐、特色旅游和招商引资等。此外，借助“邮掌柜”系统，在邮政网点、“三农”服务站、村邮站，甚至利用投递员等线下实体，开展线上线下的互动营销。

在互联网接入农村之后，“互联网 +”农村农业的模式也层出不穷，呈现出激烈竞争的趋势。通过互联网，农产品得以畅销，农村旅游业得到开发，农民生活得到明显改善，“互联网 +”无疑给农村发展带来新的机遇。

第三节　农村智慧物流

一、全国整体情况

随着宽带建设步伐的加快，在“互联网 +”的大背景下，中国智慧物流设施规模稳步提高，市场结构不断优化，发展质效持续提升，服务能力显著增强，科技智慧加速赋能，行业朝着高质量发展的方向进一步迈进。随着电商的迅猛发展，智慧物流服务已成为人们日常生活中不可缺少的一部分。

二、国家整体举措

以数字化、智能化为主要特征的智慧物流，作为互联网电子商务时代发展起来的新兴产业，其普及程度对乡村脱贫和乡村振兴具有重要意义。为促进乡村智慧物流的普及，主要举措如下。

（一）完善物流基础设施

2014 年，商务部、财政部、国务院扶贫办深入开展电子商务进农村综合示范工作，重点支持农村双向物流配送体系建设，推动整合农村物流服务网络和设施，建设完善县乡村三级物流节点和公共仓储配送体系，示范地区建成县级电商公共服务中心和物流配送中心 1000 多个，乡村电商服务站点 8 万多个，快递乡镇覆盖率超过 90%。2016—2017 年，财政部会同商务部启动冷链物流建设，安排 20 亿元支持河北、新疆等 10 省（区）发展冷链物流，重点支持建立冷链物流监控体系，完善冷链物流标准体系。

（二）通过企业推动乡村智慧物流发展

2016 年，国务院推进电子商务进农村综合示范工作，带动了各类企业加速进入农村电子商务领域。京东、苏宁已分别在 1000 多个县建立了县级服务中心或直营店；中国邮政集团的“邮掌柜”系统覆盖了 20 多万个农村邮政服务站点；菜鸟公司发力推进农村物流建设。农村电子商务的发展不仅助力扶贫攻坚，还吸引了大量农村青年、大学生和农民工返乡创业创新。国务院相关部门扶持力度的持续加大，将进一步加强农村电商公共服务能力建设，推动农村经济转型升级。

（三）探索共享智慧物流模式

2019年，国家发展改革委、工业和信息化部、财政部、农业农村部等24个部门和单位印发《关于推动物流高质量发展促进形成强大国内市场的意见》，提出要发挥物流对农业的支撑带动作用，加强邮政、快递物流与特色农产品产地合作，畅通农产品“上行”通道，同时发展物流新服务模式，鼓励和支持云仓等共享物流模式、共同配送等先进物流组织方式发展。国家发展改革委通过组织开展京津冀农产品流通体系创新行动，加快研究京津冀农产品物流体系建设，为农产品电子商务的发展提供支撑，为其他地区探索可复制推广的经验。

（四）制定智慧物流周密发展计划

为更进一步促进我国乡村智慧物流发展，带动乡村经济发展，2020年4月9日，国家邮政局召开2020年二季度例行新闻发布会，对《快递进村三年行动方案（2020—2022年》（以下简称《行动方案》）进行了发布和解读。《行动方案》明确，到2022年底，我国农村快递服务深度显著增强，县、乡、村快递物流体系逐步建立，城乡之间流通渠道基本畅通，农村综合物流服务供给力度明显加大，快递服务“三农”成果更加丰硕，广大农民可以享受到更加便捷高效的快递服务，符合条件的建制村基本实现“村村通快递”。为实现此工作目标，《行动方案》提出要坚持统筹规划、政策引领，市场配置、创新驱动，因地制宜、分类推进的原则，鼓励邮快合作、快快合作、驻村设点、交快合作、快商合作及其他合作等多种方式推进。

三、乡村智慧物流发展进度

截至2015年年底，全国累计建设村通邮站21.8万个，基本实现“村村通邮”。全国农村地区收投快件量超过50亿件，带动农副产品进城和工业品下乡超过3000亿元。2016年，我国农村智慧物流网点发展到近9.5万个，乡镇网点覆盖率提高到70%以上，邮政快递网点密度明显提高，邮政快递设施网络初步形成。2017年，全国智慧物流网点乡镇覆盖率达到87%，基本能够满足6亿农村人口的快递服务需求。2018年，全国乡镇智慧物流网点覆盖率进一步提升并超过90%。2019年，全国55.6万个建制村直接通邮，基本实现对农村投递服务网上实时监管。农村地区物流网点超过3万个、公共取送点达6.3万个，乡镇快递网点覆盖率达到96.6%。2019年全年，农村地区年收投快件超过150亿件，支撑工业品下乡和农产品进城超过8700亿元。全年支撑网上零售额超过8万亿元，占社会消费品零售总额比重超五分之一。2016—2019年我国农村智慧物流普及率变化趋势如图3-5所示。

四、发展规律分析

（一）农村智慧物流网点建设进入重点攻坚期

虽然我国物流普及率保持稳定增长，但相比城市，农村信息设备尚有待完善，无论从规模上还是增速上，农村快递服务普及率和城市相比还存在较大差距。部分边远地区互联网设备普及仍未到位，在偏远的乡村地区，落后的交通设备与不健全的物流体系，使得乡村物流数据平台难以实现。

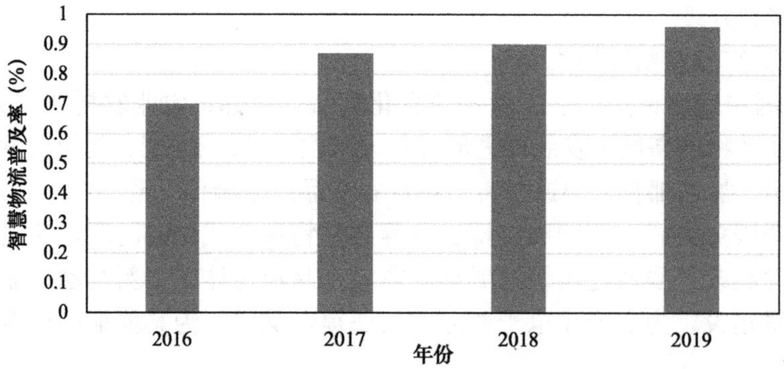

图 3-5　2016—2019 年我国农村智慧物流普及率变化趋势

注：数据来源于国家统计局。

（二）物流服务运营商竞争逐步升级

随着“互联网 +”和物流业的快速发展，对农村物流服务的要求越来越高。目前，部分县、乡、村快递物流同时存在邮政、京东、顺丰等企业，这些企业正不断增强供给能力，为细化服务做出准备。另外，行业也更加趋向系统基础建设等，但是由于服务能力、发展水平较低，不能满足经济社会发展和人民群众不断增长和变化的服务需求。随着消费者的需求从基础服务向高端精细化服务转变，快递企业应不断改善升级。

第四章 农业信息资源建设

4

第一节　农业网站

农业农村部网站数据频道于 2018 年 1 月上线，目的是集聚数据服务资源，打造一站式数据服务窗口。2020 年 3 月，为进一步满足用户对农业农村数据的应用需求，农业农村部对数据频道进行了改版升级。新版数据频道以数据集约化、定位快速化、查询智能化为目标，为广大公众提供大量权威、及时、可机读、可再加工利用的数据，公众可利用开放的数据开发丰富的数据产品，更加充分发挥数据的价值。

在服务内容上，新版数据频道加强了数据开放共享，除了进一步丰富原数据频道提供的农业农村宏观经济数据，种植业、畜牧业、渔业、农机等行业生产数据，农产品进出口贸易数据和农产品价格数据外，还增加了“三区三州”贫困县基础数据、主要国家重点品种数据等公开数据，对农业农村部农产品质量安全监管、农兽药、新型经营主体、重点农产品市场等在互联网上为公众提供服务的平台也进行了数据关联，提供统一链接服务，更方便用户查询。

在服务方式上，新版数据频道充分运用现代信息技术、发挥互联网优势，提供多种数据查询检索方法，包括关键字模糊查询、热词云查询、按时间频率快速查询、资源导航查询等，使用户能够方便、快速定位所需要的数据，并能将查询的数据下载进行再次开发利用；同时将农产品批发价格 200 指数、农业农村主要经济指标进行可视化展示，提供形象直观的信息服务。此外，还根据用户需求增加了分析报告等特色服务。

此外，目前还有诸多在线运营的涉农网站，如中国农业网（www.zgny.com.cn）、中国农业信息网（www.agri.cn）、中国农产品信息交易网 - 惠农网（www.cnhnb.com）、中国蔬菜网（www.veg-china.com）、中国水果交易网（www.guo68.com）、中国农资网（www.dingerxin.com）等，为农业相关服务奠定了基础。

第二节　农业数据库

随着互联网技术的发展，农业数据库必将向多元化、全球化、商品化和多媒体化发展。

一、国家农业科学数据中心（www.agridata.cn）

国家农业科学数据中心是科技部首批认定的 20 个国家级科学数据中心之一。由中国农业科学院农业信息研究所主持建设，中国农业科学院部分专业研究所、中国水产科学研究院、中国热带作物研究院等单位参加建设。中心立足于农业部门，以满足国家和社会对农业科学数据共享服务需求为目的，通过集成、整合、引进、交换等方式汇集国内外农业科技数据资源，并进行规范化加工处理，分类存储，最终形成覆盖全国，联结世界。

二、土壤科学数据中心

土壤是一个国家最重要的自然资源，是农业生产和人类活动最重要的物质基础。对我国而言，土壤是农业的命脉，承载了中华文明延续发展的物质基础，不仅提供人们生活所需的农业产品，更是文明的载体，赋存了文化内涵。土壤科学数据中心负责汇交、整编、集成土壤学科领域的科学数据，制定相关标准规范，建设相关数据资源体系，构建数据开放共享服务平台，提供多元数据服务，建立数据挖掘分析与学科应用平台，促进土壤学科领域科学数据的深度应用。该中心围绕农业可持续发展和生态环境问题，利用3S技术和空间分析模型，在区域和国家尺度上综合研究农田生态系统中养分循环过程、土壤质量时空演变及其环境效应；利用网络和数据库技术，建立区域和国家级土壤科学数据库。

第三节　农业大数据

一、国家农业农村大数据体系建设不断完善

（一）大数据采集体系

1）通过物联网、移动互联网等信息技术采集数据，提高了工作效率和数据质量。

2）建设高分统计应用系统，利用遥感、无人机等现代空间信息技术，对主要农作物的空间分布和生长指标进行监测，实现农村统计“天、空、地”一体化业务应用。

3）建设数据归档系统、基础数据库，实现农业基础调查数据集中统一管理，并对公众发布。

（二）大数据分析体系

1）针对数据采集环节所得到的作物生产、流通、加工和销售环节的大数据，在各个环节进行分布式的存储和分析，对数据进行整理、加工、清洗、融合、分类、标注和治理，形成各环节的数据库。

2）在上层对各环节关键数据进行融合处理分析，以开源大数据软件、聚类分析软件、数据建模软件、数据管理软件、数据清洗软件、数据分析软件作为基础，以统计分析技术、机器学习技术、分布式计算技术等一系列分析技术作为重要技术手段，以此完成作物全产业链数据存储分析系统的建设。

（三）大数据应用体系

1）加快大数据应用服务模式创新，提升大数据服务能力，降低大数据应用门槛和成本。

2）围绕全产业链各阶段需求，利用大数据与云计算技术的深度融合，推动智能大数据模型研究。

3）推动大数据技术服务与产业深度结合，培育面向垂直领域的大数据服务模式。

二、单品大数据全产业链建设开始起步

（一）油料全产业链大数据建设

油料（油菜、花生）全产业链大数据建设是深入实施国家大数据战略的一项大型系统工程。搭建大数据应用系统所需的基础支撑建设环境，充分整合油料全产业链数据资源，搭建油料全产业链大数据仓库，进行深度分析挖掘，开发大数据应用服务体系。全面提升中国油料产业的数据资源掌控能力、技术支撑能力、产业价值挖掘能力和宏观调控科学决策能力，推进我国油料产业数字化、网络化、智能化，培育发展油料数字经济，促进国内油料产业振兴，加快现代农业发展。

（二）天然橡胶全产业链大数据建设

天然橡胶是重要的战略物资和工业原料，已成为世界最重要的战略性产业之一。但当前天然橡胶生产种植、加工、消费、贸易各环节的数据散落于不同部门，数据鸿沟现象严重。加快橡胶大数据关键技术研发，发挥企业创新主体作用，整合产学研用资源优势联合攻关，研发橡胶大数据采集、传输、存储、处理、分析、应用、可视化和安全等关键技术。加强算法模型、遥感面积监测模型等关键技术研发。结合橡胶产业应用，研发大数据分析、理解、预测及决策支持与知识服务等智能数据应用技术。加快研发新一代商业智能、数据挖掘、数据可视化、语义搜索等软件产品。针对橡胶消费、贸易、期货交易等应用，面向重点应用需求，研发具有橡胶行业特征的大数据检索、分析、展示等技术产品，形成垂直领域成熟的橡胶大数据解决方案及服务。

（三）糖料蔗全产业链大数据建设

糖料蔗全产业链大数据平台建设与应用得到高度重视，建立和完善覆盖糖料蔗全产业链的种质种苗资源、生产环境、生产要素投入、砍收运输、加工流通及价值精算等关键环节的数据感知和获取体系，增强产业大数据挖掘应用能力，通过数字技术与产业链的深度融合加快突破产业当前存在的监管手段单一、信息化程度差、科技应用水平低等影响糖料蔗产业节本增效、转型升级的发展瓶颈，为推进经济作物全产业链大数据建设提供可复制、可借鉴、可推广的数字农业建设模式，提高数字农业创新能力。截至 2020 年，已完成广西全区共 20 套设备的硬件安装和软件部署；已完成覆盖广西约 24 万平方公里的高分卫星数据处理以及若干种植基地的航飞数据获取；完成 1 期覆盖广西、海南、广东、云南 4 个省（区）的中分卫星数据的收集，已完成部分数据的处理和信息提取工作；已完成广西、海南、广东、云南 4 个省（区）的外业调查，共获得作物样点 5 万多个，测量数据 400 余份；已完成大数据中心机房软硬件设备、大屏展示系统的采购、安装和调试；已完成糖料蔗大数据分析模型体系与子系统建设约 50% 的分析模型研发。

（四）棉花全产业链大数据建设

联合政企产学研各体系力量，建设高品质棉花全产业链数据资源体系，全面汇聚棉花生产、加工、运输、仓储及销售等数据，构建实时、动态的高品质棉花全产业链数据采集体系和数据仓库，实现高品质棉品的可追溯系统，提升我国棉花在全球棉花产业的话语权。建设高品质全产业链分析技术体系，运用大数据、云计算等技术将棉花大数据关联分析、分布式计算和多维度展示，构建知识库、模型库、方法库，实现通过模型进行分析决策，提升发展数据支撑能力，为棉花生产、加工、流通和制衣各环节优化提供数据支持。建设棉花全产业链监测预警体系和服务产品，建立健全棉花监测预警体系和重要信息发布机制，

通过先进人工智能算法和图像识别算法，建立棉花生产加工环境预警系统和农作物病虫害预警系统。通过终端溯源平台，获取消费者使用信息，优化终端销售策略，从而实现从销售终端倒推至生产加工产业链的整体资源配置优化，实现全产业精准动态监测，引导棉花产业经营决策、协调区域发展、支撑联动调控。

（五）苹果全产业链大数据建设

苹果全产业链大数据建设依托已初步建成的国家苹果大数据公共平台，主要从产业链的生产、流通、价格、消费、贸易、成本收益、舆情监测、物联网 8 个关键环节构建数字资源体系，汇聚苹果全产业链数据资源，依托强大的深度挖掘分析系统对数据进行建模分析，形成面向苹果全产业链的监测预警系统，为政府及产业主体提供监测预警服务，并打造面向社会公众的公共数据频道产品和公共服务 App 两款产品。

（六）大豆全产业链大数据建设

大豆全产业链大数据建设主要汇聚基础环境、资源投入、生产加工和流通消费等重要领域和关键环节，大豆全产业链大数据资源为基础性建设工作，着力构建实时、动态的大豆全产业链数据采集体系和数据仓库，建成人工智能等现代信息技术驱动的大豆全产业链大数据监测预警技术支撑体系，建设面向生产经营者、管理者和消费者的系统性、品牌性的数据服务产品。

三、大数据系统应用领域不断增加

（一）新型农业经营主体信息直报系统

积极探索运用互联网、大数据等手段为新型经营主体对接信贷、保险等服务的有效路径，推动直报系统建设运营并取得了阶段性成效。

1）优质主体踊跃入驻。直联直报系统注册用户数已达 13.5 万家，认证主体 4.7 万家。其中，家庭农场 2.5 万家，农民合作社 1.6 万家，国家级、省级、市县级示范类主体占比超过 50%。19 家银行（包含邮储银行 2330 家分支行）、22 家省级农担公司、10 家保险公司入驻，提供量身定制的 377 款产品。

2）金融服务加快落地。通过线上线下相结合，已成功为 816 家新型经营主体发放贷款 5.2 亿元，覆盖 28 个省份的 453 个区县，平均每笔贷款 64 万元，利率 7.5%。

（二）农产品市场信息平台

1）形成农业大数据资源池，初步构建了多源数据资源体系。利用现有批发市场数据，在完善批发市场监测点以及接入电子结算实时数据等渠道的基础上，对接政务信息资源共享平台部分系统，梳理重点农产品市场信息资源。通过数据整合共享，平台汇聚粮、棉、油、糖、畜禽产品、水产品、蔬菜、水果等 8 大类 15 个重点农产品全产业链数据。创新利用国内外传统统计数据资源，抓取电商、舆情等互联网数据，开辟物联网数据采集渠道，精准获取卫星遥感气象信息，积极推动实验室和检测机构的数据共享，构建了天空地多源立体数据资源体系，多渠道多种类多频度采集数据资源。截至 2019 年 3 月底，平台已接入各类数据约 20 亿条，数据容量超过 600GB，每天新增数据 10 万余条。

2）建立数据资源共享频道，打造客观权威的数据平台。平台突出信息化、实时性、公开性的要求，实现了数字在线查询分析、共享开放及可视化展示等多样化功能。自上线运行以来，平台年访问量超过 5000 万次，涉及 50 余个国家，各方对平台数据高度关注。

3）客观分析指导产销，推动单品种全产业链大数据建设。围绕市场变动情况及价格趋势，做好监测预警分析，通过平台发布价格日报、周报、市场分析和市场动态等，及时引导农产品市场运行。依托平台汇聚的数据资源，推动重点农产品单品种全产业链大数据分析试点建设。

（三）农药基础数据平台

2017年以来，农药基础数据平台累计投入1113.58万元，2018年9月正式投入运行，截至2019年年底，初步实现了“五个一”的农药数字化和信息化管理。

1）建成一个农药管理门户网站。网站正式运行以来，主要功能运行良好，31个省（区、市）通过门户网站初步实现了业务办理、数据共享和信息交流。

2）汇聚一个农药基础数据中心。按照数据资源整合管理的要求，初步建成了农药基础数据库，配置了数据管理服务器9台，由部信息中心统一管理。

3）构建一个网上行政审批平台。按照国务院“放管服”的要求，构建了行政许可平台。从部级层面看，农业农村部已通过本平台办理农药行政许可2.3万个。从省级层面看，各地利用此平台进行农药登记试验备案、传输农药生产经营许可信息，已办理生产许可证711个、经营许可证约16.8万个，备案登记试验7000余个，提高了农药管理服务系统的工作效率。

4）建成一个农药质量追溯系统。利用本系统加快推进农药标签二维码追溯管理，实现农药标签“一瓶一码”和质量可追溯。截至2019年年底，已有615家农药生产企业应用二维码35亿多条，13.3万家经营单位使用本追溯系统。在农药经营环节，通过扫描标签二维码建立电子经销台账。

5）绘制一张农药数字管理地图。利用地理信息系统，初步绘制了农药数字管理地图，初步实现了化工园区、生产企业、经营门店、试验单位等方面的区域分布和产销信息的数字化与可视化。

（四）兽药基础数据平台

1）分步推进兽药产品追溯监管。按照先易后难原则，对不同品种兽药确定了不同的实施时间节点；按生产—经营—使用等环节逐步推进，最终达到全过程追溯监管目标。

2）落实监管责任和企业主体责任。制定印发兽药追溯实施方案，并将兽药追溯工作量化目标列入延伸绩效考核管理。组织实施兽药生产企业全覆盖检查，对经营企业进行抽查，落实企业主体责任。截至2019年年底，国家兽药追溯系统覆盖了1814家兽药生产企业、5.25万家兽药经营企业、2443家基层监管单位，用户累计申请兽药追溯码104.92亿个，每日访问达1000万次，99.9%的数据都能在1秒内完成处理，用户体验和口碑都比较好。兽药基础数据库共有35.48万条信息，面向社会公众开放动态查询，每月查询量达1万余次。

3）强化培训指导。对兽药生产经营企业开展全覆盖培训和技术指导，确保操作人员学懂、会用。

4）实现部省数据互联互通。与江苏、福建、浙江等15个省级平台实现对接和信息共享。

5）完善追溯监管规章制度。修订《兽药标签和说明书管理办法》《兽药生产质量管理规范》《兽药经营质量管理规范》3个部门规章，明确兽药追溯是兽药生产、经营活动的重要内容，兽药产品必须标注二维码实现电子追溯才能上市销售。

（五）国家农产品质量安全追溯管理信息平台

国家农产品质量安全追溯管理信息平台（以下简称国称追溯平台）全面推广运用，总体设计存储量47.5TB，可登记140万个生产经营主体。同时还配套建成了指挥调度中心、移动专用App、监管追溯门户网站、国家追溯平台官方微信公众号等。2020年以来，新增设了企业主体注册分类指标，开通了食用农产品电子合格证打印功能，推动实现“一码两证、一码通用”。截至2020年7月初，国家追溯平台共有9.41万家生产经营主体，产品种类981个，企业上传数据量达11.3万条。

（六）涉农舆情大数据监管中心（三农舆情监测管理平台）

2015年，三农舆情监测管理平台上线运行，实现了对网络媒体和社交媒体涉农舆情大数据的抓取、分析、研判、预警等基础功能，提升了三农舆情监测工作技术水平和效率，多次在部、省重大涉农突发事件应急处置中发挥了积极作用。截至2019年年底，平台监测各类站点超过4万个，其中新闻网站1.4万个，客户端、论坛博客0.4万个，涉农微信公众号2万余个；每日抓取舆情数据7万多条，经清洗后形成有效数据近5万条，积累数据量310GB。

（七）农田建设“一张图”

农业农村部组织各级农业农村部门对“十二五”以来各级建设的各类高标准农田开展了清查评估工作，基本实现了“十二五”以来高标准农田建设项目空间坐标上图入库，初步建成了全国农田建设“一张图”。同时，农业农村部正积极推动建设全国农田建设综合监测监管平台，通过存储和管理高标准农田数据、耕地质量数据、土地利用现状数据等，构建全国农田建设大数据中心、农田建设服务平台和农田建设业务系统，实现农田建设工作的数字化管理。监测监管平台建设完成后，将对接省级农业农村部门，按照有关要求共享农田建设相关数据。

（八）中国种业大数据平台

中国种业大数据平台支撑产业发展成效明显，生产经营管理（许可、备案、市场监管、进出口）、品种管理（审定、登记、保护、推广）、种情监测调度（市场监测、供需、种业统计）等关键业务子系统得到优化，底层数据实现部分板块互通；完成了与国务院、各部委、省级、基层体系等政务系统的对接；形成了《数字种业数据描述规范（草案）》，推动种业数据规范化不断增强。通过共享节水、高抗、机收、稳产高产品种信息数据推动种业和农业高质量发展，大大提升了执法效率，优化了种业发展环境。平台实现了品种、主体和种子信息链的综合查询，推进了信息数据实时动态可视化展示，品种智能化分析辅助决策功能初步成形。信息服务手段升级，各类智能终端（种业通App）为种业多元主体提供种业数据、技术、服务、政策、法律的一站式综合服务。

（九）土地承包经营权信息应用平台

按照“建立健全土地承包经营权信息应用平台，方便群众查询，利于服务管理”的要求，充分利用农村土地承包经营权确权登记颁证成果，指导各地大力推进农村土地承包信息数据库和应用平台建设。截至2019年年底，各地农村土地承包信息数据库已经基本建成，信息应用平台主要功能已经初步具备并开始发挥作用。一些地方不仅利用农村土地承包数据开展日常业务工作，还积极拓展在耕地轮作休耕、“两区”划定、农业补贴、农业保险、农村金融等领域的应用。

（十）宅基地信息化管理平台

农业农村部进一步规范农村宅基地管理，强化县乡村多级联动，搭建宅基地信息化管理平台，建立“一个窗口对外受理、多部门内部联动运行办理”的工作机制，对村庄规划、宅基地用地计划、村民建房全程监管。一些地方已推广信息化管理平台应用，宅基地审批通过后，平台将及时把《农村宅基地批准书》和《乡村建设规划许可证》发放到建房农民手中，并申请产权登记，为群众提供“一站式”便捷高效服务。

应用进展篇

第五章 农业生产信息化

5

第一节　种植业信息化

一、2020 年发展特点

2020 年是“十三五”的收官之年，由于全国上下处于新冠肺炎疫情防控的特殊时期，对行业内从事相关领域业务的单位开展农机自动导航、农机智能测控等产品的推广和服务产生了比较大的影响。但正因为疫情影响，农机化与信息化融合发展出现了新的契机。

1）“互联网 + 农机作业”推进农机社会化服务提档升级，农机智能装备应用进入快速发展期。2020 年，“互联网 + 农机作业”模式推进农机社会化服务提档升级，“全程托管”“机农合一”“全程机械化 + 综合农事服务”等专业性综合化新主体、新业态、新模式正在快速发展。积极发展“互联网 + 农机作业”服务，在做好疫情防控的同时最大限度提高农机利用率，减少人员流动，降低作业成本，对保障农业安全生产起到重要的支撑作用，同时创新了组织管理和经营机制，进一步提升了农机合作社的发展动力和活力。以农机北斗自动导航系统为代表的农机智能装备出现快速增长势头，农机北斗自动导航系统预计销售超 20000 台。农业环境监测、温室大棚控制、农机自动导航、激光平地、卫星平地、变量播种（施肥）、变量喷雾控制、联合收割机智能测控、圆捆机自动打捆控制、水肥一体化等其他农机智能装备也在规模经营程度比较高的地区开展广泛的推广应用。

2）我国农机装备正在加速向无人化、机器人化方向发展。2020 年，智能农机、无人化农场、智慧农业成为社会关注的热点，农业现代化进程出现加速发展态势，物联网、AI、5G 网络、大数据、云平台、机器人等高新技术在农业生产中不断融合应用。多个无人农场示范项目在全国陆续实施，中国一拖、华南农业大学、国家农业智能装备工程技术研究中心、丰疆智能、雷沃重工等国内单位研制的无人驾驶收割机、新能源智能拖拉机、水稻插秧机器人、无人驾驶收割机、无人果园割草机等新型智慧农机开展无人化精准作业，基于智能农业机械、农业物联网、全产业链云平台、行业管理行业组织信息平台技术，实现在规模化农场的耕种管收农业生产全过程无人化。

二、“十三五”进展情况

“十三五”期间，立足国家战略及产业发展需求，以国家重点研发计划“智能农机装备”重点专项为主体，经过国内高校、科研单位和龙头企业的共同攻关，我国在智能化农机装备的研发与应用方面取得了快速发展，以“农机与农艺、农机化与信息化”两个融合为核心的现代农机装备技术发展迅速，在智能感知、智能控制、智能决策、自主作业、智能管控五大关键技术方面取得了突破，在智能装备控制与导航技术、高效栽植、精量播施、智能收获、农业物联网技术、设施农业生产信息技术、精细饲养畜产品自动采集、农产品智能加工等领域的研发应用方面，形成一批实用化的技术和产品，提高了我国农业机械装备的自动化、信息化和智能化水平。

1）智能化农机装备关键技术研究取得阶段性突破，集成和示范应用取得了一定的成效。在智能装备控制与导航技术方面，针对整地、播种、施肥、施药、收获等作业环节开展了激光控制平地技术装备、GNSS控制平地技术装备、拖拉机自动导航控制技术、智能化播种监控装置、变量施肥技术装备、精量喷药技术装备、智能测产技术装备等方面的研究，取得了阶段性的进展，研发了卫星平地机、拖拉机自动导航系统、小麦玉米播种监控装置、变量施肥机、精量喷药机等一批实用化的技术装备，例如研制的基于北斗的拖拉机自动导航系统，已经在新疆棉花精准种植中发挥了重要的作用。

2）农机信息化技术研发、推广和市场化应用发展迅速，在农机生产管理和服务过程中得到普及应用。在农机信息化发展方面，以农业物联网技术为基础，移动互联、3S等信息技术在农机管理、生产、农机化新技术、农机作业服务市场中的作用日益突出，越来越多的农机手、农机管理者、农机企业依赖农机信息化技术装备。研制的农机深松（耕）作业监测系统解决了作业面积和质量人工核查难的问题，得到大面积应用。“互联网+农机作业”模式在全国农机深松作业监管过程中逐渐得到普及，正在向全程作业监管方向发展。

三、存在的问题

1）智能化农机装备研发技术水平与国外相关领域差距较大。农业专用传感器落后，我国目前自主研发农业传感器数量不到世界的10%，且稳定性较差。动植物模型与智能决策准确度低，很多情况是时序控制而不是按需决策控制。农业机器人技术系统研究处于试验研究阶段。设施农业环境控制能力低，技术装备水平亟须提高。

2）智能化农机装备研发投入不足，技术创新不够。研发投入依然仅靠有限的政府科技投入，而企业投入和个人投入相对较少，产学研相结合的研发体系还不完善。

3）农机信息化监管技术产品领域缺乏统一的标准规范，不利于作业监管数据的管理。不同单位研发的农机信息化监管系统只能对自己生产的作业终端上传的数据进行处理，不同平台系统之间无法实现数据的互联互通，不利于作业面积统计和监管。

4）投入成本高、人员业务素质水平低阻碍智能化农机装备技术推广应用。目前，农业生产从业人员整体素质较低，技术型人员缺乏，加上缺乏专业的生产技术指导，对智能化农机装备认识低下，缺乏使用现代化农业智能装备的动力，对信息化技术的敏感性、理解程度和掌握能力较弱，发现和解决技术问题的能力不足。

四、“十四五”发展趋势

“十四五”期间，我国农业面临着新的发展机遇和挑战。以信息技术、物联网技术、卫星定位技术、智能装备技术为核心的智慧农业工程科技的发展已成为国际上现代农业技术发展前沿，呈现出快速发展的良好势头。要实现农业生产由粗放型经营向集约化经营方式的转变、由传统农业向现代农业的转变，必须瞄准世界农业科技前沿，大力发展智慧农业工程科技相关技术。

结合新形势下国家粮食安全战略，为推动农业可持续发展，“十四五”期间应该围绕发展现代农业和促进城乡统筹的重大需求，以推进农业科技创新和加快农业科技推广应用为目标，面向主要粮食作物和经济作物、设施农业、畜牧养殖等生产环节全程精准生产需要，根据不同地域农业生产特点和农艺要求，开展主要环节精准作业关键技术和智能装备研究，建设以农业物联网和精准农业技术装备为重点的农业全程信息化和农业机械智能化技术装备体系。

（一）精细农业信息快速智能化采集与管理决策技术

开展植物 - 土壤 - 环境信息快速获取关键技术研究，研发土壤信息传感技术与仪器，研究环境温、湿、光、热、风力等信息快速感知技术与设备，实现作物生产全过程信息智能监控核心技术的突破。开展多尺度农业遥感信息融合技术与装备研究，实现基于农业卫星和遥感信息的预警、预测、估产与综合服务。基于多源数据开展智能化决策管理技术，应用多元数据融合和智能数据处理技术，对实时采集的多源数据和历史数据进行分析和管理，为田间作物精准生产和农机具精准作业管理提供决策支持。

（二）规模化作物精准作业智能装备技术

针对小麦、玉米、水稻等主要粮食作物生产全程机械化精准作业需要，面向土地耕整、播种、施肥、施药、收获等关键作业环节，重点研究突破智能化深松（耕）技术、GNSS平地技术、精密播种智能控制技术、稻麦精准追肥技术、水田精准施肥技术等机械化精准作业共性关键技术，解决阻碍主要粮食作物全程机械化精准作业生产的技术瓶颈，研发一系列实用化的精准作业技术装备。

（三）基于北斗的农机定位导航与无人作业协同操控技术研究

重点研究北斗定位技术、GNSS 互操作、机器视觉、多姿态传感器融合等关键技术，研制符合农机作业定位、导航和种肥药施用作业控制技术要求的北斗多模定位测姿技术设备；研究无人作业农机自动转向控制、智能导航控制和通用作业控制技术，集成高精度北斗多模定位测姿系统，形成基于北斗的农机装备无人驾驶系统与作业控制系统，研制基于北斗的农机无人作业控制技术产品。

（四）农田作业机器人信息识别与智能控制技术研究

开展智能化农田作业机器人技术研究，研究农业机器人关键部件设计理论和方法，研究农业智能机器人结构仿生、材料仿生、功能仿生、控制仿生以及群体仿生理论，为农业智能机器人技术研发奠定仿生学理论基础。研究面向农田作业的智能机器人路径规划和作业任务规划的理论和优化算法，在果蔬采摘、大田精准锄草机器人等领域开展应用研究，开发一批适合农田作业的实用化农业智能机器人产品。

五、发展建议

（一）加大科研攻关力度

对 3S 技术、农业专用传感器技术、农业人工智能技术、物联网应用技术、农业机器人技术、智能化控制和导航技术、设施生产智能决策支持系统等进行重点攻关，推进新型智能装备的试验研究、技术装备研制、标准规范研究、技术推广以及关键共性技术的研究开发，为信息化、智能化农机装备相关技术的应用提供技术支撑。

（二）大力推进农业生产经营信息化

重点推进物联网、云计算、移动互联、3S 等信息技术在农业生产经营领域应用，引导规模生产经营主体在设施园艺、畜禽水产养殖、农产品产销衔接、农机作业服务等方面，探索信息技术应用模式及推进路径，加快推动农业产业升级。

（三）大力推进农机社会化服务提档升级

进一步加大政策支持力度，引导和促进各地政府建立农机社会化服务信息平台，加快“互联网 + 农机作业”的应用，推进农机农艺信息融合，实现各地农机资源的信息共享。

（四）加强先进适用智能农业装备推广应用

大力推进农机自动导航、土地精细平整、精准播种施肥、精准施药等技术装备在规模经营程度比较高的地区应用，加强已经成熟的智能化农业装备产品在主要农作物生产关键环节进行推广。

（五）加快无人农机、农业机器人研发与应用

应加快实施无人农机、农业机器人发展战略，加强无人农机、农业机器人关键部件设计理论和方法研究，开展核心关键技术和产品攻关，结合生产实际，开发大田、设施、畜牧养殖关键生产环节适用的农业机器人，加快标准化、产业化发展，形成一批具有自主知识产权的成熟产品。

第二节　畜牧业信息化

随着“互联网 +”技术向传统产业的不断渗透，现代畜禽养殖业的发展必然是与互联网技术进行深度融合，通过智能化设备装备，全面“感知”生产要素与生产环境；通过精准化生产控制，实现生产过程可跟踪与产品质量可溯源，以及畜产品的扁平化流通；通过信息技术的应用，实施畜牧业产前、产中及产后的个性化服务，以期达到畜牧业生产的全透明管理，最小化各种资源的投入，最大化畜产品的产出，包括数量与质量及环境的综合效益的改善，实现节本增效及提质增效的多赢效果。近年来，以移动互联网、物联网、云计算、大数据和人工智能等为代表的信息技术逐步渗透到畜牧生产的各个领域。通过智能装备，全面采集与监控养殖环境、生产、生理、健康等信息，实现对群养畜禽环境的整体或局部精准控制、行为的自动识别，对投入品的按需动态供给、计量与溯源，以及异常生产过程或常见疾病的预警和报警。通过实施智能管理，保障畜禽健康状况、产出效率及产品品质。国办发〔2020〕31 号文件《关于促进畜牧业高质量发展的意见》明确提出，要提升畜牧业信息化水平，加强大数据、人工智能、云计算、物联网、移动互联网等技术在畜牧业的应用，提高圈舍环境调控、精准饲喂、动物疫病监测、畜禽产品追溯等智能化水平。加快畜牧业信息资源整合，推进畜禽养殖档案电子化，全面实行生产经营信息直联直报。实现全产业链信息化闭环管理。支持第三方机构以信息数据为基础，为养殖场（户）提供技术、营销和金融等服务。

一、畜禽养殖环境监测与精准调控

随着我国畜牧业集约化、规模化不断发展，特别是大群体、高密度饲养畜禽规模的快速扩大，畜禽舍环境质量成为影响畜禽健康状态、生产性能、资源效率的关键。舒适的生

长生产环境，不仅关系到畜禽本身的福利健康，更与畜禽产品质量、食品安全和养殖场经济效益密切相关。近年来，以数字化技术为核心的畜禽智能化养殖技术不断深入到畜禽养殖的各个环节。大数据、人工智能、深度学习等技术的发展，提供了高效感知、分析、存储、共享和集成异构数据的能力和分析手段。现代畜禽精细养殖系统首先借助安全可靠的现场数据感知技术获取生产一线的真实数据，通过无线网络传输上传到云平台，借助强大的云计算能力，通过专业算法进行决策，再将相关调控规则下行到配备在智能养殖装备上的现场控制器上，进行设施养殖全过程的智能调控。

（一）畜禽舍环境因子感知技术

畜禽养殖环境因子等信息的准确、可靠与实时获取将直接影响控制节点对信息的传输、分析处理及应用。畜禽养殖环境感知技术是将传感技术、单片机技术及计算机技术等多方面综合应用的技术。传感器的精确度和稳定性对所采集的环境数据质量具有决定性作用，是后续的数据分析及处理的基础。为保障养殖环境监测数据的可靠性与有效性，研究并选择合适的环境因子感知技术是至关重要的。近年来，畜禽环境自动控制类装备，包括环境参数精密传感器、自动控制器等发展迅速。特别是畜禽舍用有害气体浓度（包括氨气、硫化氢、二氧化碳、氧化亚氮）、颗粒物浓度（PM2.5、PM10、TSP）精确稳定测量传感器与设备的研发，含有害气体红外传感技术、调谐激光光谱传感方法、粉尘的激光后向散射传感技术等传感技术对恶劣环境适应性的研究，以及空气污染物排放量监测方法的研制，为实施畜禽养殖环境精准调控提供了重要技术支撑。

（二）信息传输技术

信息传输技术主要包括现场总线（Field bus）技术和无线传感器网络（WSN）。现场总线为恶劣工作环境设计，保证了机械控制系统的高可靠性和实时性。现场总线技术主要包括控制器局域网总线（CAN bus）、RS485 总线。现场总线技术实现了农业控制系统的分散化、网络化、智能化，同时，由于其鲁棒性、抗干扰能力强，故障率低，是确保农业物联网关键节点信息传输的必备技术。

无线传感器网络是一项通过无线通信技术把数以万计的传感器节点以自由式进行组织与结合，进而形成的网络形式。根据通信距离和覆盖范围，无线通信技术可以分为无线局域网技术与无线广域网技术。无线传感器网络具有端节点和路由双重功能，一方面实现数据的采集和处理，另一方面将数据融合经多条路由传送到路由节点，最后经互联网或其他通信网络传送到信息消费者。对于无线局域网而言，已发展出基于不同协议标准的技术：Wi-Fi 通信速率高，但功耗高，适合易部署、固定点位的传感器网络组网；Bluetooth 安全性高，但通信距离过短、功耗高，适合短时近距离组网；ZigBee 由于功耗较低，同时具有多跳、自组织的特点，每个节点均可作为相邻节点传输数据的中转站，容易扩展传感器网络的覆盖范围，是理想的长距离、大范围传感器组网方式。就无线广域网而言，以 LoRa、NB-IoT 为代表的 LPWAN（低功耗广域网）是未来农业传感器网络组网的主要途径，虽然架设 LPWAN 基站的成本高，但低功耗、低运营成本、大节点容量的特点无疑是为农业物联网量身定做的组网技术，必将拥有巨大的应用空间。作为 LPWAN 的传输速率补充，4G、5G 移动通信技术将使图像、音频、视频为代表的大文件传输变为现实，进一步扩充信息维度。目前，无线传感器网络的研究主要集中于通信、节能和网络控制 3 个方面，将其应用于畜禽环境监测领域是无线传感器网络的研究热点之一。

（三）基于“物联网 +”的畜禽设施精细养殖环境调控系统

智能调控是在解决感知信息获取的可靠性与算法的基础上，在动态变化条件下自动整合感知获得的设施养殖多因子数据并进行实时建模，与传统设施养殖装备（环控、清粪、采食、饮水等）相结合，构建具备精细环控、精细饲喂等功能的智能化养殖设备体系，促进形成数据驱动的畜禽养殖精细管控能力。在感知层，主要基于不同类型的传感器感知畜禽舍内环境参数（温湿度、光照强度、二氧化碳与氨气浓度等）及体征行为（声音、体重、体温及运动行为等）；在传输层，主要采用无线网络将来自上述感知层的环境数据、生产过程数据及个体生理、行为状态数据信息远程传输到相关数据库；在应用层，主要是通过嵌入式控制器，依据对相关数据库信息的分析决策，对畜禽舍内环境控制设备（风机、光照、水泵等）进行自动调控。基于“物联网 +”的畜禽设施精细养殖环境调控系统如图 5-1 所示。数据科学和信息技术极大地提高了对复杂问题的解决能力，其核心是共享基于可靠获取及存储原始数据的大数据信息系统，将人工经验的试错积累及一线技术人员、管理人员的专业知识数字化，通过历史数据的回溯及结果评判逐步去伪存真，优化专业算法。借助于多媒体及触摸屏实现“能说就不写”的人机交互方式，利用云计算、模糊识别等各种智能计算技术对海量的数据和信息进行分析和处理，以达到对设施养殖环境实施智能化精准控制的目标。

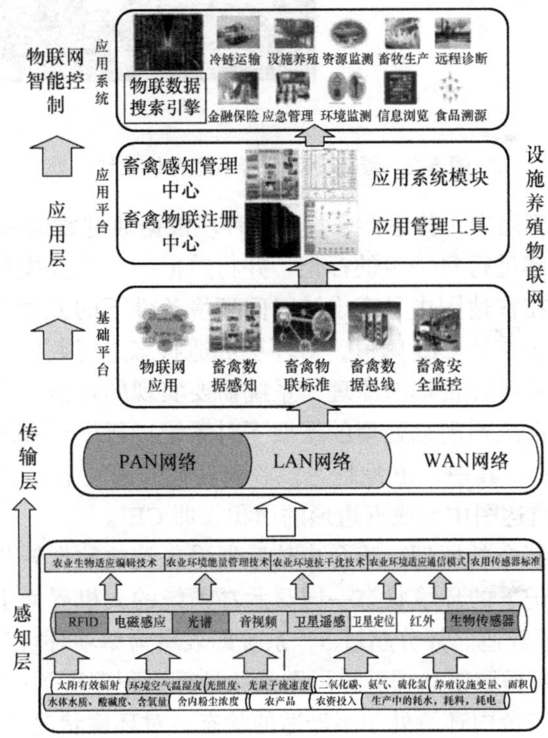

图 5-1 基于“物联网 +”的畜禽设施精细养殖环境调控系统

案例一：基于雷达图的蛋鸡舍综合环境舒适度评价及应用

（1）总体概况　环境是影响蛋鸡健康与生产性能的关键因素。为对蛋鸡舍环境进行综合性的舒适度评价，采用模糊数学方法，研究了重要环境参数在规模化蛋鸡舍环境舒适度综合评价中的权重，对舍内温度、湿度、二氧化碳浓度、氨气浓度、风速等关键环境参数进行归一化处理，建立了基于多元环境参数的鸡舍综合环境舒适度评价指数（comprehensive environmental index，CEI），实现对鸡舍环境舒适度的综合评价。在家禽生产物联网平台的基础上，基于 LabVIEW 软件开发了一套蛋鸡舍环境舒适度评价系统，如图 5-2 所示，可将上述环境参数在雷达图中进行可视化展示，实现对单因素环境参数和环境舒适度进行预警。

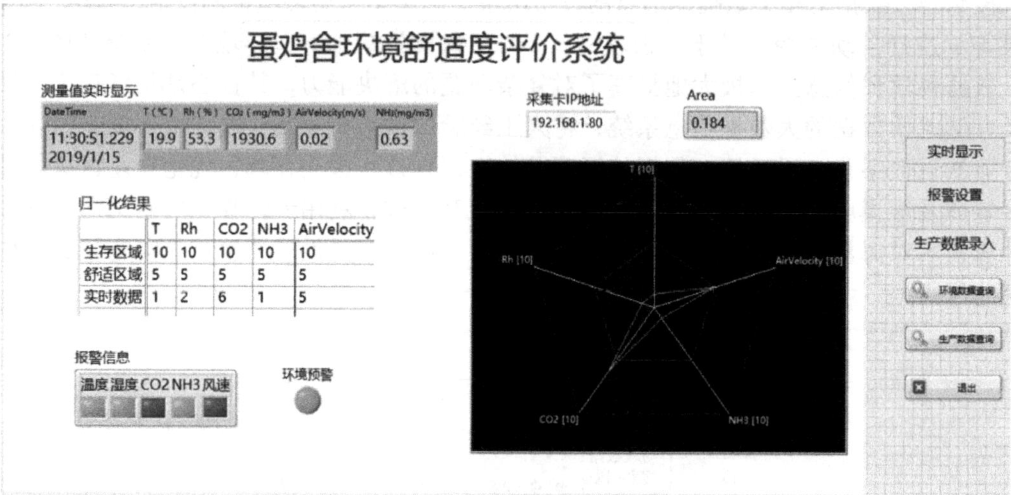

图 5-2　蛋鸡舍环境舒适度评价系统

（2）系统应用　在应用中，传感器采集到的环境数据通过数据采集卡传输到服务器中，将环境数据以时间为主键进行每一组的标记，并将数据归一化及模糊拟合后的单项环境因素评分显示出来，同时在雷达图中呈现出该时间环境条件下的五边形图像。提取图像并计算面积后，通过对比相应季节 CEI 阈值，对环境舒适状态进行判定，超过阈值即显示红色警报。根据综合环境舒适度评价模型原理、系统需要实现的功能、环境信息传感器及数据特点，依托软件程序，在队列消息处理的框架下对系统进行设计和编程，蛋鸡舍环境舒适度评价系统如图 5-2 所示。其中，IP 地址为试验鸡舍数据采集卡的 IP，Area 表示该采集卡时间标记下环境数值在雷达图中形成五边形的面积，即 CEI。

根据归一化及模糊拟合的原理，鸡舍中传感器采集到的数据转化为相应的单项环境因素评分，并与该时间标记下的环境状态一同显示在系统的人机界面上。单项环境因素评分越接近 0，表示该因素越舒适。评分超过 5，系统即表示为单项环境红色预警，说明该因素处于不舒适的状态。系统提取雷达图五边形图像并计算面积即得到该时间标记下的 CEI 值，若 CEI 超过阈值，则判定舍内环境处于不舒适的状态，对环境状况进行红色预警。

二、畜禽信息智能感知

畜禽信息主要包括动物健康信息、行为信息、情绪信息等。在畜禽养殖中，准确高效监测畜禽信息有助于分析动物的生理、健康和福利状况，及时发现生病或异常个体，减少经济损失和保障动物福利。随着物理、电化学、光学、电磁学、材料科学等基础研究的发展，越来越多的高新技术被应用于动物生理传感器。近年来，一些国家在机器视觉、声音等物理量在线监测和动物生理信息提取方面获得了长足的进步，一些技术由实验室走向应用。如机器视觉传感器用于动物取食、运动、发情、体重、跛行等异常行为等信息的实时感知，声音传感器用于提取动物的疾病信息等。与人的健康监测传感技术发展类似，穿戴式传感器也成为动物生理传感技术发展的一大趋势，如动物智能背心、项圈、背负式设备、口套等，这些设备搭载了振动、加速度、位移、重力、压力等传感器，通过计算实现动物个体运动、行为、心率、血压等信息的监测。为了获得更为精确的生理信息，侵入式传感方法也开始进入动物生理监测的视野，如植入动物体内的 RFID 标签、植入牛眼内的眼压监测传感器、植入动物牙床内的温度和盐分传感器、植入奶牛瘤胃的 pH 传感器等。作为生理信息最重要的指标，部分疾病信息（如禽流感等）可以通过生物传感器实现快检。结合了抗原抗体芯片和荧光免疫传感器、介电频谱传感器、表面等离子体共振传感器的便携式设备，可以实现部分疾病的快速筛查。

案例二：基于声谱图纹理特征的蛋鸡发声分类识别

（1）总体概况　畜禽声音识别和定位是研究动物行为、反映动物健康的重要手段之一，对动物声音信号进行特征辨识和定位，能够提高异常行为辨识的准确率，帮助养殖企业及时掌握畜禽健康状况。现有的声源识别和定位技术主要采用传声器、拾音器等收录设备将动物叫声、饮水声和咳嗽声等声音信息实时录制，并建立声音分析数据库，辨识动物异常发声，对早期疾病进行预警。

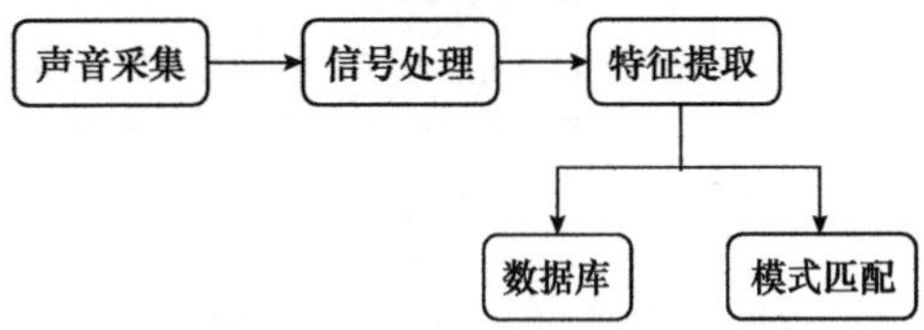

图 5-3　声音信号分析流程

动物声音识别技术是基于数字信号处理技术、模式识别理论、前沿信号采集技术实现对动物声音的识别并输出的监测模式。声音信号分析流程如图 5-3 所示，将声音信号采集后进行信号处理，之后进行特征提取，与已建好的数据库进行模式匹配从而识别叫声。针对不同的动物种类及生存环境需设计不同的声音采集方案声音监测装置如图 5-4 所示。对于牛羊等活动范围较广、性情较温顺的动物，可以采用体积较小，便于固定在动物躯体上的设备采集声音信号，将信息保存至设备中的存储装置中（图 5-4a），对于猪和家禽等活动范围较小、养殖密度较大的动物可以在畜禽舍内安置麦克风，实时采集多个个体声音信号（图 5-4b）。

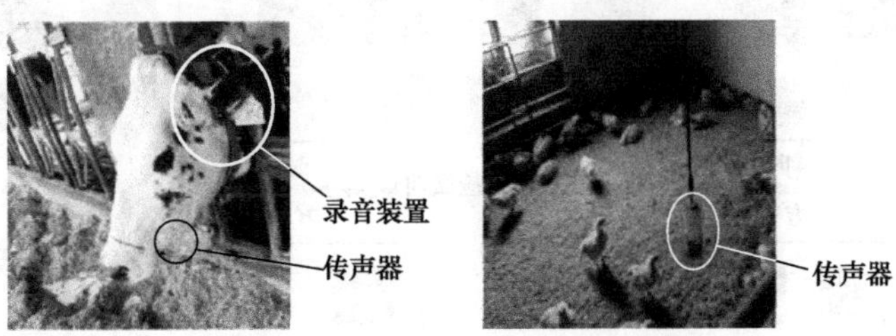

a)　b)

图 5-4　声音监测装置

a）牛叫声监测装置　b）鸡叫声监测装置

（2）蛋鸡发声分类识别方法　为有效辨别蛋鸡不同类型声音，了解蛋鸡的健康状况以及个体需求，提高生产效率的同时改善蛋鸡福利化养殖，提出了一种基于声谱图纹理特征的蛋鸡发声分类识别方法。该方法将图像处理和声音处理技术相结合，将蛋鸡声音中的时域和频域信息进行可视化，进而分析其声谱图中所呈现的声纹特征。该方法将蛋鸡各类型声音的声音信号（如图 5-5 所示）转换为纹理特征（如图 5-6 所示），纹理特征呈现了蛋鸡的更多细节信息。最后，利用 2D-Gabor 滤波器提取蛋鸡各类型声音的纹理特征中的声纹信息，并采用人工神经网络模型进行训练和分类识别。平均灵敏度和平均精确度不低于 92.0%；风机噪声识别灵敏度最高，为 99.3%；鸣叫声识别灵敏度最低，为 76.0%。该方法具有可视化、非侵入式等优点，在动物行为、动物福利评价研究方面具有很大的潜力。

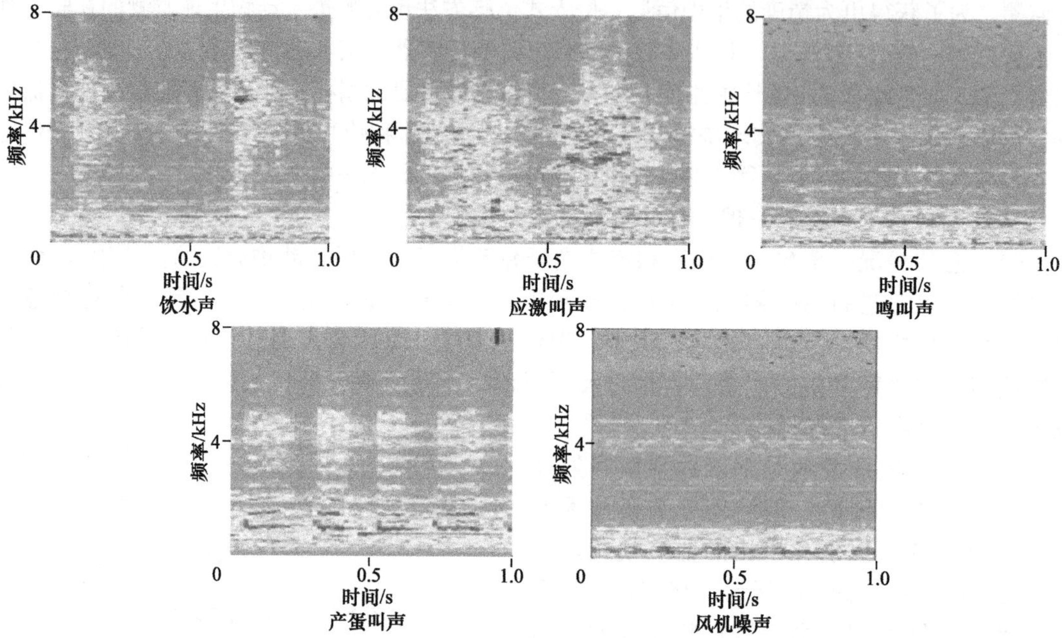

图 5-5　蛋鸡各类型声音的声音信号

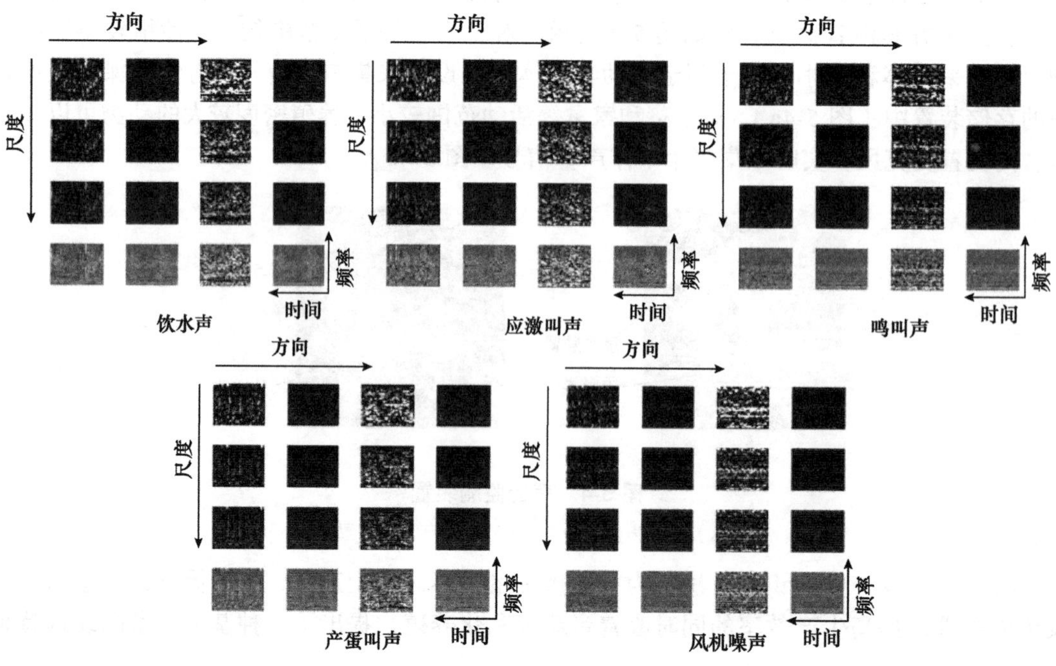

图 5-6　蛋鸡各类型声音的纹理特征

案例三：基于机器视觉的育肥猪分群系统

（1）总体概况 目前，在规模化育肥猪饲养过程中，为了提高出栏的体质量达标率并解决猪群等级秩序引发的相关问题，由饲养员定期对猪群进行人工调整与分栏，为长势较慢的猪只提供适宜的采食环境，从而加快其生长速度，减小出栏时猪只之间的体质量差异。然而，人工调整与分栏的过程劳动强度较大，猪只也会对此产生一定的应激反应。此外，重新建立猪群等级的过程会再次引发等级秩序问题，影响生产效益的同时也违背了动物福利的要求。因此，规模化育肥猪养殖生产过程中迫切需要智能、自动分群系统对猪群在采食过程中进行及时的分群、并群管理，分群系统是采用全进全出饲养工艺提高出栏体质量达标率的重要保证。现有分群设备大多通过地磅获取猪只体质量数据，然而，地磅的使用寿命与测量精度较易受到粪污的影响，且缺乏对猪群整齐度影响的研究。针对上述问题，开发了一套基于机器视觉技术的育肥猪分群系统，系统采用卷积神经网络以端到端的方式估测猪只体质量，根据前一天全部体质量数据从小到大排列后达到总数 30% 的个数作为当日的分群基准质量，并在商业猪场开展试验，以期在控制育肥猪体质量差异的同时减小饲养员的劳动强度，避免调栏过程中引起猪只的应激反应，为提高规模化养殖场的自动化水平提供参考。

该分群系统结构图和结构简图分别如图 5-7a、图 5-7b 所示。该系统采用多个光电传感器检测猪只在系统中的位置，使用 2D 相机获取猪只背部图像，通过分选门和气动门 a、b 配合引导猪只按照长势快慢分别进入 FP、SP 两个不同的采食区域，控制系统布置于猪舍外以防止舍内粉尘、高湿环境及有害气体的腐蚀。以长势较慢的猪只通过分群系统为例，该系统运行过程如图 5-7c 所示，在默认状态下，位于入口处的气动门 a 打开，气动门 b 关闭；每当有猪进入系统时，安装在入口处的光电传感器 a 会被触发，气动门 a 关闭，光电传感器和 2 个气动门的设置可以保证系统每次仅允许通过一头猪。当猪只运动到摄像头正下方，安装在相机下方稍微向前的光电传感器 b 会被触发，此时系统控制相机获取猪只背部图像，同时根据图像对猪只体质量进行估测并存入数据库，随后将估测结果和分群基准质量对比判断猪只长势快慢；若判断为长势较慢的猪只，分选门将开启通往 SP 采食区的通道，气动门 b 开启，使猪只可以通过通道进入到 SP 采食区域进行采食；当猪只离开分群系统后，会触发光电传感器 c，随后系统返回其默认状态，气动门 a 打开，气动门 b 关闭，等待下一头猪进入。同理，长势较快的猪只通过分群系统后进入到 FP 采食区域。

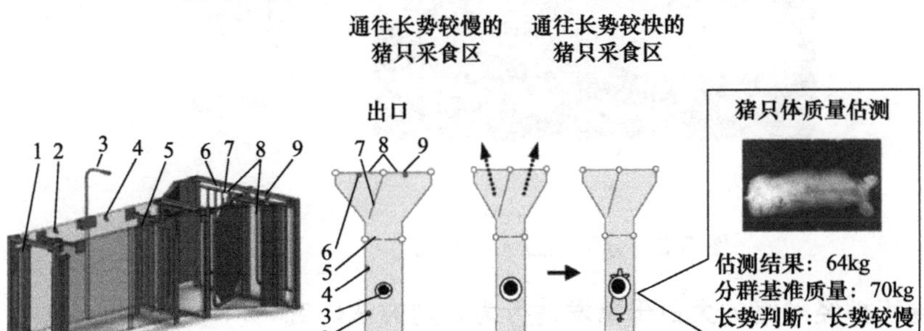

图 5-7 分群系统结构及运行过程

a）分群系统结构 b）分群系统结构简图 c）分群系统工作过程

1—气动门 a 2—光电传感器 a 3—相机 4—光电传感器 b 5—气动门 b

6—光电传感器 c 7—分选门 8—单向门 9—光电传感器 d

（2）系统应用　分群系统工作原理如图 5-8 所示。装有分群系统的猪舍被划分为躺卧区、FP 采食区以及 SP 采食区，3 个区域通过分群系统和单向门相连。躺卧区域配备有玩具球供猪只玩耍，用以避免大群饲养中猪只的打斗，同时提高动物福利。单向门的设置可以保证猪只每次采食时必须先通过分群系统，由分群系统对其进行体质量估测和长势进行判定后进入相应的采食区域。采食结束后，猪只经过单向门进入躺卧区域饮水、躺卧或玩耍。这样就可以给长势较慢的猪只创造一个相对缓和的采食环境，减少采食过程中长势较快的猪只对长势较慢的攻击，同时可以给长势较慢的猪只增强营养，从而提高育肥猪出栏时的整齐度，减小其体质量差异。

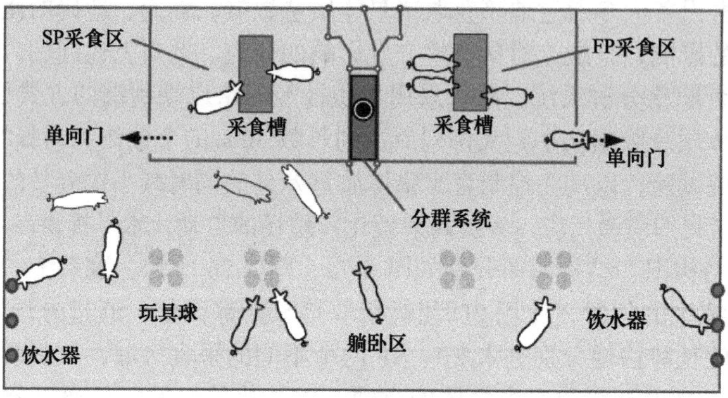

图 5-8　分群系统工作原理

分群系统人机界面如图 5-9 所示。系统右侧用于显示猪只在系统中所处的位置，同时可以手动控制气动门和分选门的动作；系统中部用于显示获取的猪只背部图像；系统左侧显示猪只体质量预估结果以及与分群基准质量对比后猪只长势快慢的判断结果。

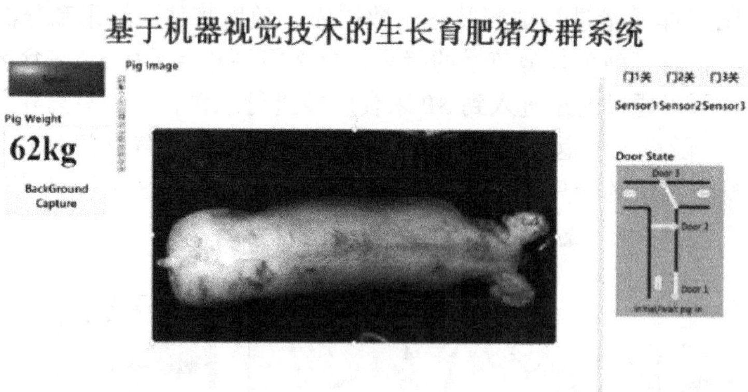

图 5-9　分群系统人机界面

案例四：基于卷积神经网络的大白母猪发情行为识别方法研究

针对现有发情检测方法灵敏度低、识别时间长、易受外界干扰等缺点，根据大白母猪发情时双耳竖立的特征（如图 5-10 所示），提出一种基于卷积神经网络的大白母猪发情行为识别方法，基于 AlexNet 卷积神经网络，建立卷积神经网络模型 AlexNet_Sow，并对其进行了简化，建立了 AlexNet_Sow_Simplified 模型，通过对发情与未发情的母猪耳部图像进行训练，该模型的验证集准确率达到 99%，该模型相较于传统图像分类模型性能更优。

通过对母猪发情时双耳竖立的特征进行判断，在获得良好模型的前提下，还需要设定时间阈值。通过 LabVIEW 对 AlexNet_Sow_Simplified 模型进行调用，并在程序内设定时间阈值对模型进行实用性分析，对 60 头大白经产母猪进行发情判定，识别精确率为 100%，召回率为 83.33%，准确率为 93.33%，单幅图像检测时长为 26.28ms。试验结果表明，该方法识别率高，能够较好地对猪只发情进行检测，且相比基于红外传感器、加速度传感器的发情检测，准确率有明显提升，且检测耗时较短，可以更好地实现大白母猪发情行为的智能化、简易化检测，大大降低了母猪应激情况和人工成本，可为我国生猪智能养殖提供技术支撑。

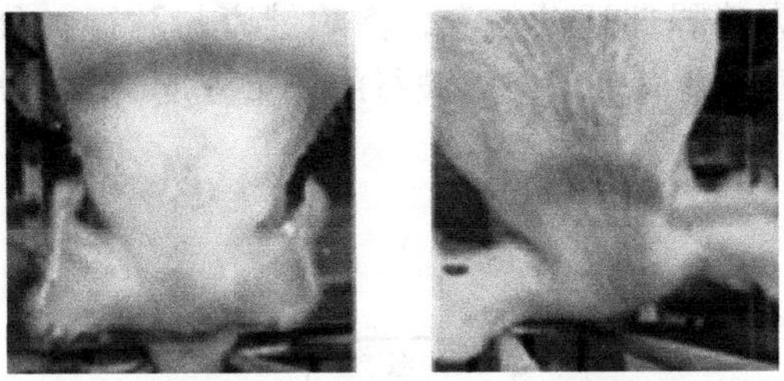

发情　　未发情

图 5-10　大白母猪发情特征

案例五：基于红外热图像的肉鸡腿部异常检测方法

为解决目前规模化养殖下肉鸡腿病多发、人工检查成本高等问题，提出了一种基于红外热图像的肉鸡腿部异常自动检测方法。该方法使用红外热图像分析软件 SmartView 4.3 对肉鸡腿部样本的温度数据进行分析统计。分析过程如图 5-11 所示，其中图 5-11a 为正常肉鸡腿温，图 5-11b 为腿部低温异常，图 5-11c 为腿部高温异常，正常温度和异常温度之间差异比较明显，可以作为肉鸡腿部异常识别的重要特征。进而根据肉鸡步态评分标准，将肉鸡跛行划分为正常、轻微异常、中度异常、严重异常四个评级，通过 YOLO v3 神经网络模型获取肉鸡腿部区域的温度数据，并结合 OpenCV 图像处理方法提取了肉鸡身体重心高度、身体前倾角度、身体偏转角度等姿态特征。选用随机森林分类模型进行多特征融合训练，并选取了五种不同分类器进行对比。随机森林分类模型在准确率、召回率、F1-Score 等指标上均占优势，分别为 96%、95%、0.95。该方法可用于肉鸡腿部异常检测，可以有效降低人力成本，为实现白羽肉鸡疾病早期预防和福利养殖提供理论支撑。

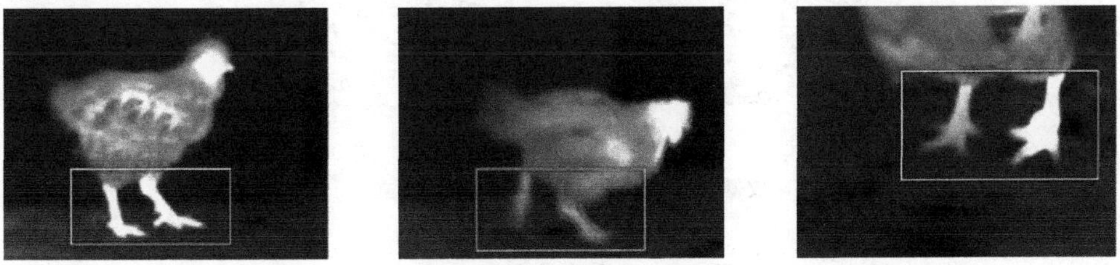

a)　　b)　　c)

图 5-11　肉鸡腿部温度分析过程

a）正常　b）低温异常　c）高温异常

案例六：基于速度传感器的肉鸡步态检测方法

针对目前平养条件下肉鸡跛行检测主要依靠饲养员的人为观察，存在主观因素强、效率低等问题，根据肉鸡腿部结构，基于三轴加速度传感器 MMA8451，结合 Bluetooth 4.0 技术，提出了一种基于三轴加速度传感器的肉鸡步态检测方法。该方法通过穿戴式无线运动脚环采集肉鸡加速度数据，脚环设计框图如图 5-12 所示，进而对加速度数据进行低通滤波预处理。肉鸡在单步行走过程中，如图 5-13 所示，x 轴加速度 a_x 与合加速度 a 的夹角 θ 呈周期性变化，利用 θ 的余弦值提出一种行走自检测算法（Walking Self-Detection，WSD），划分出行走过程的有效数据点，并提取有效数据点的时域特征，采用逻辑回归算法进行肉鸡健康与跛行的二分类，最后通过欧氏距离度量肉鸡的跛行程度。无线运动脚环能快速采集和传输肉鸡腿部运动信息，肉鸡健康与跛行二分类模型的平均准确率为 93.88%，通过欧氏距离可以近似表征肉鸡跛行的严重程度，为平养条件下肉鸡步态检测提供一种新方法。

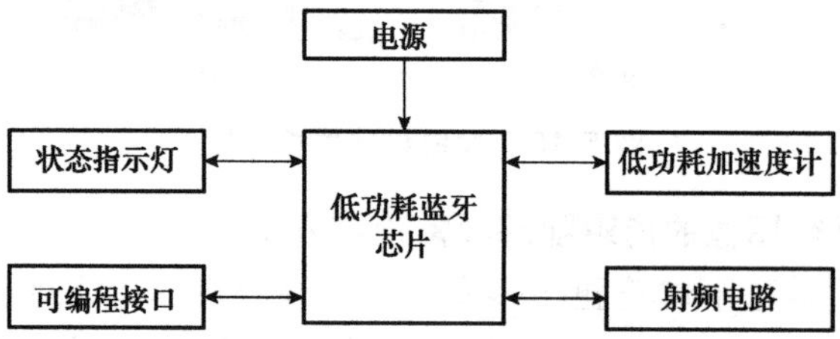

图 5-12　脚环设计框图

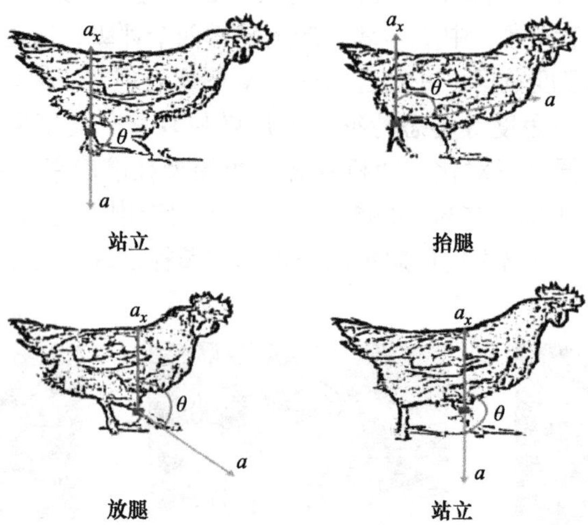

图 5-13　肉鸡单步行走过程

第三节 渔业信息化

2020年年初，新冠肺炎疫情突然爆发并蔓延全球，休闲渔业、水产养殖、渔业投资、捕捞业和渔业销售等方面都受到疫情的巨大冲击。尽管受到新冠肺炎疫情的影响，但是我国渔业的大方向并没有改变。首先从国际形势看，全球新一轮科技革命、产业变革方兴未艾，物联网、智联网、大数据、云计算等新一代信息技术加快应用，深刻改变了生产生活方式，引发经济格局和产业形态深度变革，形成发展数字经济的普遍共识。大数据成为基础性战略资源，新一代人工智能成为创新引擎。世界主要发达国家都将数字农业作为战略重点和优先发展方向，相继出台了“大数据研究和发展计划”“农业技术战略”和“农业发展4.0框架”等战略，构筑新一轮产业革命新优势。再从我国的发展规划节点来看，2020年是全面建成小康社会和脱贫攻坚决胜之年，是乡村振兴战略深入推进之年，是世界经济增长放缓和国内经济下行压力加大之年，也是“十三五”收官之年和“十四五”谋划之年。

“十三五”时期是渔业实现高质量发展的战略转型期，我国的渔业发展产业转型升级在“十三五”期间进一步优化，资源养护迈上新的台阶，渔业“走出去”取得新的成果，渔业设施装备水平获得显著提升，渔业科技支撑能力显著增强，渔政执法监管也有新成效。党中央、国务院高度重视网络安全和信息化工作，大力推进数字中国建设，实施数字乡村战略，加快5G网络建设进程，为发展数字农业农村提供了有力的政策保障。信息化与新型工业化、城镇化和农业农村现代化同步发展，城乡数字鸿沟加快弥合，数字技术的普惠效应有效释放，为数字农业农村发展提供了强大动力。我国农业进入高质量发展新阶段，乡村振兴战略深入实施，农业农村加快转变发展方式、优化发展结构、转换增长动力，为渔业信息化、数字化和智能化提供广阔的空间。

“十三五”以来，国家重点研发计划“蓝色粮仓科技创新”重点专项等重大项目启动，渔业科技在资源养护与生态修复、遗传育种、健康养殖、病害防治、水产品加工、节能环保、渔业装备升级、渔业信息化等领域提供支撑保障，渔业科技进步贡献率由2015年的58%提高到2020年的63%。一些前沿领域开始进入国际并跑、领跑阶段，一批生态、绿色、高效渔业技术模式得到广泛应用，渔业科技获得国家级奖励6项，审定新品种61个，制定渔业标准和规范1035项，获得专利685项，建设渔业综合性重点实验室3个，专业性重点实验室21个，综合试验站25个。水产养殖技术示范推广成果丰硕，遴选发布65个渔业主导品种和53项渔业主推技术，推广面积达300多万公顷，受益渔民500多万人。渔船、渔港、安全通信等渔业装备水平不断提高。沿海省份更新改造国内渔船1万余艘、远洋渔船679艘，为11万余艘渔船配备了安全和通导装备，建成通信岸台约200座、渔港动态管理系统17个、渔船动态管理系统及灾备中心约50套、渔用航标179个，累计安排建设213个渔港及避风锚地，渔业安全生产保障能力显著提高。水产种业、防疫、养殖设施装备水平不断提升。现代种业提升工程围绕种质资源保护利用、育种创新及育繁推一体化等开展，共安排建设项目73个、总投资7.7亿元，全国动植物保护能力提升工程围绕建设水生动物疫病防控监测中心及区域中心、重大水生动物疫病实验室开展，共安排建设项目39个、总投资3.8亿元。“深蓝1号”等深远海大型智能养殖渔场相继建成投产，累计建成深水抗风浪网箱3255个，池塘环保设施改造开始起步，养殖基础设施和装备水平明显提高。“十三五”期间，全国累计增殖各类水产苗种1559亿尾，举办的各类水生生物增殖放流活动达 1 万多次，有力地促进了水域生态环境修复和渔业资源的可持续利用。累计创建国家级海洋牧场示范区 110 个，引领带动全国海洋牧场建设持续健康发展。

海南省陵水县在“十三五”期间拥有了首个“5G+ 海洋牧场”示范项目（智能化深水网箱养殖）。陵水县拥有良好的海洋渔业资源环境和产业发展基础、海洋文化基础，2018 年获批建设国家海洋经济发展示范区，但是长期以来，深海养殖场的日常管理靠人工经验，网箱养殖存在缺少现代化技术装备支撑、机械化及自动化程度不高等问题。基于 5G 通信特点，中国移动海南分公司和浙江大学合力研发网箱生物环境在线监测系统，解决深海养殖信息采集与传输困难的痛点，通过对网箱内的水温、盐度、溶解氧等生态特征的实时在线监测，实现设施渔业技术、生态修复、健康养殖技术的有机融合。5G 监测系统在深水网箱养殖业的先行先试和成功利用，不仅对 5G 网络技术在渔业增殖放流、海洋牧场、水生生物资源调查、海洋环境监测、生态修复等方面的应用起到积极推进作用，还将带动 5G 与南繁产业、旅游产业等多领域的融合。截至 2020 年 9 月 15 日，陵水县已开通 5G 站点 112 个，已投入应用的 5G 项目 1 个，拟建设的 5G 项目共 4 个，涉及智慧海洋渔业、智慧社区、医疗健康、智慧农业、智慧旅游等。

2020 年 11 月 6 日，全球首艘 10 万吨级智慧渔业大型养殖工船中间试验船——“国信 101”号中试船交船仪式在浙江省台州市三门县三门枫叶船厂举行。青岛国信集团联合中国船舶集团、海洋国家实验室、中国水产科学研究院、台州大陈岛养殖股份有限公司、青岛蓝色粮仓公司共同打造全球首艘 10 万吨级全封闭可游弋大型养殖工船“国信 1 号”，为对养殖工船高效养殖作业工作原理、装备工况适应性以及工业化高效养殖模式开展试验研究，国信中船公司启动实施“国信 101”号中试船项目。“国信 101”号中试船总吨位约 3000 吨，排水量约 6800 吨，通过搭载多种养殖装备，在国内海域开展大黄鱼、大西洋鲑等主养品种深远海工船养殖中试试验，进一步优化船载养殖系统及工艺，完善深远海养殖工船装备研发与试验技术体系，实船验证舱内养殖方式及养殖装备的兼容性、可靠性和适渔性，最大限度规避风险，为后续智慧渔业大型养殖工船项目的稳步开展及现代养殖的机械化、智能化、信息化提供有力支撑。该项目将带动船舶设计及建造、智慧渔业、物联网、水产品深加工等多个产业融合发展，探索深远海智慧养殖新模式，推动海洋经济高质量发展。

2020 年作为“十四五”的谋划之年，将会进一步发展渔业信息化，增强信息化在渔业中的应用。2020 年 7 月 9 日，海南省农业农村厅与中国水产科学研究院渔业机械仪器研究所在海口签订“海南现代渔业科技发展”战略合作框架协议，旨在推动双方建立长期、稳定的科技创新合作机制，通过技术支撑、成果转化等方式有效提升海南省渔业科技水平，促进海南渔业产业可持续发展。根据协议，中国水产科学研究院渔业机械仪器研究所将推动海南渔业三个方面的建设。一是为产业发展规划提供支撑。主要包括“十四五”渔业发展规划、现代农业产业园建设规划、水产良种场标准化建设等。二是推动现代化渔业技术应用与成果转化。主要包括现代化陆基养殖工程装备、深蓝渔业技术、清洁能源电力驱动休闲渔船、水产品加工自动化技术装备等研发与成果转化。三是推动科技创新平台建设。安排专家入驻海南，提供决策咨询等技术支持。中国水产科学研究院渔业机械仪器研究所将围绕海南省渔业发展战略，以推进渔业绿色可持续发展为目标，充分发挥其在渔业生态工程、工业化养殖技术装备、海洋渔船与装备、水产品加工装备及智慧渔业等领域的科技人才优势，为海南渔业发展规划、产业结构调整、科技创新等提供技术支撑，实现海南渔业“技术创新化、装备现代化、管理科学化、发展持续化”。

“十四五”渔业科技创新战略事关国家粮食安全大局，同时新发展格局、高品质生活、高质量发展更是对渔业科技创新提出了重大命题和迫切要求，各科研院校的专家学者及各级渔业渔政管理部门均要进一步明确渔业科技的战略发展定位，突出目标导向、需求导向和问题导向，明确发展思路和战略方向，加大科技投入，完善创新体系，加强转化推广。2020 年 11 月 6 日，农业农村部渔业渔政管理局在上海组织开展“十四五”渔业发展研讨，听取专家对“十四五”渔业发展规划编制和渔业科技创新战略研究的意见建议。迈向渔业现代化新征程必须依靠创新驱动的内涵型增长，“十四五”渔业高质量发展和现代化建设迫切需要科技支撑和引领。专家认为“十四五”渔业科技创新战略研究系统全面、重点突出、面向产业、着眼长远，提出了“十四五”时期渔业科技创新的重点领域和重点任务，为今后一个时期渔业科技工作指出了方向。“十四五”渔业发展的总体思路是，坚持新发展理念，以高质量发展为主题，以供给侧结构性改革为主线，以满足人民对优美水域生态环境和优质水产品的需求为目标，推动渔业发展质量变革、效率变革、动能变革，持续推进渔业治理体系和治理能力现代化，不断提高发展质量效益，持续推动渔业增效、渔民增收，加快形成以国内大循环为主体、国内国际双循环相互促进的渔业发展新格局，加快建设现代化渔业强国。

一、绿色科学高效养殖，为渔业信息化定下发展方向

2019 年年底，农业农村部和中央网络安全和信息化委员会办公室联合印发的《数字农业农村发展规划（2019—2025 年）》把数字化、精准化和智能化当作重点，推进智慧水产养殖，构建基于物联网的水产养殖生产和管理系统，推进水体环境实时监控、饵料精准投喂、病害监测预警、循环水装备控制、网箱自动升降控制、无人机巡航等数字技术装备普及应用，发展数字渔场。以国家级海洋牧场示范区为重点，推进海洋牧场可视化、智能化、信息化系统建设。大力推进北斗导航技术、天通通信卫星在海洋捕捞中的应用，加快数字化通信基站建设，升级改造渔船卫星通信、定位导航、防碰撞等船用终端和数字化捕捞装备。加强远洋渔业数字技术基础研究，提升远洋渔业资源开发利用的信息采集分析能力，推进远洋渔船视频监控的应用。发展渔业船联网，推进渔船智能化航行、作业与控制，建设涵盖渔政执法、渔船进出港报告、电子捕捞日志、渔获物可追溯、渔船动态监控、渔港视频监控的渔港综合管理系统。

2020 年 2 月 5 日，2020 年中央一号文件发布。文件关于渔业发展的相关内容包括：在长江流域重点水域实行常年禁捕，做好渔民退捕工作；推进水产绿色健康养殖，加强渔港建设和管理改革。2019 年中央一号文件重点关注了两个方面：合理确定内陆水域养殖规模，压减近海、湖库过密网箱养殖，推进海洋牧场建设，规范有序发展远洋渔业；降低江河湖泊和近海渔业捕捞强度，全面实施长江水生生物保护区禁捕。中央一号文件连续两年对水产进行了重点的关注，说明水产板块逐渐得到国家的重视，从 2019 年的规范网箱养殖到 2020 年的绿色水产养殖，水产渔业有了更加清晰的方向，也同样给予渔业生产和管理者一个更加灵活的管治空间。

2020 年 3 月，农业农村部办公厅印发了《2020 年渔业渔政工作要点》，明确提出全国渔业渔政系统要以习近平新时代中国特色社会主义思想为指导，对标对表全面建成小康社

会和“十三五”目标任务，贯彻落实党中央、国务院决策部署及农业农村部党组工作要求，坚持稳中求进总基调，以改革创新为动力，强制度、补短板、抓落实，坚持不懈稳数量、提质量、转方式、保生态，持之以恒推进渔业供给侧结构性改革，持之以恒推进渔业高质量发展。具体提出了以下八点要求。

1）全力做好新冠肺炎疫情防控期间水产品稳产保供工作。

2）全面推进水产养殖业绿色发展。

3）大力推进渔业一二三产业融合发展。

4）持续强化渔业资源养护和水域生态修复。

5）大力加强渔业改革创新。

6）积极推进渔业“走出去”和国际合作。

7）不断强化渔业法治建设和执法监管。

8）扎实开展渔业扶贫和援藏援疆。

2020 年 5 月，农业农村部印发《2020 年农业农村部网络安全和信息化工作要点》，提出要紧紧围绕实施乡村振兴战略、数字乡村战略总体要求，大力实施数字农业农村建设，深入推进农业数字化转型，扎实推动农业农村大数据建设，全面提升农业农村信息化水平，用信息化引领驱动农业农村现代化。除了对农业农村的整体要求外，还明确提出要推进渔业渔政信息化。加快各地海洋渔船通导安全装备项目实施，新建一批渔业无线电岸台基站，配备一批渔船安全通导终端，完成全国渔船渔港动态管理系统容灾备份中心建设，做好运行保障工作。推动水产品市场流通、渔船渔港监管、渔政执法、渔业资源环境监测等领域信息化建设，加强网络安全管理。

2020 年 11 月 4 日，农业农村部印发《关于加快水产养殖机械化发展的意见》（以下简称《意见》），针对当前水产养殖机械化发展不平衡不充分等问题，指导各地着力补短板、强弱项，推动水产养殖机械化向全程全面高质高效发展。《意见》提出，到 2025 年，水产养殖机械化水平总体达到 50% 以上，育种育苗、防疫处置、起捕采收、尾水处理等薄弱环节机械化取得长足进步，主要养殖模式、重点生产环节的机械化、设施化、信息化水平显著提升，绿色高效养殖机械化生产体系和社会化服务体系基本建立。《意见》明确了推进水产养殖机械化的重点任务。一是大力推进水产养殖机械装备科技创新，聚焦优势资源，推进产学研推用结合，加快攻克技术难题。二是加快构建主要水产绿色养殖全程机械化体系，凝练总结一批水产养殖机械化解决方案，加快推广应用。三是积极推进水产养殖机械化信息化融合，推进设施装备智能化、生产管理精准化和经营服务网络化。四是加快提高绿色养殖重点环节社会化服务水平，发展订单作业、生产托管、承包服务等社会化服务新模式、新业态。五是着力推进养殖池塘标准化宜机化建设，满足设备应用、机械通行作业需求。《意见》强调，各地要把水产养殖机械化发展纳入农机化、渔业发展规划，做好机械化与水产养殖业发展目标任务衔接。积极推进水产养殖机械装备创新，加快科技成果转化应用。加大农机购置补贴对水产养殖机械装备的支持力度，重点向绿色高效机械装备和规模化养殖场倾斜。优化公共服务，加强水产养殖设施装备试验鉴定能力建设，强化水产养殖机械化发展指引，切实调动各类市场主体的积极性、主动性和创造性。

各项政策从多角度、多方面为渔业产、供、销及相关的管理和服务提供有力支持，充分总结了“十三五”的经验，也为“十四五”战略研究指明了方向，更加明确了渔业发展的目标和任务，为渔业发展提出重大项目和保障措施，为培育新科技浪潮、引领渔业高质量发展奠定基础。

二、产学研协同创新日益成为渔业信息化发展重要载体

2020 年，新冠肺炎疫情在对我国宏观经济形势造成重大影响的同时，也对水产行业上中下游造成严重冲击，产品销不出、饲料供不上、物资运不进、用工回不来等问题短期内集中暴发，形成水产行业在疫情下的新危机。在此背景下，中国水产行业如何应对疫情影响、转危为机？如何实现全产业链可持续健康发展？纵观行业大势，一方面，在非洲猪瘟、禽流感等疫病肆虐之下，唯有水产品健康安全、营养丰富，联合国粮农组织预测，未来十年水产品消费及价格将处于快速上升通道；另一方面，尽管面临环境保护的压力，但伴随绿色高效养殖技术的不断发展，我国水产养殖已经进入以“绿色可持续发展”为主要特征的 4.0 发展时代。面对当前困境，我国水产行业亟须恢复生产，积极自救，群策群力，抢占先机！2020 第四届中国水产科技大会在连续三届成功举办的基础上，紧密围绕“绿色引领、产业升级、科技强渔”的主旨，汇聚行业相关政府部门、专家学者、企业领袖、协会媒体、科研机构以及广大水产从业者等，搭建集政产学研于一体的高端合作平台，聚焦渔业绿色健康养殖思路，解析行业发展政策，探寻困境中的行业机遇，共商我国水产行业提质增效、转型升级思路，共话科技助力渔业供给侧结构改革道路，共促我国渔业全面完成“十三五”发展目标，共助我国早日建成现代化渔业强国！

2020 年 11 月 6 日，第四届中国国际现代渔业暨渔业科技博览会在安徽省合肥市举行。该博览会以“创新驱动、科技引领、绿色发展”为主题，以科技成果交易、智慧渔业展示、渔业品牌建设、评奖与表彰为亮点，促进成果转化、品牌宣传、行业交流和产业绿色发展。展示范围包括渔业科技、智慧渔业、渔业现代化设备和智能设施、区域特色优势渔业、现代水产制品、水产养殖投入品、休闲渔业、安徽渔业、境外渔业等方面。其中，渔业科技主要展示渔业资源与环境领域、生物技术与遗传育种领域、水产养殖及加工、病害防御、水产品质量安全、海洋牧场、渔业装备及节能减排等领域科技进展、科研成果和科研项目等；智慧渔业主要展示物联网、大数据、云计算、人工智能技术在渔业中的应用，包括智慧养殖系统、鱼类动态监测系统、渔业产品追溯系统、水产品实时交易平台、水产品加工管理系统、智能水质监测预警系统、智慧物流、智能仓储管理系统等；渔业现代化设备和智能设施主要展示在渔业捕捞、养殖、加工、仓储、运输、渔用饲料、质量安全监测等各领域使用的自动化操作、节能减排等现代化装备、设施。

为深入贯彻党的十九大精神，切实履行乡村振兴战略和创新驱动发展战略部署，认真落实水产绿色健康养殖“五大行动”有关要求，着力搭建高水平学术交流平台，大力推进水产科学研究、科技创新和成果转化，持续加强世界一流学会建设，全面促进渔业绿色高质量发展，2020 年 11 月 11 日，2020 中国水产学会范蠡学术大会在四川省成都市举办。农业农村部副部长于康震在开幕式上发表视频讲话，全国水产技术推广总站站长、中国水产学会秘书长崔利锋主持开幕式。来自农业农村部及有关省（区、市）渔业主管部门、水产技术推广部门、水产学会的负责同志，有关科研院所、高校、企业的领导、专家学者、科研人员近 1000 人参加本次学术大会，四川省农业农村厅党组成员、副厅长薛学深，四川省水产局局长何强出席开幕式。于康震副部长表示，今年的范蠡学术大会聚力改革创新，

定位更加明确、内容更加丰富、特色更加鲜明。一是更加突出学科综合，涉及水产及相关学科领域更多元、更全面；二是更加突出问题导向，专题设置聚焦当前水产领域重点、热点、难点问题；三是更加突出技术前瞻，交流成果体现水产领域科技学术研究的前沿学科和最新进展；四是更加突出产业主导，“政产学研推”共同参与促进科研学术成果在产业发展和管理上的转化应用。相信与会的专家学者通过交流，能进一步把握当前渔业科技创新的最新进展，进一步深化对当前产业亟须核心技术和难点问题的认识，进一步加强渔业科技创新成果的转化应用，进一步认清未来一段时期渔业科技创新的前沿方向和重点领域，明确目标，共同发力，坚持产业导向、问题导向，使科技在产业发展中的引领支撑作用得到更好发挥。在学术大会主旨报告现场，农业农村部渔业渔政管理局行业发展处王雪光处长宣读了张显良局长以《“十四五”时期我国渔业发展展望》为题的主旨报告。报告回顾了“十三五”渔业发展成就。“十三五”时期是渔业高质量发展的战略转型期，既有数量的增长，更有质量的提升，渔业发展保障了水产品安全有效供给，丰富了全国人民的“菜篮子”，在全国抗击新冠肺炎疫情过程中，水产品为保障居民生活必需品供应发挥了重要作用。报告分析了“十四五”面临的形势和任务，对“十四五”渔业发展进行了展望，指出“十四五”渔业发展总体原则：一是坚持高质量发展，增加有效供给；二是坚持可持续发展，保护生态环境；三是坚持创新发展，提高质量效益；四是坚持消费引领，增强发展动力；五是坚持双循环战略，深化国际合作；六是坚持以法治渔，提高治理能力。

2020 年 10 月 16 日，大水面生态渔业科技创新联盟 2020 年度工作会议在甘肃省永靖县召开。农业农村部渔业渔政管理局江开勇副局长，甘肃省农业农村厅一级巡视员妥建福，中国水产科学研究院刘英杰副院长，全国水产技术推广总站于秀娟副站长，吉林、黑龙江、江西、甘肃等有关省级渔业主管部门及部分联盟成员单位的 40 余名代表参加会议。会议由农业农村部渔业渔政管理局科技与市场加工处王丹处长主持。江开勇副局长充分肯定了大水面生态渔业科技创新联盟的工作，并强调各联盟单位要进一步贯彻落实《关于推进大水面生态渔业发展的指导意见》，深入开展“一湖一策”研究探索，细化发展模式，推进三产融合，紧紧依托联盟单位科研院所和有关企业，加强科普宣传，引导形成全社会共同关注的良好氛围。刘英杰副院长指出，谋划大水面生态渔业发展要从系统性和整体性出发，坚持问题导向和目标导向，强化科技引领作用，建议推进大水面渔业产业技术体系构建，形成长效机制，确保大水面生态渔业稳定持续发展。妥建福一级巡视员介绍了甘肃省水产养殖和大水面生态渔业发展情况。中国水科院方辉处长做了大水面生态渔业科技创新联盟年度工作总结，回顾了联盟在政策建议、立项争取、研发进展等方面取得的成绩，并介绍了联盟下一步工作重点。中国科学院水生生物所、水科院黑龙江水产研究所、渔业机械仪器研究所、甘肃省水产研究所有关专家在会上分别做了“大水面增养殖容量计算方法”“东北寒冷地区大水面生态渔业发展的新途径”“大莲湖生态环境修复的成效与启示”“刘家峡水库渔业发展现状与面临问题”的专题报告。与会代表就相关报告进行了讨论，并就大水面生态渔业科技创新与产业发展等方面开展重点交流。

2020 年 10 月 28 日，2020 中国威海“深蓝行动”座谈会暨深远海装备渔业项目签约仪式在威海召开。座谈会上，威海市海洋发展局党组副书记、二级调研员王传良同志介绍了威海深远海装备渔业发展情况，中国海洋大学海洋生命学院教授姜国良、中国水产科学研究院黄海水产研究所研究员李健就深远海养殖提出了意见建议。威海市在深远海装备渔业等方面积极探索、大胆创新，为进一步拓展山东省渔业发展空间、创新水产养殖发展模式、加快现代渔业高质量发展创造了更多可复制、可推广的经验。大力发展深远海养殖是推进水产养殖绿色发展的重要路径，对于进一步优化渔业产业结构、带动装备渔业产业发展、提高国家粮食安全保障水平等具有重要意义。要统筹谋划、深化改革，在规划引领、科技支撑、政策支持和法治保障等方面下足功夫，大力支持深远海大型养殖装备、集装箱养殖装备、养殖产品收获装备等关键核心装备研发和推广应用，鼓励建设深远海大型智能化养殖渔场，不断提升深远海养殖发展的质量和效益。

2020 年 8 月 25 日，2020 中国（海南）国际海洋产业博览会（以下简称海博会）在三亚开幕。本届海博会首次采用“线上 + 线下”相结合方式举行，打造了全新的线上博览会平台，邀请 500 多家企业入驻线上云展厅。线上云展共设立海洋科技、海工装备、海洋旅游、海洋渔业、海南展区五大展区。海洋科技展区，水声通信、电子海图与海事雷达、无人船、无人机海洋监测技术、遥感海洋观测、海洋环境保护技术等一批新技术让人眼前一亮。在海南自由贸易港海洋服务体系发展论坛上，来自国内外的院士专家、行业学者、企业代表及机构组织负责人等就如何构建具有国际竞争力的海南自由贸易港海洋服务体系各抒己见，共探智慧海洋。中国石油大学（北京）安全与海洋工程学院副院长杨进建议，利用海南自由贸易港政策，积极挖掘海洋产业新潜力，推动海洋产业提质升级，加强科技创新，深化海洋能源开发合作，加强国内外合作交流。“云计算、物联网、大数据、数字海洋是智慧海洋的关键技术。”哈尔滨工程大学教授、海洋信息与通信研究所副所长李海森说，数字地球体现的是数字化、信息化，而智慧海洋是数字地球的高级阶段，其主要特征是智能化、自动化、网络化等。

三、新技术、新装备的应用是信息化发展的重要支撑

2020 年，由中国农业大学、北京农业信息技术研究中心、天津农学院、山东省农业科学院科技信息研究所、莱州明波水产有限公司、江苏中农物联网科技有限公司、福建上润精密仪器有限公司为主要完成单位，李道亮、杨信延、陈英义、邢克智、吴瑞华等人负责的“水产集约化养殖精准测控关键技术与装备”项目荣获 2019 年度国家科技进步二等奖。该项目针对我国水产养殖业的可持续发展困境，提出水产集约化养殖精准测控技术体系，感知新技术和传感器打破了国外技术垄断；无限跨网适配技术和无线采集控制器填补了国内产品空白；智能决策模型和云平台引领了产业发展方向；精准测控技术体系带动了行业技术进步。研发创制了 9 种水产养殖专用传感器；突破了复杂场景下兼容多协议的跨网多设备动态适配技术，研制了 5 种养殖环境信息采集器和 2 种无线控制器；创建了健康养殖生长环境调控模型、精准投喂模型，开发了水产养殖精准测控云计算平台；通过创制数字化路基工厂循环水养殖成套设备，构建了集传感器、采集器、控制器和云计算平台于一体的水产养殖精准测控技术体系，实现了复杂环境下的水质实施调控和饵料精准投喂。项目研究成果获得了国家授权发明专利 33 件、农机推广鉴定证书 8 个，6 个型号产品被纳入农机补贴目录，制定了水产养殖精准测控技术地方标准 5 项，发表 SCI、EI 等检索论文 214 篇，出版专著 3 部。项目先后获得省部级科技进步一等奖 2 项，二等奖 2 项，相关技术成果在江苏中农物联网科技有限公司、福建上润精密仪器有限公司等 7 家企业进行了转化，在江苏、山东、天津等 23 个省（区、市）进行了大面积推广，取得了显著的经济效益。

2020年11月20日，在2020中国农业农村科技发展高峰论坛暨中国现代农业发展论坛上，中国农学会发布了《2020中国农业农村重大新技术新产品新装备》，来自全国农业科研、教学、推广等单位和企业的29项（新技术9项、新产品10项、新装备10项）具有重大应用前景的科技新成果入选。中国水产科学研究院南海水产研究所“离岸网箱养殖装备与工程”科技创新团队联合天津德赛环保科技有限公司共同研制的“半潜桁架结构智能化养殖渔场”入选2020中国农业农村10大重大新装备。“半潜桁架结构德海智能养殖渔场”突破了桁架透水结构设计、弹性单点系泊、动平衡升降控制等一系列核心关键技术难点，配备了智能投喂养殖专家系统、自动投饵机、监控监测系统、风光互补能源系统、海水制淡系统、起网机等养殖管控系统与装备，不仅解决了台风高海况条件下养殖设施及圈养生物的安全保障难题，还具备了深远海养殖一体化智能管理功能，提高了国内外深远海工业化养殖装备技术水平，对助推渔业高质量发展、服务乡村振兴战略具有重大意义。“德海1号”是“半潜桁架结构德海智能渔场”的典型代表作，其主体结构由箱型结构和桁架结构组合而成，总长91.3米，宽27.6米，养殖水体可达3万立方米，是迄今为止我国唯一一个通过超强台风实况检验的桁架结构大型智能养殖渔场，适于20~100米水深海域区间养殖。“德海1号”设有养殖区、生活区、储藏区、控制区等多个功能区，渔场性价比优势明显，整体造价约1000万元。“德海1号”智能化养殖渔场自投入使用以来，取得了良好效果，养殖优势正逐步展现。该渔场正在进行军曹鱼、大黄鱼、金鲳鱼3个品种的养殖容量压力测试养殖，养殖容量压力测试峰值技术指标为450吨鱼，通过养殖容量压力测试最终确定渔场养殖生产模式及最适养殖量。经养殖试验运营，取得显著的经济和社会效益，推广应用前景广阔，受到国际社会广泛关注。

2020年6月3日，中国水产科学研究院渔业机械仪器研究所与青岛蓝粮公司、中船605院联合设计研发的全球首艘10万吨级智慧渔业大型养殖工船（以下简称“国信1号”）项目建造签约仪式在青岛举行。“国信1号”在设计研发上秉承绿色养殖理念，以适渔性为导向，在船体结构、推进系统、系泊方式等方面优化设计，以国内领先、世界一流的减振降噪技术实现养殖空间与船舶总体有机结合，构建生态、高效、集约化舱养空间；通过系统集成与模式创新，开创智慧养殖新模式，可有效规避近海养殖污染与远海养殖风险，同时带动船舶设计及建造、智慧渔业、物联网、水产品深加工等多个产业融合发展，实现船舶工业新旧动能转换和拓展深远海国土利用空间的集成示范。本次签约标志着“国信1号”项目正式进入实质性建造阶段。“国信1号”预计2022年3月交付，投入使用后预计年产精品鱼类超3200吨，年均营业收入约2.2亿元。

2020年8月28日，我国最大海洋综合科考实习船“中山大学”号在上海长兴岛的中国船舶集团旗下江南造船（集团）有限责任公司下水。2016年6月，教育部批复同意中山大学在“十三五”期间新建一艘6000吨级的海洋综合科考实习船。该船于2019年10月28日正式开工建造。“中山大学”号下水后将立即开展舾装调试，2021年上半年交付使用。“中山大学”号船长114.3米，型宽19.4米，型深9.25米，吃水6米，具备无限航区全球航行能力，经济航速11.5节，最大试航速度16节，经济航速下续航能力15000海里，额定人员编制下自持力60天，定员100人。该船总设计师、中船集团第708所主任助理吴刚介绍，“中山大学”号是目前我国排水量最大、综合科考性能最强、创新设计亮点最多的海洋综合科考实习船。中山大学常务副校长、中山大学科考船建设指挥部总指挥孙冬柏介绍说，“中山大学”号海洋综合科考实习船具备科学考察和人才培养的双平台功能。它配备了大量先进科考仪器和科考操控支撑设备，建有设施先进、功能齐全、能满足样品处理、检测分析和数据处理的各类实验室，船舶平台的综合性能和科考功能具有世界一流水平，是名副其实的海上大型“移动实验室”。作为新一代海洋综合科考船，“中山大学”号在国内科考船中具备多个“首次”。该船在国内科考船中首次采用L型全回转低噪声推进器，首次采用轮缘永磁侧推，首次采用直流母排+储能蓄电池的组合设计，首次采用全航速主动式减摇鳍等。“中山大学”号非常注重绿色环保性能，满足最新国际排放要求，并将取得中国船级社Clean标志，确保对大气环境、水体等科考调查的影响降至最低。“时至今日，人类对海洋的了解远不如对太空的了解，原因在于海洋考察设备少、装备弱、人才缺。”中国科学院院士陈大可认为，“中山大学”号海洋综合科考实习船体现了这所大学对国家海洋战略、对人类经略海洋的深刻认识以及坚毅决心，也必将为国家了解海洋、发展海洋、守护海洋发挥重要作用。

四、渔业信息化技术应用不断加速

目前，我国鱼类养殖产业中存在病害频发、抗病高产良种匮乏等问题，迫切需要建立高效准确的抗病基因组育种技术，培育抗病高产优良品种。近几年来，针对基因组选育中缺乏抗病育种基因芯片的现状，中国水产科学研究院黄海水产研究所陈松林研究员团队研制出我国首款鱼类抗病育种基因芯片——“鱼芯1号”，并基于其基因分型结果和牙鲆抗病基因组选择技术开展了抗细菌病良种选育。研究团队在前期完成牙鲆全基因组测序、精细图谱绘制以及对1099个牙鲆个体全基因组重测序的基础上，自主设计位点筛选策略，整合了抗病相关基因和相关SNP位点，最终选取在全基因组均匀分布的约50000个SNP位点制作基因芯片，保证了基因组育种值估计的准确性；评估并验证了“鱼芯1号”芯片的基因分型效果，并应用于牙鲆抗细菌病基因组选择育种。牙鲆50K“鱼芯1号”芯片的研发，填补了我国鱼类抗病育种基因芯片的空白，为基因组选择技术在牙鲆良种选育中的应用提供了技术支撑。

近年来，江西省把稻渔综合种养作为渔业产业扶贫的总抓手，坚持产业发展与扶贫工作有机结合，全力支撑全省打赢脱贫攻坚战。在总结近年来稻渔综合种养的做法和经验基础上，江西省创新集成并广泛推广了稻（莲）虾、稻（莲）鱼、稻（莲、茭白）鳖、稻蛙、稻（莲）鳅和稻蟹六大主要技术模式，全省各地结合资源禀赋，因地制宜，也实践创新集成了一批可复制、可推广的种养模式，并在生产中得到广泛应用。同时，组织建立了全省水产养殖培训师资库，建立了40余名水产科技人员组成的12316惠农服务专家库，通过App软件、语音和电话咨询等形式，对口示范企业、渔民和贫困县等，为广大养殖户和贫困户提供政策、实用技术、渔需物资信息及科技专家联络等方面的资讯服务。

2020年1月，农业农村部组织开展全国渔业无线电管理专项治理，并推动研制插卡式AIS（AIS指automatic identification system，船舶自动识别系统）设备，研发服务平台规范船舶识别码管理。目前，插卡式AIS设备已在福建省成功试点示范。试点情况表明，插卡式AIS设备的使用有利于保障渔船安全航行、维护水上通信秩序、促进渔业精细化管理。福建试点示范的成功，也为全国实现“一船一码一设备”目标奠定了坚实基础。当前，渔船AIS设备及其船舶识别码使用不规范，“船码不符、一船多码、一码多船”等违法违规行为给渔船安全航行和遇险搜救带来了巨大风险隐患。为解决这一难题，农业农村部在开展全国渔业无线电管理专项治理过程中，借鉴手机与 SIM 卡有效匹配模式，创新性提出插卡式 AIS 管理改革，以卡为媒，将渔船、AIS 设备及船舶识别码信息融入“小卡片”中，并通过通信网络实时进行数据关联，实现渔船动态监控、AIS 设备在线监管、卡片授权激活的目标。据了解，有别于传统 AIS 设备，插卡式 AIS 具有三个新特点：一是固化渔船信息。通过“小卡片”固化渔船、船舶识别码等静态信息，有效阻断擅自编写、篡改渔船及船舶识别码信息等行为。二是防拆卸固定式安装。在 AIS 设备安装上，分别加装 AIS 设备与船体、“小卡片”的双重防拆卸报警装置。同时，AIS 设备内置太阳能电源，严防故意断电、关机等行为。三是全过程信息化管控。通过服务平台对“小卡片”实施全周期、动态化管控，更好地便利渔民、辅助监管。福建省试点 4 个月以来，共有 4579 艘渔船安装了插卡式 AIS 设备。目前，设备运行正常，数据回传稳定，在线率高达 99.7%，相较于传统设备 30% ~ 40% 的在线率成效明显。下一步，农业农村部将按照《渔业安全生产专项整治三年行动工作方案》的部署安排，加大试点广度深度，引入企业合作竞争，系统评估应用方案，制定规章制度，出台技术标准规范，并利用 2 年时间，全面完成插卡式 AIS 设备更新换代，切实提升渔业安全生产“技防”能力。

五、渔业渔政管理信息化

为贯彻落实好党中央、国务院决策部署及农业农村部党组工作要求，坚持稳中求进总基调，农业农村部研究制定了《2020 年渔业渔政工作要点》，提出 2020 年全国渔业渔政系统要以习近平新时代中国特色社会主义思想为指导，以改革创新为动力，强制度、补短板、抓落实，坚持不懈稳数量、提质量、转方式、保生态，持之以恒推进渔业供给侧结构性改革和渔业的高质量发展。

2020 年 7 月 9 日，由数字中国建设峰会组委会主办的数字中国创新大赛·数字政府赛道决赛成功举办，作为本次大赛唯一一道算法类赛题，“智慧海洋建设”赛题旨在利用相关渔业监管数据构建算法模型，助力“智慧海洋大数据中心”等海洋新基建建设，推进海上安全治理体系和治理能力现代化。依海而生，向海图强，现代海洋产业是福建省高质量发展战略要地，建设数字化、信息化、网络化和智能化的智慧海洋也是福建省一直以来的目标。当前，我国智慧海洋建设进入战略加速期，海洋船舶安全管理不可忽视，利用数字化和信息化能够为船舶系上“安全缆”，确保渔业生产安全和规范，是我国智慧海洋建设的重要构成。“智慧海洋建设”赛题结合建设海洋强国、发展海洋经济、保护海洋生态环境的重大发展方向及福建省海洋与渔业高质量发展需求设计，基于位置数据对海上目标进行智能识别和作业行为分析，通过分析渔船北斗设备位置数据，判断船舶拖网、围网、刺网等生产作业行为，并通过数据可视分析，挖掘更多海洋通信导航设备的应用价值。决赛中，选手们利用时空地图、北斗设备、AIS 等海洋船舶信息，对海上目标进行设备匹配、智能识别、作业行为分析，通过应用前沿的人工智能技术赋予了船舶大数据新的生命力。例如，有参赛团队较好地结合算法与可视化系统，搭建了完备可应用的“智慧海洋大数据系统架构”，通过实时展示船舶的画像图谱、轨迹分布等数据，使得原本枯燥的数据生动起来，并可进行渔船作业类型识别，判断具体是拖网作业、围网作业还是流刺网作业，为主管部门提供直观、适用的大数据产品；有参赛团队基于多年积累的海洋船舶轨迹方面研究成果，解决了轨迹融合、处理、匹配、预测以及轨迹可视化呈现问题，将其应用于渔业安全管理、渔业资源保护等方面，具有很强的实操性。

2020 年 11 月 6 日，由中国渔业协会主办的 2020 第二届中国智慧渔业发展论坛在安徽省合肥市滨湖国际会展中心主展馆举行。会议进一步总结探讨了智慧渔业和渔业智能装备的发展现状与未来机遇，提出应大力发展继数字化之后“信息化 + 水产养殖”的智慧水产；通过构建“北斗 + 互联网 + 渔业”一站式数字渔业服务平台，对传统渔业进行升级改造，推进线上线下数字商务企业的融合发展，推动渔业产业互联网发展；利用地理信息系统、无人机、移动互联网、人工智能、区块链等先进技术构建完善的渔业保险制度。会议提出我国在现代渔业高质量发展进程中，应充分利用现代信息技术补齐发展短板，提升渔业生产和管理水平，突破资源和生态环境对渔业的约束，进行精细化、网络化、智能化控制，实现高效、绿色发展，为渔业转型升级和供给侧结构性改革提供强劲动力。

2020 年 11 月 9 日，在洪泽湖渔政管理指挥中心，江苏省开展了禁捕退捕后湖区渔政渔业管理工作会议。江苏省洪泽湖渔官办主任刘学杰指出，信息化是今后渔政管理的发展方向，也必将改变传统的湖泊渔业管理的工作模式。发挥“四化”优势，实现“精准”治理，持续推动洪泽湖由传统的人工管理模式向现代的信息化、系统化和精准化管理模式转变，切实提升湖区执法监管能力，渔政信息化管理系统在禁渔管理中得到常态化运用。目前，湖区建成 2 套雷达视频监控系统，配置 6 套可见光与红外线双光摄像头，实现了 75 万亩水面的全天候可视化智能监控。渔政信息化管理系统打破了时空限制，提升了洪泽湖渔政管理智能化、信息化、数字化水平，极大提高了洪泽湖渔政管理的现代化水平。

2020 年 11 月 20 日，2020 年中国水产学会渔业装备技术专业委员会年会在浙江省舟山市顺利召开。会议提出，现代渔业建设是建立在现代渔业装备的基础之上，我国渔业装备与渔业发达国家在装备现代化方面仍有不小的差距，突破技术瓶颈、解决产业需求是极为重要的。针对“十四五”渔业科技的重点任务，会议提出了渔业机械化和信息化如何融合发展是今后渔业装备发展应当考虑的重点问题。

信息技术应用于渔业生产、管理和研究领域是国内外渔业发展的重要方向，在发达国家，渔业信息化水平已进入实用化阶段。有效的管理方式和丰富可靠的数据是可持续渔业发展的两大支撑，通过科学化、全方位的信息管理，提升监管工作的及时性、准确性和有效性。利用信息化手段探索渔业管理新模式，对加强渔船监管、提高我国现代渔业管理水平、推进我国渔业现代化建设具有重要意义。

第六章 6

农业经营信息化

农业经营信息化，在微观层面是指农业生产经营主体在农业经营过程中，特别是市场交易过程中，应用互联网、物联网、大数据等现代信息技术提高市场信息获取、分析和应用能力，增强农产品供需信息的匹配程度，提高市场竞争力；在宏观层面是指政府和相关市场主体利用现代信息技术建设并优化农产品交易市场和平台，建设并完善可提供政策、市场、资源、技术等信息的网络体系，促进农业经营信息化整体水平的提升和改变。

近年来，我国农产品流通渠道已经由传统的多级批发占据绝对主流，转向多级批发为主、农超对接为辅、网络销售等新型渠道占比逐年提高的新格局，基本建成以批发市场为中心，以集贸市场为基础，以连锁超市、物流配送和电子商务为先导的现代农产品市场流通体系。电子商务的快速发展和农产品批发市场信息化水平的提高为农产品供需信息匹配和产销对接创造了条件、提供了平台，农业生产经营主体的信息获取渠道更加多元化，信息化技术应用愈加广泛，我国农业经营信息化建设取得显著成效。

第一节　电子商务促进农业经营信息化水平提升

一、农产品网络销售规模持续增大，应对疫情成效突出

农产品电子商务是互联网等现代信息技术对农产品营销改造后形成的新业态。电子商务能够帮助农产品销售突破时间和物理距离的制约，减少产销两端的信息不对称，提高流通效率。2020 年 1—9 月，全国农产品网络零售额达 4414.6 亿元，同比增长 40.9%。31 个省（区、市）农产品网络零售额与去年同期相比均呈上涨态势，其中辽宁、内蒙古、河北、黑龙江、重庆 5 省（区、市）同比涨幅均在 60% 以上。

新冠肺炎疫情防控期间，线下市场受到阻碍，电子商务凭借其特有的线上撮合特点和配送渠道优势，在缓解农产品滞销、保障市场供给等方面发挥了重要的作用。针对突发疫情和防控需要，电子商务突出展现了创新快、应对及时的特点。电商平台纷纷不断地创新电商运营配送模式，推出直播卖货、移动菜篮子、“无接触配送”等新模式以满足消费者的需求，农产品网络交易呈爆发式增长。2020 年上半年，全国农产品网络零售额 3037.3 亿元，同比增长 53.2%，增速高于全国网络消费品 45.9 个百分点。

农业农村部也加大了农产品线上产销对接力度，组织开展全国农产品产销对接视频会等活动，各地积极借助云平台开展线上推介，通过电视、微信公众号、小程序、抖音、快手等平台开展多维度线上推介活动，促进了产销对接，有效解决部分地区农产品的滞销问题。

二、政策延续，农产品电商发展环境不断优化

2020年，各级政府部门对农业农村电子商务发展的支持政策不断延续深化，在农产品快递物流、冷链建设等方面出台了相应的指导意见和支持政策。2020年5月，《国务院办公厅转发国家发展改革委 交通运输部〈关于进一步降低物流成本实施意见的通知〉》提出，有针对性补齐城乡冷链物流设施短板，整合冷链物流以及农产品生产、流通资源，提高冷链物流规模化、集约化、组织化、网络化水平，降低冷链物流成本。2020年6月，《农业农村部关于加快农产品仓储保鲜冷链设施建设的实施意见》发布，农产品仓储保鲜冷链设施建设正式推进。2020年，中央财政共安排50亿元资金，支持河北、山西等16个省（区、市）聚焦鲜活农产品主产区、特色农产品优势区和贫困地区，开展仓储保鲜冷链设施建设，到12月底，将支持超9000个新型农业经营主体在农产品产区新建或改建1.4万个仓储保鲜冷链物流设施，规模将超过600万吨，形成产地农产品流通的"蓄水池"和"新渠道"。

2020年，"互联网+"农产品出村进城工程进入实施阶段，根据《关于实施"互联网+"农产品出村进城工程的指导意见》，农业农村部共推选了110个县（市）作为试点县，针对200余个优质特色农产品，充分调动社会各方资金和力量，建立完善适应农产品网络销售的供应链体系、运营服务体系和支撑保障体系，在提高农产品经营信息化水平、助推农产品出村进城方面成效显著。

三、直播带货、社区团购等模式加快发展

直播带货成为引领农产品网络营销的新模式。疫情防控期间，各地为解决销路难题，纷纷试水直播带货和社区团购等模式，为农产品营销打开了新方向。疫情得到有效控制后，由于直播带货门槛低、传播快、受众广，继续发挥强大的农产品带货能力，阿里巴巴、京东、拼多多等各大平台均开辟了助农直播间，抖音、快手等也进入农产品电商领域。据欧特欧咨询数据显示，2020年1—9月，全国农产品参与直播的商品数为314.4万个，参与直播的农产品实现网络零售额659.5亿元，零售量23.0亿件。除了网红主播和明星引流带货外，许多地方领导也走进直播间，推介地方特色农产品。

2020年，生鲜产品社区团购再次爆发式发展，几大互联网巨头纷纷入局社区团购，滴滴橙心优选6月上线，美团优选和多多买菜分别在7月和8月上线。农产品巨大的引流作用越来越受到在网络平台的重视，社区团购俨然成为互联网行业的又一个风口，农产品网络销售的渠道、平台和方式更加多元化。

四、大数据助力电商精准营销、带动以销定产

农产品电商的发展，为大数据、云计算、人工智能等技术应用于农产品精准营销和以销定产提供了用武之地。利用电商大数据可以充分挖掘潜在市场、开展精准营销。例如，拼多多基于分布式AI技术，深入挖掘消费者的潜在需求，从传统的"人找货"搜索模式迭代到"货找人"的模式，向目标消费者精准推送优质农产品。通过精准匹配供需，拓展农产品消费的"新市场"。在"货找人"模式的推动下，拼多多成功将很多之前仅在特定区域内流通的特色农产品，更精准呈现在潜在消费者的视野中，并带动农产品从即时性消费向半计划性消费转变。

在品牌农产品智能营销方面，电子商务大数据的应用也日益普遍。如京东智联云联手黑龙江北纯农产品开发有限公司，共建京东智联云（北纯）农场。依托京东消费大数据资源和个性推荐算法，制定“互联网（杂粮）产业大数据用户画像”，为京东智联云（北纯）农场建立以覆盖全国高端用户为目标的用户资源池，在此基础上进行用户属性分析，根据销售区域占比、用户画像细分、复购关联分析，实现“千人千面”的精准营销推荐机制，精准投放营销资源，显著提高了品牌营销效率。

五、电子商务为新农人赋能，助力扶贫攻坚

随着数字乡村建设、电子商务进农村综合示范、网络扶贫等工作深入推进，农产品电子商务已经成为赋能新农人、助力扶贫攻坚的重要抓手。在国务院扶贫办、商务部、农业农村部等政策鼓励支持下，京东、阿里巴巴、拼多多、苏宁等一大批电商销售平台与贫困地区紧密联结合作，返乡创业人员、农业经营主体纷纷利用电商平台销售农产品，带动农户脱贫增收，手机变成“新农具”，直播变成“新农活”，数据变成“新农资”。根据商务部委托第三方数据显示，2020 年 1—9 月，全国 832 个国家级贫困县实现网络零售额 2068.8 亿元，同比增长 24.1%，较上半年提速 5.2 个百分点，电商扶贫工作取得较大进展。

第二节　农产品市场信息服务能力不断增强

一、农产品市场信息平台和服务不断完善

农产品批发市场是我国农产品流通的主要载体，70% 以上的农产品经过农批市场进入流通环节，截至 2019 年年底，全国农批市场 4500 多家，年交易额约 5 万亿元，年交易量达 10 亿吨。提高农批市场信息化水平是提高我国农业经营信息化水平的重要方面。

2017 年，农业农村部“重点农产品市场信息平台”正式开通运行，截至 2019 年 3 月，平台已接入各类数据约 20 亿条，每天新增数据 10 万余条，成为农产品市场信息的汇聚中心。2020 年，按照可机器读取、可社会化再利用的原则，该平台首次向公众开放大量历史数据、统计资料及实时监测数据，促进了数据资源的价值增值。平台以重点品种全产业链数据采集、分析、发布、服务为主线，汇聚了生产、国际贸易、成本收益、市场动态、品牌建设等相关信息，实现了数字在线查询分析、共享开放及可视化展示等多样化功能，为农业生产经营主体和公众提供“一网打尽”式的市场信息服务。该平台围绕市场变动情况及价格趋势，开展监测预警分析，建成“农产品批发价格 200 指数”，通过平台发布价格日报、周报、市场分析和市场动态等，在引导农产品市场平稳运行方面起到了显著的作用。

二、重点农产品全产业链数据加快建设

2020 年，农业农村部数字农业建设试点项目中的 6 个单品种，包括油料、天然橡胶、糖料蔗、棉花、生猪的全产业链大数据项目加快建设，通过监测采集重要农产品生产、仓储、流通、贸易等信息，打造全产业链大数据平台，为市场主体的经营信息化提供支撑。国家级生猪大数据中心开设了生猪线上交易平台“容易卖”，其中开发建设的国家级生猪交易市场线上“猪交易 4.0”模式，已覆盖 30 个省（区、市），累计交易额突破 860 亿元，沉

淀 6 万余户市场用户。2020 年，“重点农产品市场信息平台”利用现有批发市场数据，在完善批发市场监测点以及接入电子结算实时数据等渠道的基础上，对接农业农村部政务信息资源共享平台部分系统，梳理重点农产品市场信息资源。通过数据整合共享，平台汇聚粮、棉、油、糖、畜禽产品、水产品、蔬菜、水果 8 大类 15 个重点农产品全产业链数据，为相关市场主体提供信息服务。

三、重点农批市场的信息化水平不断提升

随着互联网和现代信息技术的深度应用，农产品批发市场的信息化水平也不断提高。《数字农业农村发展规划（2019—2025 年）》提出，引导鼓励批发市场采用电子结算方式开展交易，交易环节信息实时采集、互联互通，构建交易主体、交易品种、交易量、交易价格一体化的农产品市场交易大数据。

许多重点批发市场把提高信息化和数字化水平作为市场升级改造的重要内容。如重庆最大的综合性一级农产品批发市场——重庆双福农产品批发市场，建成了市场交易管理系统，初步实现对进场农产品的产地信息采集、农残快检及公示、信息快速展示发布等市场主要功能，还开发完善了市场仓位管理“仓配系统”、同程 e 配平台和质量溯源体系。北京新发地农产品批发市场是北京乃至亚洲交易规模最大的专业农产品批发市场，早在 2010 年就建成并启动了农产品电子交易中心，新发地市场的农产品价格指数已经成为引领中国农产品市场价格的风向标和晴雨表。

农产品批发市场的信息化升级改造不断提速。新冠肺炎疫情让农产品批发市场成为人们关注的焦点，条件简陋、设施不完善、信息化水平不高等问题凸显出来，农产品批发市场的转型升级更加迫在眉睫。2020 年 8 月，新发地批发市场复市后启用了智能化管理系统，进入市场交易的农产品从注册、预约、进场、交易到离场，5 个环节全部线上留痕，做到货品来源信息可追溯，货品去向可清查。

第三节　提升农业经营信息化水平的相关建议

一、加快农产品线上线下流通融合发展

随着移动互联网的深度应用，传统产业正加快改造，农产品流通和消费渠道也加快多元化和融合化发展。建议继续推动农产品电子商务的发展，改善农产品物流仓储基础设施条件，促进物流与电商信息流和资金流的统一。推动线上线下融合的农产品流通新业态的发展，支持农产品批发市场等传统渠道开展电子交易，发展生鲜农产品电商，支持超市基地直采和发展城市配送，鼓励电商平台和线下渠道紧密结合、融合发展，充分发挥电子商务在精准对接亿万消费者、引导商流和汇集信息流的作用，加强线上和线下渠道各自优势的互补，提高农产品交易和流通的信息化水平。

二、提升农业经营主体信息化应用能力

农业从业人员信息技术运用水平参差不齐、信息化人才和懂农业又懂电商的综合人才缺乏，是制约农业经营信息化水平的关键因素之一。建议鼓励引导各地强化农业经营信息

化专业人才的培养和信息化管理人才的储备，通过不同形式的培训提升新型农业经营主体信息获取能力和应用能力。强化农业经营、市场、政策等信息的供给与宣传，提高农业信息服务平台的应用效率，提高相关信息的可获得性和信息获取应用的便利性，提高农业经营主体信息供需之间的匹配程度。

三、推动农业经营信息化标准体系建设

农产品从生产到收获、商品化处理、加工、储运、营销到消费，是一个复杂且不断演化的过程，农业经营信息化涉及的各类信息来源多、形式杂、变化快，信息采集、汇集、共享的难度大，信息质量不高，信息孤岛现象明显。为减少经营各环节的信息不对称，需要推进农业经营信息化标准体系的建设，包括农产品分级分等标准、交易信息采集标准、流通各环节信息化服务标准等，加快农产品优质优价的市场机制构建和农产品市场信息共享机制的构建，更好发挥市场导向，提高农产品交易电子化和营销电商化的水平，提高农业经营信息化水平。

四、推动农产品供应链的数字化改造

电子商务的发展和农业信息化水平的提高，让农产品流通各环节分散的市场主体更加趋向于协作融合，形成新的供应链体系。农产品供应链的信息化和数字化代表着农业经营信息化的发展方面。在加强农产品供应链体系建设和主体培育的基础上，要鼓励引导农产品供应链的数字化改造，包括农业生产、农产品加工、农产品物流等环节的数字化改造，加强农产品的全程可追溯制度建设，打造农产品供应链协同管理平台和服务平台，鼓励重点农产品批发市场建设应用数字化平台，进一步提升批发市场在现代流通体系中的服务功能，逐步推动农业智慧化经营。

第七章 农业管理信息化 7

2020年是“十三五”收官之年，各级农业农村部门深入贯彻习近平总书记重要指示批示精神，全面落实党中央、国务院决策部署，围绕做好“六稳”工作，落实“六保”任务，有效应对新冠肺炎疫情、严重洪涝灾害、重大病虫害偏重发生等风险挑战，农业农村发展持续稳定向好，农业管理信息化发挥重要作用。为做好2020年农业农村信息化重点工作，农业农村部研究制定了《2020年农业农村部网络安全和信息化工作要点》，对大力实施数字农业农村建设、深入推进农业数字化转型、扎实推动农业农村大数据建设、进一步夯实农业农村信息化工作基础等工作进行部署安排。《中国数字乡村发展报告（2020年）》《2020全国县域数字农业农村发展水平评价报告》等相继发布，数字农业农村建设取得重要进展。2019年，全国县域数字农业农村发展总体水平达36.0%。从县域层面看，数字农业农村发展水平排名全国前500的县（市、区）平均发展水平从2018年的45.1%增长到2019年的52.5%，呈现出快速发展的态势。在各方共同努力下，农业农村政务管理、农业行业管理和农村社会管理数字化转型加速。

第一节　农业农村政务管理信息化

一、网络安全保障能力进一步强化

农业农村部组织部属单位开展信息系统网络安全自查和资产梳理，全面增强部属信息系统网络安全防护能力。组织技术力量推进农业农村部政务内网分保测评工作，改造了政务内网物理环境，确保了政务内、外网及信息系统安全运行，有力保障了农业农村部网络和信息系统安全稳定运行，实现了不发生重大网络安全事件的目标。农业农村部“疫情专班”“农副产品稳产保供工作组”等多个专班紧急网络服务得到有效保障。

二、视频会议保障工作高频次高质量开展

2020年上半年的会议数量为以往全年的5倍，特别是首次圆满完成农业农村部领导出席G20农业部长应对新冠肺炎疫情特别会议的保障任务。积极响应常态化疫情防控形势下视频会议工作需求，高质量应对了发言会场数量屡创新高、基于“互联网+”软件的视频会议保障难度大幅提升等技术难题，为视频会议提供可靠的技术支持与服务，累计参会29万余人次。

三、国家农业农村时空数据服务平台持续夯实

国家农业农村时空数据服务平台着力打造服务于农业农村行业的数据中台和业务中台，形成支撑种植业、畜牧兽医业、渔业渔政、国际合作、监督管理、科技教育、资源环

境、政务管理、政务服务、农村事业等业务的基础，提供基础性、公用性的数据服务和地图服务。平台制定了资源目录，形成了10大类834小类的业务实体，完成457张专题图、64幅矢量瓦片图制作，发布各类地图服务共891个，已服务农业农村部系统9家单位。全国农业农村应对新冠肺炎疫情数据服务平台利用国家农业农村时空数据服务平台的数据治理功能和地图发布服务，建设了春耕生产、市场运行、农村战“疫”、舆情监测等专题，通过地理服务及时掌握疫情发展情况、农产品市场价格动态、农业气象情况及舆情关注热点，以一张图的方式直观展示业务信息，2020年上线以来累计对接采集发布数据185万余条，页面点击量超过1000万次。

四、农业农村部政务服务平台建设大力推进

上线试运行农业农村部政务服务“好差评”系统，并与国办“好差评”系统完成对接，实现政务服务事项、评价渠道、评价对象全覆盖。继续推进政务服务事项的全流程在线办理功能开发及与业务系统的整合对接，初步实现“网上自助办、掌上移动办”。自2020年1月1日政务服务平台上线运行以来，用户数超过2.3万个，事项申请数15600多个，事项受理数11600多个，事项办结数超8700个。新型农业经营主体信息直报系统注册用户数已达13.5万家，认证主体4.7万家；农产品市场信息平台自上线运行以来，平台年访问量超过5000万次，涉及50余个国家，各方对平台数据高度关注；农药基础数据平台已初步实现了“五个一”的农药数字化和信息化管理；国家兽药追溯系统覆盖了1814家兽药生产企业、5.25万家兽药经营企业、2443家基层监管单位，用户累计申请兽药追溯码104.92亿个，每日访问达1000万次；国家农产品质量安全追溯管理信息平台全面推广运用，配套建成了指挥调度中心、移动专用App、监管追溯门户网站、国家追溯平台官方微信公众号等，截至2020年7月，国家追溯平台共有9.41万家生产经营主体，产品种类981个。

五、“网上农业农村部”建设进一步优化

优化“国家政务服务平台”农业农村部窗口的建设和内容运维工作。完成部门户网站“公开”“互动”“政务服务”功能模块升级、上线运行和与国办政务服务平台的数据对接。中国农业信息网高效安全运行，完成“视频三农”频道的改版开发、上线运行。2020年上半年，农业农村部门户网站及中国农业信息网共采集信息20.1万余条，发布信息17.6万余条，点击量达到15.9亿次，新增部领导子站3个，组织网上直播转播15场，重点新闻采访80余次，新建并运维有关抗击新冠肺炎疫情、春播春管等热点重点专题15个，组织发布农业农村管理部门应对抗击新冠肺炎疫情相关信息800余条。

六、县级农业农村信息化管理服务机构是推进农业农村数字化的重要力量

2019年，全国县级农业农村部门设置了承担信息化相关工作的行政科（股）或者设置了信息中心（信息站）等事业单位的占比为75.5%。据数据分析，有78.6%的县（市、区）农业农村局为所在县级网络安全与信息化领导机构成员单位；有72.6%的县（市、区）农业农村局成立了网络安全与信息化领导机构；有70.1%的县（市、区）农业农村局设置了承担信息化相关工作的行政科（股）；有43.5%的县（市、区）农业农村局设置了信息中心（信息站）等事业单位。

第二节 农业行业管理信息化

一、农业生产数字化改造快速推进

2019 年，全国农业生产数字化水平为 23.8%。分区域看，东部地区农业生产数字化水平为 25.5%，中部地区农业生产数字化水平为 25.5%，西部地区农业生产数字化水平为 18.5%。从行业看，设施栽培业信息化水平为 41.0%，畜禽养殖业、种植业和水产养殖业的信息化水平分别为 32.8%、17.4% 和 16.4%。

二、数字技术与种植业、畜牧业、渔业、种业、农机装备深度融合

农情监测体系数字化建设不断完善，统一的全国农情信息调度平台有效支撑种植业全程精准管控；依托手机自动定位、田块编码查询、电子商务系统等信息化手段不断提升测土配方施肥技术入户率，种植技术数字化指导成效显著。养殖场直联直报系统不断完善，扩大养殖场数据采集范围，登记规模养殖场已达 80 余万家，涉及信息约 1200 万条，基本摸清了主要畜禽品种规模养殖的家底。渔业资源环境动态监测体系建立健全，数字化技术逐步应用于水产养殖环境监控、饵料自动投喂、养殖病害监测预警、循环水装备控制、深水网箱远程监控等领域，利用遥感技术开展渔业资源评估和养殖水域空间监测。国内首个作物育种云平台（金种子云平台）建设完成，覆盖玉米、水稻、大豆、棉花、小麦等作物的多种育种模式或技术体系，面向大型育种企业、育种科研单位、作物品种区域试验站、联合测试体、绿色通道单位、种子站等提供全程信息化管理。农机装备数字化步伐不断加快，2020 年已下达农机播种作业监测终端等多项推广鉴定大纲制定任务；农机作业数字化服务深入推进，多地通过手机 App 就近就快为小农户开展代耕代种、一条龙、一站式“全程机械化 + 综合农事”等服务。

三、农业农村大数据建设初见成效

数据资源采集体系逐步完善，数据资源体系建设稳步推进，数据资源共享、业务协同和数据开放水平进一步提高；数据资源应用范围广阔，在数字农业试点项目的推动下，形成了苹果、油料、天然橡胶、糖料蔗、棉花、大豆、生猪等农产品单品种全产业链数据采集、分析、发布、服务为主线的全链条数据应用体系，大数据系统应用领域不断增加。

第三节 农村社会管理信息化

一、乡村信息基础设施建设不断完善

电信基础设施全面升级，截至 2020 年年底，全国行政村通光纤率和 4G 覆盖率均超过 98%，农村宽带接入用户数达到 1.42 亿户，全年净增 712 万户，比上年末增长 5.3%；人工智能、5G、大数据等新一代信息技术创新应用，乡村广播电视网络基本实现全覆盖，截至 2019 年年底，农村广播节目综合人口覆盖率为 98.84%，农村电视节目综合人口覆盖率为 99.19%；乡村智慧物流设施更加完善，对农村地区电商服务支撑能力显著加强；乡村电

网、水利、公路等基础设施数字化升级改造不断加快。

二、乡村信息服务更加完善

基层信息服务体系进一步健全，信息进村入户工程取得显著成效，截至2020年上半年，全国共建成运营益农信息社42.4万个，累计培训信息员106.3万人次，为农民和新型农业经营主体提供公益服务1.1亿人次，开展便民服务3.1亿人次，实现电子商务交易额342.1亿元。乡村公共服务的数字化水平不断提升，民政服务信息系统建设全面推进，乡村网络文化管理与创作加速优化，乡村公共数字文化服务提档升级，农耕文化保护与传承活动风靡网络平台，金融支农信息服务取得阶段性成效，公共法律线上服务水平不断提高，传统村落保护实现全景网络漫游，乡村就业、社保、医保服务信息化水平大幅提升，乡村中小学教育信息化水平迈上新台阶。面向各类农业生产经营主体的信息化培训扎实开展，农村实用人才和大学生村官示范培训取得良好成效，职业教育专业教学资源库的应用更加广泛。

三、乡村治理数字化水平大幅提升

通过应用信息技术实现农村“三务”公开，更加有利于落实广大群众的知情权、参与权、表达权、监督权。2019年，应用信息技术实现行政村“三务”综合公开水平为65.3%，其中，实现党务公开的为66.7%，实现村务公开的为65.6%，实现财务公开的为63.7%。“互联网＋政务”加快向农村延伸，借助数字化平台理顺了三资管理的体制机制。推进“互联网＋政务服务”有利于建设服务型政府，为民众提供更为便捷高效的政务服务，2019年县域政务服务在线办事率为25.4%。“互联网＋基层党建”建设全面展开，加快推进农村基层党建信息化覆盖，推广网络党课教育，以智慧党建引领强村善治。平安乡村数字化平台初步建成，基本建成涵盖中央、省、市、县、乡镇、村6级联网应用体系。智慧乡村信息平台为乡村疫情防控提供支撑，利用布点到村的智能监测站，构建乡村疫情防控管理系统，全天候、全方位、全场景监测乡村疫情防控情况。

第八章 8

农业信息服务

12316“三农”综合信息服务平台（以下简称12316），它既是全国农业系统公益服务统一专用号码，更是一条农民与政府之间的连心线，已经走过14年的创新发展历程，已成为面向全国、服务“三农”、驱动创新、支持决策的权威综合信息服务平台。2020年，全国12316上下联动，充分利用平台、体系、专家等资源优势，更好发挥互联网技术和信息资源在科学抗疫、稳产保供等方面的重要作用，为打赢疫情防控阻击战、促进粮食和农业生产稳定发展做出积极贡献。

第一节 把握需求，高效服务

一、完善服务体系，全面开展服务

目前，12316形成了以部级平台为支撑监管、省级平台为应用保障、县乡村级服务终端为落地实施的服务体系。面向新型农业经营主体、益农信息社和广大农户开展培训，提升农民群众科学种养能力和水平，开展农业农村信息化普及与推广；为农民提供农业农村相关政策咨询、农业技术信息和生产指导，开展党和国家关于“三农”政策的宣传，发布农事指导；开展农产品市场行情监测、市场信息采集、供求对接等工作，进行乡村旅游、地域特色农产品宣传推介；协调相关部门、相关人员做好热线系统运行相关工作，研究建立确保12316长效运行和健康发展的办法、措施并组织实施；提供农资打假投诉举报、农机购置补贴政策咨询和投诉举报、耕地地力补贴政策咨询与投诉举报、基层社情民意反馈等渠道，维护农民合法权益；开展12316数据信息整理、分析、发布与挖掘、开发、应用工作。

二、保障服务水平，提高服务效率

各地为用户提供咨询解答时，全程电话录音、记录工单，并限时办结农民咨询，热线咨询答复率100%，对用户实行“有问必答、有求必应、准确及时、满意为止”的承诺，采取第一时间接听、第一时间响应、第一时间解答、第一时间反馈的服务机制，做到件件有受理、件件有答复。同时定期或不定期对用户进行回访，对解答问题的质量、效果进行跟踪问效，并对解答问题的专家给予评价，做好服务闭环工作。

三、健全服务制度，规范服务管理

部级平台组织编制了全国12316平台体系管理规范、全国12316数据资源建设规范等行业标准，其中NY/T 3820—2020《全国12316数据资源建设规范》经专家审定通过，被

批准发布为中华人民共和国农业行业标准（中华人民共和国农业农村部公告第357号），自2021年4月1日起实施。各地建立并完善了12316热线工作制度、服务平台管理规定、专家呼叫中心管理办法、日常话务咨询规范及话务纪律、服务基本原则、工作纪律、考核制度、专家等级评定制度、信息保密制度、重大事项请示报告制度等，从工作流程、组织机构、人员队伍、信息内容建设、考核培训等方面进行规范管理。

第二节　拓展升级，成效斐然

多年来，各级12316坚持以需求和问题为导向，坚持以改革创新为动力，切实加强组织领导，积极争取政策项目支持，大胆探索体制机制创新，强化试点示范和典型宣传，成为农民和专家的直通线、农民和市场的中继线、农民和政府的连心线，部级12316获2019中国政府信息化管理创新奖。

一、夯实服务基础，及时解决群众难题

2020年，12316服务已基本覆盖全国，日均受理涉农政策、技术、市场、价格、土地等各类电话咨询约2.5万次，服务用户共1000多万人次，为农民挽回直接经济损失和帮助农民增收节支超过200亿元。组建了一支超过1.7万人的专家队伍，包括行业专家、乡土专家、基层农技人员，涵盖粮油、蔬菜、水果、水产、畜牧、兽医、农产品质量安全、农机、植保、种子、农村能源、农产品市场、农业执法等农业农村各行业各领域；培养了一批训练有素、爱岗敬业、服务热情的专业话务员队伍；结合信息进村入户工程，建设了一支有文化、懂信息、能服务、会经营的信息员队伍，专兼结合、专群互补，为进一步培养“懂农业、爱农村、爱农民”的“三农”工作队伍奠定了坚实基础。很多地方的农民都说“一拨12316，啥事儿都办了”，感觉“政府就在身边”。

二、丰富服务渠道，有力支撑生产经营

12316充分利用多媒体技术和手段，有效满足了广大农民的信息需求。截至2020年年底，部级12316短信平台年均发送信息2000余万条；甘肃12316制作播出广播直播节目8000余期、电视节目近300期，网站、微博、微信上传信息10万余条，现场培训农民50多万人（次）；辽宁12316微信服务总量超过223万例，手机App浏览量超过62万人（次），直播在线观看量超过1086万人（次）；江西12316聚焦“手机新农具”，推出“专家微课堂”“一码找专家”“农村人居环境码上通”等服务；福建12316宣传推广农业基地333家、品牌农产品589个，开发“贫困农户网上申报系统”，实现贫困农户动态监测并“一键报贫”；山东、青海、吉林等省12316均开设电视或广播专栏；贵州12316将省农业科学院主管主办的《农技服务》杂志作为服务热线专刊；北京开展“京科惠农网上大讲堂”直播活动等。

三、拓宽服务范围，促进政府职能转变

12316服务热线及时、准确地把政府扶持政策、市场行情、生产使用技术及时传递给农户，有效解答与农民切身利益息息相关的各类问题，通过统计分析掌握群众关心的热点、

难点问题，保护农民利益，促进农村稳定，为政府科学决策提供第一手材料。农民群众关切的政策落实问题、土地问题、债务问题、干部行为问题等，通过12316热线得到了政府部门及有关专家权威、专业、清晰、及时的解答，越级上访、重复上访、群体上访案件明显减少。例如，各地通过热线电话解答粮食直补政策问题，补贴发放期间农民上访大量减少，部分地区案件减少达70%，热线在宣传政策、解决矛盾的同时，还对基层干部行为起到了一定的监督和约束作用。

四、积累服务数据，有效促进科学决策

12316逐步形成了稳定性强、覆盖广泛的用户资源，积累了生产、销售、服务等数据，为农业农村部门科学决策和应急管理提供了有力的数据支撑，在农业信息监测预警与发布服务方面取得了明显成效，为全国农业农村大数据的发展和应用探索了道路、积累了经验、打下了基础。部级平台有力推进全国12316数据对接，根据用户咨询的热点、重点、难点问题，经各地专家编制或审核后形成案例库、知识库，截至2020年年底，已累计有关数据超过300万条；基于12316建设农业信息速采系统，开展全国农业生产和市场供应信息报送；多地通过12316服务热线开展市场信息采集，辽宁编发市场分析报告近8000期；重庆、山西等采集市场价格行情信息超过1000万条；福建通过12316进行贫困农户网上申报，收到农户致贫监测信息3700多条等。

五、发挥服务优势，保春耕促产销抗疫情

新冠肺炎疫情防控期间，全国12316上下联动，充分利用平台、体系、专家、技术、信息等资源优势，创新应用互联网技术和手段，做好政策、技术、市场等信息服务，在保障春耕生产、助力农产品保供稳价、基层防疫等方面发挥重要作用，为打赢疫情防控阻击战、促进粮食和农业生产稳定发展做出积极贡献。2020年，部级12316平台收集发布各地滞销信息8000余条，汇聚产销对接有关平台、农业生产在线服务移动端等132个；河南12316开展种植、农资和返城复工通行、就业等咨询月活动，呼叫量超过8万人次；山东12316抗疫情保春耕有关信息通过各类平台覆盖群众达3000万人；辽宁12316累计采集蔬菜种植户、收购商2.1万余人次，有效价格数据4.4万余条，成功对接大宗农产品供求交易20余笔，达成交易额800余万元；重庆12316对接销售柑橘等重要农产品60万吨、滞销蔬菜5万吨；河北12316帮助农民解决农产品运输困难；广东借助12316服务通道，面向全省农业经营主体推出系列金融产品，纾解资金困难问题等。

第三节　创新驱动，持续发展

一、突出公益性，更好发挥信息惠农作用

基于全国各级统一的12316服务号码，制定全国12316发展规划，明确发展方向，把12316作为农业农村部门建设服务型政府的重要抓手和工作平台加以推进，结合全面实施乡村振兴战略等新形势、新任务、新要求，继续发挥12316深入基层、服务灵活、操作便捷的优势，紧紧围绕农业各行业发展与应用需求，进一步专业化、精细化、高效化，按照

12345 政务服务便民热线有关标准与要求，为农民提供实用、有用、会用、易用的一站式服务，有效推动农业高质量发展，促进小农户和现代农业发展有机衔接。

二、突出专业性，切实满足产业发展需求

紧紧围绕农业发展与应用需求，开展专业化、精细化、高效化服务。推进部省联动、平台对接、政企协同，与信息进村入户工程、农业农村电子商务发展、农业农村大数据建设、追溯体系建设等重点工作统筹安排；深化 12316 与各涉农部门、市场主体等战略合作，加快农业农村部门内部服务资源整合与多行业资源跨界融合；进一步加强专家、信息员、话务员等队伍建设，调整优化专家组成结构，实现权威专家跨区域共享，注重吸收新型农业经营主体中的“土专家”、种养能手、农村能人等加入专家队伍，确保 12316 热线服务接地气、懂专业。

三、突出系统性，加强服务资源汇聚

根据 12316 数据资源建设规范有关要求，加快推进 12316 数据资源建设，推进 12316 数据资源与 12345 有关知识库互联互通、数据共享。建设完善 12316 知识库，汇聚梳理工单、案例、知识等数据信息，通过热线反馈加强农业热点问题、病虫害及动物疫病等基层信息，开展数据资源挖掘利用，包括农民咨询汇总分类、热点问题统计排行、咨询数量与内容变化趋势，及时发现当前各地各行业热点诉求与事件走向，加强预测预警。

四、突出创新性，全方位加大支持力度

加大宣传力度，多形式、多渠道开展宣传推广，加强地区间交流合作，促进各地互相借鉴、学习提高，惠及更多农民；利用现代信息技术拓展服务渠道，为 12316 热线服务提供用户来源、信息来源、数据来源等，进一步提高热线电话的用户体验和黏性；加大资金与政策支持力度，积极谋划推动 12316 服务热线发展升级有关项目，有效撬动市场资源与社会资本，促进用户稳定增长，持续提升“三农”信息服务水平，探索可持续的农业社会化服务体系建设路径。

未来，12316 将更好地为“三农”信息服务提供支撑，有力促进数字红利在农村地区特别是贫困地区得到更宽领域、更深程度的释放，让农民群众更多更好地分享信息化发展成果，为全面实施乡村振兴战略、实现农业农村现代化做出更大贡献。

第九章 乡村治理信息化

9

为贯彻落实《中共中央 国务院关于抓好“三农”领域重点工作确保如期实现全面小康的意见》《数字乡村发展战略纲要》要求，做好2020年农业农村信息化重点工作，2020年5月，农业农村部办公厅研究制定的《2020年农业农村部网络安全和信息化工作要点》提出，持续推动乡村治理信息化，鼓励指导各地开展多种形式的数字乡村治理实践，引导社会力量推进乡村治理信息化建设。指导各地加强农村财务会计、农民负担监管、农业社会化服务以及农村宅基地管理等工作信息化水平。建立健全农村社会事业监测体系，在农村人居环境等领域开展调度与监测。推进农村集体资产管理信息化。加快推动农村集体资产大数据资源共享，建设农村集体资产监管平台，提升农村集体资产监管水平。指导各地完善土地承包管理信息数据库，促进数据互联互通。推动各地探索开展承包合同、流转合同网签等信息化管理手段。

第一节 农村人居环境监测

农村人居环境是农村居民在生产生活中所形成的物质环境和非物质环境的综合体，既包括农村住房条件、公共基础设施条件等物质环境，同时也涵盖农村文化服务水平、教育医疗水平等非物质环境。建设社会主义新农村和推进城镇化是一个有机整体，农民、农村和农业问题得到较好的解决，才能具备经济发展和社会稳定的基础。其中，衡量农民生活质量水平的重要指标就是农村人居环境。

一、中央和部委高度重视农村人居环境改善

在2017年中央农村工作会议上，习近平总书记特别强调要做好农村人居环境整治工作。2018年，习近平总书记先后6次对农村人居环境整治做出重要指示。2019年两会期间，习近平总书记再次强调扎实推进农村人居环境整治3年行动。国务院先后5次召开全国农村人居环境整治工作会和推进会，高位密集部署，完善顶层设计。2020年，党的十九届五中全会公报中提出，优先发展农业农村，全面推进乡村振兴；推动绿色发展，促进人与自然和谐共生。到2035年基本实现社会主义现代化远景目标，广泛形成绿色生产生活方式，碳排放达峰后稳中有降，生态环境根本好转，美丽中国建设目标基本实现。2020年4月，农业农村部办公厅印发《社会资本投资农业农村指引》(以下简称《指引》)，旨在深入贯彻落实乡村振兴战略，激发社会资本的动力和活力，引导社会资本有序投入农业农村，健全多元投入保障机制，加快形成乡村振兴多元投入格局。《指引》提到，支持社会资本投资农村人居环境整治，参与农村厕所革命、农村生活垃圾治理、农村生活污水治理等项目建设运营，开展村庄清洁行动、美丽宜居村庄、文明渔港和最美庭院创建等活动，推进农村人

居环境整治与发展乡村休闲旅游等有机结合。

二、发展现状

各地对乡村人居环境监测工作都比较重视，建立了“周暗访、月通报、季观察、年考评”的工作机制，但各市、县（市、区）管辖行政村、自然村数量众多，农村人居环境整治工作量大面广。仅靠传统工作方法，一个问题从发现到处理周期长，效率低下，更难形成人人参与的工作氛围，监管力量大打折扣。虽然多地都借助微信群进行督办处理，但是无法归类汇总，效果大打折扣。无论是推进环境整治还是长效管理，做不到实时数据分析和动态管理，就解决不了监管效率低、效果不可控的问题，必须通过应用“互联网 +”技术来提高效率和参与度。

一些地方已经在试点“互联网 +”技术在乡村人居环境治理和监测方面的创新应用，也取得了一定的成效，但是更多的只是针对某些方面的局部信息化监测。比如手机拍照的数据采集和 App 数据传输；大数据平台建设实现线上监管巡查和线上实时调度；针对乡村“科教文卫”的远程教育平台；针对沼气的农村能源智能化监管平台；以农村垃圾、污水治理和村容村貌提升为主攻方向的垃圾清运、危房改造、传统村落等数据全程、实时监测和统计。

三、存在的主要问题

1）乡村人居环境监测信息的精细化管理和不同部门间的互联互通还不到位。农村人居环境监测的指标缺少合理的设计，监测信息不能满足不同行政部门对信息的不同要求。

2）人居环境监测缺少有效的辅助决策分析平台来影响决策效果，帮助决策者提高决策效率。

3）一些信息平台开放度不够，而且信息在部门间、地方层级间、整治环节间的统筹协调效率不高。

4）在监测执行方面，缺乏高素质执行团队以及合理的执行管理工具。

5）缺乏健全的考核评价机制，缺少适用实用、简便易行的农村人居环境整治技术及产品的研究开发和推广应用。

6）硬件基础设施建设有待加强。个别农村会出现网络信号间断的问题，导致监测执行员无法上传监测信息。

四、政策建议

虽然各地乡村人居环境监测信息化的尝试已经取得了一些成效，但是依然存在诸多问题，影响着农村人居环境整治工作的实效，亟须开展联合攻关和协同创新，如多部门联动的辅助决策平台，开发应用功能全面的信息化执法管理工具，提升有关人员信息化管理能力，健全因地制宜的人居环境考核评价机制等。

五、典型案例

案例一：河南省商丘市打造农村人居环境整治移动互联版解决方案

2019 年，河南省商丘市把“互联网 +”技术创新应用于农村人居环境整治工作，逐步织就以“全市一张图”“一村一档”“一户一厕一码”为标志的“一张网”，通过信息化手段全程监管农村人居环境整治各项工作。

第一步，市农业农村局全体员工利用“随手拍”，随时随地对发现的农村改厕、垃圾污水治理、村容村貌提升等问题进行定位、拍照、录像并生成清单，上传至监管平台形成电子档案及电子地图；第二步，县级部门收到本辖区内的问题清单后，查看问题类别及照片，利用手机导航至问题点并进行整改，整改结果利用手机拍照上传，市农村人居环境整治办公室对整改结果进行“回头看”，实现了发现问题、反馈问题、处理问题的动态过程监管。

为实现“随手拍”定位存档等功能，商丘市率先打好了“一村一档”和智慧地图的数据库基础。结合市农业农村局农村、农业、畜牧的各类数据，商丘市建立起全市4415个行政村的“一村一档”，包括各村基础档案、改厕进展、垃圾治理、主导产业等情况。采用GIS（地理信息系统）地图，将全市、县（市、区）、镇、村信息全部涵盖，避免了以前部门信息存在不同系统中无法全面评估、展示对应区域的缺点，实现“一网打尽”。

“商丘乡村振兴大数据平台”App包含五个模块，它们构成了农村人居环境智慧监管的核心内容：“智慧地图”涵盖所有县（市、区）、镇、村的人居环境整治工作信息，包括曾经发生过的问题数量和整改情况；“一村一档”储存了所有行政村的改厕、垃圾污水治理、主导产业等信息；“随手拍”按照改厕、垃圾污水治理等问题类别生成清单，上传到监管平台形成村庄电子档案和电子地图；“垃圾清运”实时采集全市垃圾清运处理数据，实现细化到村的垃圾清运监管；“新闻发布”转载发布国家、省、市相关政策及各县（市、区）整治工作的先进经验。

只要点开手机，市级管理部门就能实时了解全市农村人居环境监管的全部内容，存在的问题、处理进度及整改结果尽在掌握。同时，通过线上线下联动，采用暗访排查、交办、核查、约谈、专项督查直至启动问责的“五步”工作法，商丘市实现了农村人居环境整治工作的精细化、规范化、科学化。

案例二：江苏省徐州市丰县运用大数据进行乡村人居环境整治

近年来，丰县积极实践大数据在农村人居环境整治中的运用，搭建了农村人居环境智能监测、农业生产全过程监管、数字乡村治理三大平台，创建省市特色田园乡村11个、省级美丽宜居村72个，全县农村“脏乱差”现象彻底改善。

丰县依托数字丰县城市大脑，利用1.3万余路视频监控，对全县14座垃圾中转站、15座污水处理厂、671个规模养殖场、525条河流等实行远程监测，对城乡公共空间治理、秸秆禁烧、疫情防控等重点工作，线上监管巡查和线上实时调度，有效破解巡察发现难、取证查处难、长效管理难等问题。

丰县以数字技术与农业生产深入融合为主攻方向，建立“耕种防收”“产加运储销”等全过程可视、可追溯数据管理体系，加快实现精准种植、精准施肥、精准喷药、精准检测等精准化目标，持续减少化肥、农药、农膜等面源污染物的使用，以农业绿色发展新成效促进农村人居环境改善。

丰县结合基层整合审批服务执法力量改革工作，进一步完善“两级平台、三级研判、及时处置”社会治理体系，采取“互联网 + 网格化 + 铁脚板”方法，强化综合网格员力量，全县1026名网格员全员上线、实时在线，实时排查网格辖区内环境状况，实时掌握人居环境整治动态信息，实时处置环境污染事件，常态化保持乡村人居环境。

第二节　乡村党务政务

“互联网 + 党务”“互联网 + 政务”是一种较新的基层党务管理和政务服务方式，利用互联网思维、互联网技术和互联网资源，改进党务管理和行政服务模式，从严治党，加强党组织建设和党员日常教育与管理，创新行政管理方法，以满足农业、农村、农民的需求为核心，在政府实施经济调节、市场监管、社会管理和公共服务的过程中提供高效、透明、优质的服务。

一、重要性

党的十九大以来，在推进新时代党的建设新的伟大工程、全面从严治党的实践中，各级党建主体的主责、主业意识不断增强，党建理念不断创新，贯彻落实党中央关于加强党建信息化工作指示精神的力度在不断加大。在实践方面，积极推动云技术、大数据、“互联网 + 党建”等在基层党建工作中的运用，通过信息化手段加强党员教育、服务，党建信息化工作的实践探索逐渐深入，逐步提速转型。

自 2016 年以来，国务院提出推进“互联网 + 政务服务”的行动战略，建立“一号一窗一网”的政务服务体系，持续提升公共服务质量和公民使用体验。在试点城市的示范带动作用下，许多地区已经建立了针对乡村的“互联网 + 政务服务”的体系。

2020 年抗击新冠肺炎疫情，既是对我国政府治理现代化的一次重大考验，也是对正在成长中的在线党务与政务服务应用程度和社会成效的一次检验。疫情防控期间，各地各级政府在线政务服务全线升级，大力推行政务服务“网上办”“掌上办”“不见面”“非接触”的在线政务服务，最大限度地让数据多跑腿、群众少出门，为高效解决生产生活之需，确保政务服务利企便民高效运行，提供了坚实支撑。

二、发展现状

目前，一些乡村党建信息化平台已初步成为全面从严治党的重要工作平台。借助信息化条件，党务工作的进度、效果逐步向全过程管控和数字化管理考核过渡，党建工作的信息初步实现数据化、可视化，工作效率有了明显提升。同时，各级政府部门都在加快推进乡村“互联网 + 政务”管理和服务，利用政府门户网站、政务微博、政务微信、手机政务客户端等方式提供公共服务，改善公共服务的使用体验，并赢得了农民的拥护和信任，取得了一定的成效。

2020 年的疫情防控工作进一步促进了乡村“互联网 + 党务、政务”的发展。

1）从服务内容看，各级政府优化办事流程，扩大疫情防控期间“上线”的政务服务事项。在线政务服务平台不仅提供公安民政、生活服务等基本服务，还迅速上线疫情信息发布、疫情线索申报、医疗服务等多种疫情防控功能。针对农民工有序复工复产，还新增了线上复工申报等服务功能。

2）从服务渠道看，政务服务平台、政府网站、App 等线上方式成为防疫期间政务服务的主流途径。在国家层面，国家政务服务平台和政府网站，包括 PC 端、微信小程序和支付宝小程序，均上线了返岗就业、推动有序复工复产、新冠肺炎疫情防控、铁路客运等专题服务，以及京津冀一网通办、长三角区域政务服务一体化、粤港澳大湾区等三类区域政务服务，为助力抗疫和复工复产提供了高效平台。省级层面，省级政府机构累计建立了超过50个平台(专题)，约38%借助政务服务网平台，约24%借助自建移动端App，约18%借助官方微信公众号+微信小程序，约16%借助支付宝小程序，约4%借助二维码、链接访问等其他形式。

3）从服务模式看，政企合作助力一线疫情精准防控。政府部门依托互联网企业平台优势开启疫情信息专题，推出专用服务入口，线上平台如雨后春笋般涌现。已有100多个中央部委及地方政府部门与腾讯合作，上线疫情服务相关小程序。其中，健康自查上报功能服务用户超过1亿，覆盖超过7亿民众。国家卫健委与腾讯合作，通过小程序发布发热门诊地图，提供全国发热门诊医院与医疗救治定点医院的信息。浙江、湖北、湖南等28个省（区、市）与阿里巴巴合作，上线数字防疫系统。江西依托工业互联网平台，上线了物资供需对接服务。

三、存在的主要问题

1）农村地区网络基础设施建设滞后，呈现东、西部地区发展不平衡的状态，即便是在同一省内，各农村地区的网络基础设施建设水平也是参差不齐。虽然近年来农村网民规模持续增长，农村网络技术水平不断进步，但是，农村的互联网普及率与城镇依然有不小的差距。虽然政府重视农村发展，但是因为资金投入不足、交通不便等，农村的互联网需求与政府的公共供给之间存在严重失衡问题。

2）相较于城市，乡村党建信息化程度还有很大的差距。首先是一些地区的乡村党建网站仅仅停留在表面，甚至一些党建网站成了“僵尸”网站，这些网站仅仅具有一个简单的形式，其中的各项功能以及有关内容等存在着严重的缺失现象，一些党建网站仅仅是为了应付检查。其次，乡村“互联网+党建”过于重视网站的形式，甚至照搬其他地区的网站，而对其中的内容关注程度不足，不能满足乡村党建特点和要求，加之有些部门重视程度不足，导致一些群众反映的问题无法得到及时有效的解决。还有，一些党员干部在党建信息化建设中缺乏必要的互动环节，导致无法得到群众的反馈，党建网站仅仅停留在表面形式等。

3）农民对“互联网+政务”的知晓率和使用率并不高。农村网民总体文化程度较低，尤其是有的中老年人在拼音和输入法方面存在障碍，缺乏最基本的上网技能。在很多农村地区，传统习俗对农民的影响依旧很大，农民习惯了“走关系”和面对面交流，习惯了“熟人社会”中政府管理的方式方法，反而对陌生的“互联网+政务”无所适从。另外，农村居民普遍认可“互联网+政务”可以带来一系列收益，特别是在节约时间和精力、便利服务和降低成本等方面，但是并不认为“互联网+政务”可以提升服务的质量、可信度或响应力。

4）政府机械化运用“互联网+政务”平台。农村地区在对“互联网+政务”进行实践探索时，由于经验不足、认知不够、专业水平欠缺等因素，有时会难免陷入机械化运用的陷阱。一方面是有的政府部门机械化地模仿复制其他“互联网+政务”平台，反而忽视了本地区农民的需求类型、需求功能等。在进行“互联网+政务”的平台建设时，有的政府部门没有将农民的问题及需求摆在首位，未经优选、考察、试点就原样照搬其他平台。另一方面是农村人口众多，农民的需求不尽相同，有的政府部门建设的“互联网+政务”平台并没有关注本地区农民的个性化需求，有时甚至忽视了农村中老幼残等特殊群体的个性化需求，没有做到甄别对待不同农民的不同需求。

5）政府服务质量不能满足农村“互联网＋政务”的发展要求。有的政府人员并不具备必要的关于“互联网＋政务”的专业知识和职业技能。部分地方政府网站缺乏互动，农民提出的问题没有得到及时解答或者答非所问或者根本没有作答，这导致互动沟通功能被束之高阁，损害政府形象。另外，有的农村政府人员并未认识到电子政务的重要性，在推广和应用“互联网＋政务”时不主动去关注农民的需求，也无法提供实际行动来为农民排解忧虑；有的平台自我修复能力差，在“互联网＋政务”平台遭遇问题时并不能迅速采取措施，寻找有效的补救方案；少数政府部门无法在政府职能和现代科技之间寻找到平衡点，要不就是“放任式”管理，过于放大互联网的积极作用而忽视其负面影响，要不就是“专制式”管理，过于强化政府管理职能而忽略政府的服务职能。

四、政策建议

各地在以政府主导和企业参与的模式推动农村互联互通的过程中，应注重愿景和战略规划，真正做好网络硬件设施和农村信息化工程的匹配和可持续发展。完善“互联网＋政务”平台针对本地区农民需求的功能设计，增强平台的实效性和时效性，做好相关工作人员信息化知识和技能培训，做好针对农民的网络知识技能的培养。

建立县、乡、村多级党组织联动的“互联网＋党建”管理模式，实施大数据在线管理，培训提升党建信息工作人员的信息化管理能力，建立规范的互联网党建工作管理流程，针对性解决乡村党建目标管理要求模糊、过程难以控制、考核弹性较大等问题，实现全程动态化、规范化管理。

五、典型案例

案例一：江西省萍乡市湘东区开创智慧党建新模式

江西省萍乡市湘东区依托数字优势，大力发展“互联网＋党建”，建立“智慧党建”管理平台，推动党员干部学网、懂网、用网，有力促进基层党建与信息技术高度融合，实现对基层党组织规范化、层级化、痕迹化、动态化管理。

2019 年，“智慧党建”管理平台采取“一平台三层级、一支部一系统”的管理模式，将全区 708 个区、乡、村三级基层党组织和 1.9 万余名党员信息全部纳入大数据库，实行在线管理。依托该平台，建立党建信息员队伍，负责信息上报、文件通知、动态统计、实时查询等日常管理，提供党员发展管理、村干部教育培训等服务。基层党组织还可利用手机端实时向管理平台上传“三会一课”“旬会”“党员活动日”等组织生活开展情况，实现日常工作痕迹化管理。此外，平台对采集到的基层党建动态数据进行自动计算和汇总，并进行积分评定，结果纳入年度党建考核内容。

案例二：山东省利用“互联网＋务工畅通行”推进农民工返城返岗

2020 年，山东省结合农民工疫情后返乡返岗难的实际情况，启动农民工务工畅通行活动，开通互联网用工对接服务平台、微信小程序、12333 电话三大服务平台，加强信息对接、运输对接、健康检测对接，24 小时接收企业和农民工出行服务诉求，促进用工信息有序对接；线下开展“点对点”专车（专列、专厢、专机）运输服务，实现从“家门”到“厂门”

的一站式服务，确保返岗农民工输出有组织、健康有检测、承运有防护、到达有交接。山东省德州市德城区人社局开展一站式定制运输服务，多渠道摸排掌握企业外来务工人员人数和分布情况，在严格落实疫情防控措施基础上，为企业免费开展“点对点”劳动用工直通车服务，保障企业员工安全有序返岗复工。

为解决人力资源闲置和用工短缺的两难问题，山东省人社部门搭建人力资源调剂平台，“共享员工”解决短期缺工难题，引导员工富余企业向用工短缺企业派遣员工，这种弹性“共享员工”模式，有效分担企业人力成本、保障员工基本收入、缓解“用工荒”和“复工难”两头压力。山东省青岛市西海岸新区通过公共就业协会在全区 700 多家企业进行项目推广，搭建“线上共享员工平台”，由平台担保“临时务工人员”薪资安全，将未复工企业“闲置员工”组织到已复工短缺员工的企业工作，多种形式开展劳务协作。

案例三：河北省沧州市肃宁县打造“四级网上审批便民服务系统”

2015 年以来，肃宁县在完善原有县乡村便民服务中心硬件基础上，运用互联网技术，把县乡村便民服务中心串联起来，并与市政务服务中心对接，研发了“四级网上审批便民服务系统”，通过“电子表单、电子签章、彩扫电签、电子监察、短信提醒、单方加密、人机考核、门户链接”八个功能模块，用一根网线实现了市、县、乡、村实时信息传递和全程网上审批、网上监督、网上公开。在此基础上，拓展服务领域，形成了“互联网 + 政务服务 + 商务服务 + 便民服务”的农村服务新体系，打造了一个上下联动、层级清晰、覆盖城乡的市、县、乡、村四级服务的“肃宁模式”。截至 2017 年年底，全县 9 个乡镇、253 个村和 7 个社区实现全覆盖，34 个部门 242 项服务事项入网审批，5 个市直部门共 20 项审批事项可在网上办理，群众 90% 以上的事项办理实现“小事不出村、大事不出乡”。“肃宁模式”得到河北省委省政府领导的充分肯定，受到了干部群众的普遍欢迎和广泛认同，其经验做法在河北省深入推进“放管服”改革暨行政审批规范化标准化现场会和全国深化行政审批制度改革工作交流会上做了介绍，并在沧州市全市推广。

第三节 农村集体资产数字化

农村集体资金、资产、资源属于村落全体成员集体所有，是全体村民通过长久的辛苦劳动积累的成果和财富。加强农村集体“三资”管理是顺应农村集体资产资源增保值、农村基层和谐稳定的必然要求，也是加快经济转型、推进率先发展的重要举措。但依靠传统人力的工作方式效率较低，且容易出现工作失误和腐败等问题。农村集体“三资”管理的数字化建设，能够实现对农村集体“三资”的信息化管理，建立农村集体“三资”管理的统一规范和模式，提高农村集体“三资”管理的工作效率和透明度，促进农村经济快速发展。

一、重要性

我国传统的农村集体“三资”管理工作已不能适应农村社会经济快速发展的要求，存在诸多问题：人力工作方式易出现工作失误，资料登记时容易出现错误；农村集体“三资”管理工作中的数据，人工管理容易造成数据丢失和泄露；历史数据难以保存和统计，工作人员无法对历史数据进行查询和分析；人工管理方式效率较为低下。

推进农村集体“三资”管理是建设社会主义新农村和落实科学发展观的要求，是贯彻落实统筹城乡发展、加快推进城乡一体化、加快农村经济发展的重要举措。应当采取有效措施推动农村集体“三资”管理工作，刺激农村经济发展，提高农民生活水平。

二、发展现状

自2000年以来，我国农村财务已基本实行了计算机管理，甩掉了老式的手工记账方法，基本达到了农村财务标准化的管理。但随着农村进一步的深化改革，计算机的财务管理软件显示出了太多的不足，已不能满足现在农村各类的管理需要。

三、存在的主要问题

近年来，农村集体资金、资产、资源的管理一直是全国各地农村群众普遍关注的焦点问题。一部分农村集体存在“三资”管理混乱，财务状况不公开、不真实，集体资产、资源产权不明晰，账目不清晰，土地等资源私自转包等现象。这些问题影响了农村经济发展和社会和谐稳定。

1）管理信息系统中农村资产数据缺失或错误。各地在做好清产核资成果资料收集整理归档和总结验收过程中，发现信息系统数据错误，历史数据遗漏、缺失或难以查询等问题，无法确保信息平台数据全面准确，影响资产管理规范化建设。

2）管理信息系统不健全。现有系统不完整或互相割裂，无法实现对乡村资金、资产和资源的全面管理和核算，不能实行实时监控，弄虚作假情况时有出现。同时，网络安全建设不够，不能充分确保网络数据的安全与完整。

3）多地现有产权交易平台不健全，没有建立全面的县、乡联动的农村产权流转交易市场，流转交易规则和管理制度不完善。对已经建立农村产权流转交易市场的地方，应逐步推动开展农村集体资产、承包土地经营权等农村产权入场公开规范交易。

4）农村集体资产信息化管理的工作人员素质和能力参差不齐、相关培训不到位、管理流程不规范等问题，制约了农村资产数字化管理工作的开展。

5）各级农经管理部门的信息化管理能力有待提高。农经管理部门自身力量薄弱，往往一个办公室几个工作人员要监管和服务几十个村集体，行政效率低下。基于信息技术和网络技术需建立多级农村资产交易和财务监管平台，可现在多是单机应用，缺乏网络应用模式，农村集体资产和财务管理的监管空间受限。各级监管部门没有利用网络建立农村集体资产及财务信息共享机制，无法实时掌握村组资产管理和交易信息，不能有效防止村组干部选择性执行规范流程，达不到以监促管，杜绝违规操作的目的。

四、政策建议

首先，建立规范的农村集体资产数字化管理流程，优化相关业务流程，让资产数据库和财务数据库能真正为集体经济发展决策提供更为可靠、真实的数据。其次，建立多部门联动的健全的管理信息系统。管理信息系统应包含农村承包管理、农民负担监督管理、农民合作社和家庭农场等农村经济管理网络系统，才能够对农村经济管理业务工作进行全方位的控制，做好相应的统计分析管理工作，全面掌握资金流方向。注重培养有关工作人员的信息化素养，提升信息化管理能力。

五、典型案例

案例一：江苏省扬州市全方位升级集体资产管理数字化进程

近年来，江苏省扬州市从优化“三资”管理平台、实行非现金结算、规范农村产权交易、深化农村产权制度改革、加强村级会计队伍建设五个方面统筹推进，不断提升农村集体资产管理信息化、制度化、公开化、常态化水平。

1）2020年，“三资”系统和“e阳光”App全运转，实现集体资产信息化监管。一是多功能融合。扬州市农村集体财务与“三资”管理信息系统采用即时记账、村账村记、乡镇在线监督模式，使用对象从村主办会计、乡镇管理人员到市、县、镇各级监管人员，实现四级全覆盖，涉及全市农村集体资产总量134.5亿元。二是信息公开面扩大。“三资”系统与“e阳光”App融合，能及时向农户推送村级财务、惠农补贴等与之切身相关的各类信息，拓展了村务信息公开渠道。三是监管效率提高。通过“三资”系统的预警功能，重点对超预算支付、大额资金变动、经营性资产闲置、合同履行异常等项目进行实时预警，使监管人员对“三资”管理工作中出现的异常情况一目了然、督促处理。

2）“村务卡”和非现金结算全覆盖，确保财务收支100%留痕。一是“村务卡”使用村（居）全覆盖。截至2020年5月，扬州市1084个村（居）共发放“村务卡”1858张，部分村（居）配备了POS机，实现村级日常零星开支由“村务卡”结算，大额支出由银行转账的非现金结算模式。二是完善相关制度。市县镇村制定相应的“村务卡”使用规范、报批转账等相关制度，各级主管部门强化业务指导和检查督促，市级层面定期开展督查通报。

3）管理办法和线上交易全推行，保障产权交易规范化。一是出台《扬州市农村产权交易管理办法》，对农村产权交易市场的功能定位、农村产权交易程序、争议处理等进行规范。二是创新交易方式，积极推行线上交易。2020年4月，完成农村产权线上交易县级全覆盖。三是将产权交易平台与“三资”管理系统对接，让广大农民群众知晓农村集体资产资源的存量、价值和交易情况，便于农民群众更好地行使民主监督权力，打通向社会进行信息披露的渠道。

4）产权改革和债务化解全推进，优化农村“三资”生态。一是持续推进农村集体资产股份合作制改革。2020年，在全市保质、及时完成清产核资工作的基础上，按照产权制度改革新要求，指导1个区、5个乡镇、25个村以及20个涉农社区全面完成股改试点任务，并在全市推广。二是稳步推进登记赋码工作。扬州市已为400个村集体经济组织登记发放《农村集体经济组织登记证》，其中24个为新增登记，376个为重新登记。在登记赋码方面，推广扬州市江都区试点经验，强化与市场监督管理局等相关部门沟通协调，形成村经济合作社（社区股份专业合作社）简易注销方案，并在农业农村部门重新登记赋码，原村经济合作社（社区股份专业合作社）各项经济职能由现股份经济合作社全面履行，并及时在银行办理注销及重新开户等手续。三是积极开展村级债务化解。组织力量对全市村级集体债务进行调研摸底，重点分析10个重债村的债务构成、形成原因，指导其采取资产资源盘活、旧债清核、债权清收、税收返还、发展产业经济、争取财政奖补等措施化解债务。

5）委托代理和异村交流全到位，打造农村会计“正规军”。一是创新管理机制。2018年扬州市出台《全市农村集体“三资”监管工作实施方案》，要求各乡镇挂牌成立“村级会计委托代理服务中心”，按照“五统一”（统一招聘、统一培训、统一委托、统一考核、统一付酬）要求，积极开展村主办会计异村交流任职工作。为此，市财政专项安排 500 万元进行奖补。二是强化业务培训。全市各地定期开展村级会计业务培训班，学习相关法律法规、财务会计、集体资产管理等业务知识。三是持续跟踪管理。将全市 1084 个村的主办会计纳入动态监督管理，各级纪委监委、农业农村部门对选任会计岗位的人员履职情况进行明察暗访，一旦发现在岗不作为、履职不担当、工作不规范、群众口碑差的情况，主动进行谈话批评、调岗甚至辞退处理，从源头上防止违规违纪行为的发生。

案例二：浙江省永嘉县打造农村“三资”智慧监管系统，探索农村“三资”管理新模式

2020 年，永嘉县在浙江省率先打造了“数字化运行 + 全流程监管 + 无盲区覆盖”的农村“三资”智慧监管系统，集成管理、监督、公开和大数据分析四个子平台，有力破解“三资”监管质量低、制度落实不到位等难题，探索农村“三资”管理新模式。

在管理子平台，报账员上传一笔开支凭证后，仅需 10 多分钟，相关主要干部、驻村干部、辖区“三资”管理中心代理会计等人即可先后完成审批和审核确认流程，信息留在平台上可倒查、可追溯。

在监督子平台，对 5 类 27 项廉政风险进行实时预警，实时监督。每当农村“三资”智慧监管系统发出预警，辖区“三资”管理中心相关负责人会第一时间了解情况。永嘉县农村“三资”智慧监管系统将村级财务收支审批业务全程纳入其中，实现数字化审批监管，各级审批人员可随时随地完成在线审批。

针对村民外出普遍、智能手机普及的现状，公开子平台将村务信息从线下的村务公开栏搬到手机线上的云平台，村民动动手指就能实时查询本村的“三资”状况，实现阳光村务公开化。

在大数据分析子平台上，有关部门定期对纳入平台监管的数据进行筛查，“一键”分析农村“三资”收支情况、资金变动情况、资产利用情况，“一图”直观各村资产财务的运行质量、风险状况、预警处置情况。通过大数据分析，“三资”管理问题一览无余。

第四节　乡村疫情防控

新冠肺炎爆发期间给各地农业生产带来了严峻的挑战。“封城、封路”等防控措施阻隔了病毒传播，也阻隔了农业物资和人员流通，阻隔了市场，使得农业生产和销售受到影响。2020 年中央一号文件要求“农业稳产保供和农民增收”，各省（区、市）地方政府也都相继明确了“三农”领域重点工作，确保如期实现全面小康，尽快恢复农业生产。

一、重要性

2020 年 2 月 3 日，习近平总书记在中共中央政治局常务委员会上强调，做好疫情防控工作，直接关系人民生命安全和身体健康，直接关系经济社会大局稳定，也事关我国对外开放。我国农村面积广阔，农民人口占比较大，农村疫情防控极为重要。借助信息化手段把社区这道防线守住，就能有效切断疫情扩散蔓延的渠道。如何让我国农村基层发挥疫情防控的堡垒作用，成为当前全社会不得不思考的重大命题。

二、发展现状

在乡村振兴的实践中，农村公共服务体系的建设是一个不容忽视的重要部分，其中又以教育、医疗卫生和社会保障三大板块为主。新冠肺炎所引起的重大疫情防治工作，系统地检验了我国乡村公共服务体系应对公共卫生安全事件的能力。随着疫情的不断蔓延，中央的快速反应、各级地方政府的迅速动员，我国社会开展了一场全国范围内的病毒防控治理运动，而在广大的乡村也上演了一场轰轰烈烈的防病毒“战疫”。

为做好疫情应对工作，农业农村部坚决落实习近平总书记重要指示精神和党中央、国务院决策部署，切实做好“菜篮子”产品生产保供，加强“三农”舆情监测，充分发挥益农信息社在广大农村的政策宣传“放大器”和村情民意“传感器”作用，积极做好疫情防控有关工作。各地农业农村市场与信息化系统上下联动，迅速响应，结合当地实际，出台行之有效的措施，做好农产品保供和自防自控工作。

三、存在的主要问题

1）国家行政体系在向乡村延伸时，容易忽略村庄自组织的建设，从而造成村庄在应对各种问题和危机时，不能适应信息化管理手段，缺乏自觉有效的组织和村民广泛的主动参与。现在的村两委组织动员多是依靠传统人力的工作，不能适应大数据信息化的防疫工作，不少村庄缺乏一线防疫人员和科学手段。

2）村庄在应对疫情时的信息化应急管理机制不完善。乡村在公共卫生意识的宣传工作上，多数村庄普遍用村里的高音喇叭循环播放政府关于疫情防控的文件精神和要求，这种宣传过于生硬，以致前期的宣传动员工作难以引起大多数人的重视。在交通管控方面，信息沟通不畅，在未征得上级交管部门的同意之下，一些村庄擅自切断往来道路，致使了物流物资无法正常传输，影响了正常的经济生产秩序。

3）疫情初期对于村庄外来人口和返乡人员的监控工作存在信息联动漏洞。许多村庄在疫情防控中，并没有认真落实每一户人员的流动情况和在线信息共享，只是大体地人工排查，对村庄可能出现的漏洞也未及时进行封堵。例如，在人员的流动统计工作中，有些村庄只统计湖北地区回来的人员，对其他地区的返乡人员不做登记，没有统计详尽行程史和接触史等。村庄在应对疫情防控工作时，有点力不从心。一是人手不够，工作量大；二是缺乏成熟的信息化应急管理机制。面对突如其来的疫情，缺乏一套能够快速反应处置和管理的机制，无法率先实现村庄的自主动员，只能被动地等待上级政府的信号和命令。

四、政策建议

建立和完善应对农村突发公共安全事件的信息化融合联动长效机制，探索通过云端上的农业物联网、益农信息社、农技服务等联动，运用信息化的实时、全员、随地监控服务特点，发挥信息化在应急性工作的作用。提高在疫情防控和农产品市场保供等方面的数字化能力，以及乡村一线工作人员的信息化知识和能力。

五、典型案例

案例一："村情通"——浙江省衢州市龙游县张王村智能化治理的实践探索

浙江省衢州市龙游县张王村"村情通"的诞生和运行，以派驻的干部为核心力量，以全科网格"一长（网格长）三员（专职网格员、兼职网格员、网格指导员）"为骨干力量，以各类群团组织、社会组织、村民为基础力量，治理关口大大前移，治理资源得到最佳配置，为乡村治理插上了智能化翅膀。

2016年，诞生于张王村的"村情通"，已经逐步覆盖到全县262个行政村，每户至少有1人关注，打通了公共服务的"最后一公里"，实现了"最多跑一次"改革向村的延伸。尤其在2020年新冠肺炎疫情防控中，龙游县在"村情通"上开发扫码通行、每日上报、智能招聘等功能应用，有效助力疫情防控和经济社会发展工作。

针对外来人员健康状态获取难的问题，在"村情通"平台开发并上线了专门针对外来人员的"每日上报"小程序，对健康码的申领、上报和应用进行智慧化、精准化管理。群众以户为单位每天一报，形成"村民自主申报—党员提醒协报—网格员兜底"机制，当遇红码、黄码时，平台第一时间上报县防疫指挥部。龙游县东华街道张王村借助"每日上报"功能织密织牢防疫情输入的群防群控网，上线当天全村172户农户100%完成报备工作，发现外来人员5户8人，健康码全部为绿码。

案例二：吉林省长春市九台区"数字九台"数联网·智慧乡村项目

长春市九台区大力推进"数字九台"数联网·智慧乡村项目建设，打造智慧乡村示范区。吉林省中农阳光数据有限公司（以下简称中农阳光）积极支持参与投资"数字九台"数联网·智慧乡村项目建设，平台系统效果显著，在数字乡村建设方面取得突破性进展，2020年7月，长春市人民政府也与中农阳光签署战略合作协议。

疫情期间，九台区第一时间全面启动中农阳光智慧乡村数联网平台"战疫之眼"乡村疫情防控管理系统，利用平台已建的200余个乡村智能监测站，全天候、全方位、全场景监测九台区乡村疫情防控情况。相关部门足不出户即可实现对全区防疫情况的远程可视巡查、实时全域监控、高效应急指挥、及时下达命令、基层快速执法、为政府提供直观数据监测等工作，降低疫情风险。

地方建设篇

第十章 安　徽 10

“十三五”以来，安徽省认真贯彻落实中央一号文件、中共安徽省委一号文件精神，按照农业农村部《“十三五”全国农业农村信息化发展规划》要求，以实施“互联网 +”现代农业行动为抓手，大力推进信息技术在农业农村领域的应用，推进农业农村生产经营精准化、管理服务智能化、乡村治理数字化，为乡村振兴战略和农业农村现代化发展提供了有力支撑。据农业农村部发布的《2020 全国县域数字农业农村发展水平评价报告》显示，2019 年度安徽省县域数字农业农村发展总体水平达 41.2%，高于全国平均水平 5.2 个百分点，位居全国第五位。

一、农业农村信息化发展环境不断优化

安徽省委、省政府高度重视农业农村信息化发展，省政府出台《安徽省“互联网 +”现代农业行动实施方案》（皖政办〔2016〕46 号），明确农业农村信息化发展指导思想、基本原则、主要目标，部署农业物联网示范专项行动等 8 项重点任务。《“十三五”安徽省农业信息化发展规划》《“数字江淮”建设总体规划（2020—2025 年）》《安徽省新一代人工智能产业发展规划（2018—2030 年）》《安徽省 5G 发展规划纲要（2019—2022 年）》等文件都把农业农村信息化纳入规划内容。全省各级财政加大对农业农村信息化投入力度，2020 年省财政投入 4 亿元左右资金支持“互联网 +”现代农业、数字农业建设、农业电商、渔业执法等项目，有力推动了农业农村信息化建设。2016 年，安徽省率先在全国设立安徽省农业信息化产业技术体系，组建了农业物联网、农业电子商务与物流、农业农村大数据与云计算、农业智能技术与系统 4 个功能研究室和 12 个综合试验站，构建了上下贯通、左右互动的信息化产学研推服务网络，推进农业大数据与区块链、农业无线传感器、农业智能信息化处理、农业智能系统与装备等方面的研发和应用。2020 年，合肥市政府与中科院合肥物质科学研究院共同建设合肥“智慧农业谷”，落户长丰县，计划用 5 年时间建成，建设内容为“一院一园一基地”，即合肥智慧农业协同创新研究院、智慧农业装备与技术产业园、智慧农业试验示范基地。

二、农业生产数字化水平逐步提升

安徽省以农业物联网技术应用为重点，积极推动智慧农业发展，建设智慧农（养殖）场，促进农业生产绿色、精准、高效，形成了“物联网 + 统防统治”“物联网 + 稻虾综合种养”“物联网 + 产品追溯”“物联网 + 认领”“区块链 + 物联网”等可推广、可复制的应用模式。4 个大田生产物联网技术应用试验示范区建设持续推进，在种植、畜牧水产养殖、农产品加工等领域建设省级农业物联网示范点 300 个，拥有智能拖拉机、收割机、大型机具等 50 万台（套）。省农作物“四情”监测平台自动采集 20 个县大田视频、空气温 - 湿度、

土壤墒情等数据信息，为农业生产决策提供支撑。芜湖市中联农机“五网合一”（工厂育秧物联网—全生育期管理物联网—农事作业车联网—水稻烘干智能监控网—品牌销售电商网）打造数字芜湖大米，实现了地块级的数字化管理、水稻的全程标准化种植、生产的节本增效，受到农业农村部信息中心的高度肯定，并系统总结了该模式做法，在农业农村部主办的《农村工作通信》刊物上向全国推介。马鞍山市采取“互联网 + 物联网 + 水产”模式建设水产健康养殖示范场管理系统，通过水质在线监测、水产品质量安全追溯等功能，实现生产自动化闭环控制，减少人力成本，降低受灾风险，覆盖 55 家水产养殖户和合作社（企业）和 8 万多亩水产养殖面积。砀山县打造果园数字管理等 6 大系统，为全县 70 万亩果园提供数字管理、专家咨询、产品追溯等服务，入选农业农村部遴选的 38 项农业农村大数据实践案例。明光市基于物联网等技术手段的测土配方施肥智能配肥等系统，为农民群众提供土壤养分及地力等级、施肥配方、施肥技术查询等方便快捷的农技信息服务。和县汉世伟食品集团有限公司推进繁殖育种数字化管理，实现 6200 头能繁母猪饲养环境自动调节、精准喂饲及疫病预警、诊断和防控，极大地提高了种猪的品质和繁殖效率。蒙城县 22 家农机专业合作社 2096 台（套）机具都安装了远程监测设备，实时采集作业位置、轨迹、工况等数据，农机管理水平、服务能力大幅提高。阜阳市颍泉区红旗农机专业合作社农机监测服务平台，既能指挥调度 70 多台（套）机具作业，又能实时掌握作业面积和质量，年作业服务面积达 5 万多亩。

三、农业农村电商实现跨越式发展

安徽省委、省政府高度重视农业农村电商发展，坚持把推进农产品电子商务作为发展现代农业、促进农民增收的重要举措来抓。省委一号文件连续 8 年部署农业农村电商工作，先后组织实施农业农村电商全覆盖、巩固提升、优化升级、提质增效行动。农业农村电商已成为农业农村经济发展的新型业态、大众创业万众创新的支撑平台、农业增效农民增收的重要渠道。2019 年，全省农村产品上行网销额 536 亿元，全省县域农产品网络零售额占农产品交易总额的 15.8%，位居全国第 3 位。2020 年 1—10 月，全省农村产品上行网销额达到 556 亿元，预计全年将突破 600 亿元。各地在国内知名电商设立地方特色馆 160 余个，新增各类农村电商经营主体 3 万余个，培育农村产品上行年网销额超 1000 万元企业 272 个、年网销额超 100 万元品牌 436 个，先后认定农村电商示范镇 220 个、示范村 743 个。推进“互联网+”农产品出村进城工程，砀山、金寨、颍上 3 县入选全国试点县，在 11 个县（市、区）开展省级试点。芜湖县三只松鼠股份有限公司打造“互联网新农业生态圈”，用大数据连接产业端和消费者，年销售额超百亿元，成为中国互联网坚果类第一品牌。省政府与中国邮政集团共同打造的邮乐农品网，专注于农产品电商，立足安徽辐射全国，已成为省内首屈一指的农产品电商平台。今年面对疫情影响，“直播 + 农产品网上营销”成为网红模式，据不完全统计，全省共组织产销对接、直播促销等活动 200 余场，累计助销农产品 1 亿余元。2020 年，合肥农交会特别打造“安徽农交会京东线上展销会”，将线下展品集中在线上展示展销，通过链接、运营、挂牌等形式，入驻商家超过 2000 家。合肥市三瓜公社以“互联网 + 三农”“互联网 + 一二三产业融合”为发展路径，通过农业农村电商产业融合转型升级、文化资源挖掘、旅游品牌打造等方式建设成设施完善、独具特色、美丽宜居的电商小镇，跻身国家发改委向全国推广的十大典型案例。

四、农业农村管理信息化更加精准高效

安徽省加快推进农业农村管理手段数字化改造，围绕用数据管理、决策和服务，加快重点工作业务信息系统建设，针对厕所革命、美丽乡村、农机购置补贴、农机深松作业、农产品质量安全追溯与实时监测、动物卫生监督、农业产业化、农业生产管理、农作物病虫情防控等重点工作目标任务，推进监管目标指标化、指标数字化，通过过程实时监测、问题及时跟踪和结果数据及时呈现，农业农村管理和指挥调度更加精准高效。安徽省农业农村大数据中心历时 2 年的建设，于 2019 年 10 月基本建成并上线运行。中心包括“一云、一心、一平台”，即政务云、大数据指挥调度中心、农业农村大数据综合信息平台，已整合了 12 个重点业务信息系统和 6 大行业基础信息数据 8300 多万条，汇聚了优质小麦主产区等 260 个基础数据图表、36 张农业农村基础地理信息 GIS 图，与 50 个厅属单位电子文档实现了资源共享，与数字果园、“网上农交会”等 10 个智慧农业农村应用实现了链接。据不完全统计，2020 年，全省农业农村系统建设、使用信息系统共 63 个。安徽省多渠道筹集资金，加强长江流域重点水域渔政信息化建设，建设基于天空地一体化的长江重点水域智慧渔政管理平台，在全国率先将人工智能和大数据技术用于实战，实现全天实时监控，全面提升技防和监管水平。省农产品质量安全监管与追溯系统溯源平台包括茶叶、蔬菜、水果、畜禽、水产、粮油、药材等农产品，拥有地块信息管理、农产品管理、生产过程管理、投入品管理等 8 个基本功能模块，为消费者提供农产品溯源服务，截至 2020 年 11 月，溯源平台企业用户量 1 万余家，用户二维码总生成数达 257 万余批次。建设农机作业质量监控与调度指挥系统、省农机购置补贴辅助管理系统和农机购置补贴办理 App，实现农机精准作业监管和跨区调度指挥，已接入 3300 余个服务主体、25600 余台农机，为每年发放的 1.2 亿左右深松补贴、3 亿左右农机社会化服务项目补贴以及近 1 亿秸秆综合利用项目资金提供数据依据，确保财政资金补贴精准投放和农机精准作业。合肥市建设了智慧渔业、智慧农机、两区功能划定 3 个数据平台，探索建设了全市智慧农机服务平台，出台智慧农机的地方标准和规则。芜湖市智慧农业信息服务平台（一期）进入试运行阶段，主要内容包括农业大数据库、投入品管理、种植业生产管理、水产品生产管理、农产品质量安全监管与追溯、品牌建设、信用体系 7 个模块。亳州市智慧农业服务平台集成综合信息服务，包括农业物联网系统、农产品质量安全监管系统、农业信息服务系统、大数据综合应用 4 个应用系统和监管、检测、认证、执法、质量安全追溯体系等管理子系统，覆盖全市 87 个乡镇。阜阳市、马鞍山市、宿州市等地均结合生产指导、行业监管等工作建设了一批面向新型农业经营主体和农民群体的管理系统信息平台。省农业农村大数据建设取得阶段性成效。

五、农业农村信息服务体系更加完善

深入推进信息进村入户工程，采取“政府 + 运营商 + 服务商”模式，依托村委会、新型农业经营主体、农资店、电商服务站点等乡村服务站点，按照“六有”标准，在每个行政村建设一个益农信息社，采取线上线下相结合的方式，为新型农业经营主体和农民群众提供足不出村、便捷高效的信息服务，着力解决农村信息服务“最后一公里”问题。2020 年，全省已建益农信息社超过 13000 个，行政村覆盖率超 80%。省级建设益农信息公共服务平台、皖农惠手机 App，设置新闻动态、家乡益农社、公益服务、专家咨询、农产品出

村、培训服务等版块，将 12316 服务内容纳入省益农信息公共服务平台，为益农信息社开展服务提供支撑，免费为农民群众提供在线信息咨询服务。明光市依托已建的 140 个益农信息社开展为农服务和农产品上行，为周边农户提供农技、农资等种植一体化服务，集中组织农产品上行。泾县将信息进村入户工程与产业扶贫相结合，利用扶贫资金 136 万元建设益农信息社，为农民群众提供特色信息服务，有力促进了产业扶贫。埇桥区灰古镇王圩益农信息社带动周边农户种西瓜等作物，提供全程农事、农资、农技服务，取得了较好的经济效益。围绕“一网通办”，加强与省政务服务系统对接，整合省政务服务系统 100 多项农业行政审批和公共服务事项受理、办理、审批数据资源，实现行政审批和公共服务全域全时段在线实时审批和服务。中化集团在国内率先按照 MAP 农场模式，在庐江、阜南等 15 个市县建立全程农事服务中心和农事综合信息服务平台，采取一站式办公、一体化服务，重点围绕“六代五订一申报”开展农事服务（六代：代机耕、代机种、代机收、代育秧、代购农资、代田管；五订：订单粮食、订种植方案、订农技服务、订农业保险、订金融服务；一申报：申报惠农补贴）。通过 3 年摸索和积累，在安徽省水稻和小麦主产区服务面积突破 100 万亩，通过线上线下“六代五订一申报”稳定运行的闭环已经打通，在全国开辟了农业数字化服务新领域。

第十一章 北京

北京市农业农村信息化工作立足首都城市战略定位，牢固树立创新、协调、绿色、开放、共享的发展理念，坚持需求导向、创新驱动、政府引导、应用为先，推进信息化与农业现代化深度融合，提升都市型现代农业智能化水平、城乡信息服务均等化水平、农业经营网络化水平、农村管理现代化水平，为乡村振兴提供强劲动力。

一、北京市农业农村信息化工作进展整体情况

“十三五”期间，按照国家和全市的总体部署，北京市数字农业农村持续稳定发展，《“十三五”全国农业农村信息化发展规划》《北京市“十三五”时期信息化发展规划》目标任务较好完成，重大任务、重点工程和优先行动深入推进，农业农村信息化的相关发展指标全面达标。

1）智慧农业稳步发展。通过“云服务”模式，促进物联网技术在“三农”领域应用，推进农场管理精准化、网络化和智能化。截至 2020 年年底，智能农场信息化应用已达 679 家，13 个涉农区农业物联网等信息技术应用比例达到 28.3%，农产品网上零售额占农业总产值比重 31.2%。

2）智慧乡村稳步推进。全市智慧乡村建设围绕村庄信息化基础设施、产业发展、乡村治理、公共服务、村民信息化能力培养等方面，通过加强与北京市“百村示范、千村整治”工程等“三农”重点任务有机结合，信息化应用“平台 + 服务”模式初步显现，截至 2020 年年底，完成建设智慧乡村 230 个。

3）信息进村入户全面覆盖。利用北京各类村级服务站点资源，按照“填平补齐”的原则，依照农业农村部“六有”标准，实现公益服务下行和涉农数据信息上行，2020 年完成 3195 个益农信息社建设运行，信息进村入户村级信息服务站覆盖率达到 80%。

4）数据资源加强整合。北京市农业农村乡村振兴大数据平台按照“一中心、一张图、五大主题、三大支撑”的建设思路，北京市涉农信息资源平台建设构建形成“3 大基础库 + 11 大主题库 +N 个服务库”数据库体系，全局信息系统“入云上链交钥匙”工作全面完成，大数据应用在休闲农业、农产品价格、生猪产业等方面示范效果明显。

二、农业农村电子商务

依托首都巨大的消费市场，农业电商发展较快。2018 年，2030 个行政村建有电商服务站点，建成 3330 个电商服务站点，2018 年全市农产品网络零售额达 28 亿元，实现质量安全追溯的农产品交易额达 1708 亿元。农业电商发展环境不断优化，各区积极推动电子商务企业、农业龙头企业、合作社与社区开展合作，拓宽销售渠道、促进优质优价，提升农产品标准化、品牌化水平。平谷区依托“互联网 + 大桃”工程，对购置大桃自动化分拣、包

装设备，购买、租赁集装箱保温库，设立物流揽收点以及电商人才培训、电商销售优秀桃农等给予资金支持，进一步优化电商销售大桃发展环境。通过一桃带多果模式，畅通农产品网络销售新渠道，2019 年，平谷区电商交易额同比增长 35.3%，其中“互联网 + 大桃”模式销售 1750 万公斤大桃，销售额 2.8 亿元，促农增收 1.23 亿元。

本土化农业电商平台和品牌不断壮大。2015 年以来，北京市农林科学院农业信息与经济研究所打造“智农宝”农产品电子商务平台，整合合作组织及村镇企业 64 家，推广面积达到 6 万多亩，累计新增纯收益 2200 余万元，辐射京郊 80% 的区域以及河北张家口、承德、唐山的数十个生产基地。助推优质农产品进社区，通过直销、团购、预售等多种手段，形成 O2O 立体化营销，累计实现销售量 20 余万单。房山区利民恒华“皇城货郎”电子商城采用“O2O+F2C+ 会员制”模式，2019 年实现销售收入 4500 万元。顺义区分享收获（北京）农业发展有限公司大力发展互联网 + 农业的社区支持农业 CSA 模式，电商平台完成年度销售额 500 万元，线上线下体验活动完成活动收益 100 万元，两项占总收入 50%。北京密农人家农业科技有限公司 2019 年销售额达 3500 万元以上，2020 年上半年销售额同比增长 2.5 倍，累计服务京津冀地区 12.6 万户家庭。北郎中农工贸集团组建智能化花卉物流配送中心，搭建网络销售平台，75% 以上的鲜切菊通过互联网销售到全国各地。

1）推进农业电子商务试点。北京市积极落实《农业电子商务试点方案》的要求，组织开展了农业电商试点工作，确定了鲜活农产品电商、农业生产资料电商和休闲农业电商等类电商试点类型，探索本市农业电商新模式。

2）抓好农产品电商推广。推进成立农业电商标准联盟、农产品电商协会，组织开展农业电商评选和农业电商发展峰会，开展了“最受北京市民喜爱的十大农业电商”评选工作，联合电商培训机构开展农产品电商应用培训，郊区 300 多家合作社、1000 多人次参加培训。

3）制定和推广农产品电商标准。支持研究制定了 20 种蔬菜和西甜瓜、甜玉米、鸡蛋电商分级、包装、贮存、运输等标准，并组织在本市相关电商中推广应用。其中，《北京电子商务市场蔬菜分级包装技术规范》是国内省级农业部门首个规范蔬菜电商的指导性标准，并组织在本市蔬菜电商开展推广应用。

4）创新电商服务模式。与市邮政管理局开展区域农产品集散配送中心暨“农邮通”服务站建设工作，13 个区均已建立“农邮通”服务站，开通了农产品物流配送“邮政专线”，并开展邮乐网对接服务。

5）支持各区电商发展。密云区挑选 15 个优质企业进行培育，销售额千万级电商 5 家，百万级创业电商 10 家，另外京东密云馆也已开通，全区电商销售额 2 亿多元。大兴区推出了“大兴农品”微商城，开通京东大兴馆。平谷区沱沱工社、鑫桃源、本来生活等电商快速发展，仅沱沱工社销售已达 3.1 亿元。房山区推进企业利用电商平台、实体体验店、微店等开展线上线下结合销售。延庆区建设邮乐网“延庆农品馆”，并开展“延庆区农产品展示网”建设。昌平区积极推进与京东合作，推进合作社微店建设。

6）开展“基地 + 集货商 + 电商”模式示范。针对电商与基地直接对接过程中存在的交易成本高、产品供应数量和时间不稳定的问题，探索引入有后端销售渠道的中间集货商，积极开展“基地 + 集货商 + 电商”的新型农产品电商模式试点，基地专注于生产符合电商和消费者需求的农产品，电商负责产品的营销和促销，重点发挥集货商对多个基地农产品的集聚、包装、运输和调度作用，政府负责帮助对接本市优质生产基地并指导应用农产品分级包装技术。以西瓜、栗蘑和番茄3种品牌优质农产品为突破点，统一包装、标准和物流，提高基地农产品的销售效率。

三、信息进村入户

“十三五”期间，北京市信息进村入户工程积极联合涉农资源，汇聚社会力量，共同探索和实践。市级通过整合北京农村管理信息化综合应用平台、党员教育系统、12316三农服务平台等信息资源，利用北京各类村级服务站点资源如村邮站、供销社、电子商务网点等公益服务资源及金融、保险、旅游、水、电、票务等各类社会化服务资源，依照农业农村部“六有”标准，按照“填平补齐”的原则，在北京市建设3195个行政村益农信息社，完成了农业农村部关于信息进村入户覆盖80%行政村的工作任务，实现公益服务下行和涉农数据信息上行。截至2020年年底，北京市依托村级益农信息社提供公益服务6.34万次，主要包括通过短彩信发布、村群提供政策咨询0.67万次，技术咨询1.53万次，市场信息2.61万次，技术培训1.53万次，另外187个村级益农信息社的电子商务交易额2270.18万元，其中农产品上行交易额605.6万元，生产资料下行交易额561.34万元，工业品和生活必需品下行交易额1103.24万元。

“十三五”期间，北京市12316三农服务热线为更好地服务“三农”，建立了专家团队，形成了205名专家队伍，这些专家包括农业科研专家、技术推广专家、区县特色产业专家等，知识领域涉及粮经作物种植及植保、蔬菜栽培及植保、食用菌、花卉、畜牧养殖及疫病防治、水产养殖及疫病防治、遗传育种等。专家采取现场值班、电话值班、视频值班、微信及QQ咨询、应邀下乡等方式为农（市）民提供公益服务。热线开通以来，以实际行动扎实推进京郊农村信息化建设，维护农资市场秩序、促进农业增效、指导农民增收，开展“农业信息在身边、专家服务在耳边、视频服务面对面”等活动，逐步推进信息惠农步伐，不断提升农业信息服务能力和服务品质。2018年12月15日，12316热线短号码正式并入12345热线中心，并入后所有拨打热线号码的来电均进入12345专席，专席人员记录来电内容后，将涉及市农业农村局的“接诉即办”案件通过内部OA系统分转至12316分中心，分中心接单后，根据诉求内容进行处理、派单、督办、回复。2016—2020年面向农民提供接诉即办、投诉举报、信息咨询服务43.6万次，搭建了覆盖全市的三农热线服务体系，加快农业农村信息化服务普及，以信息化引领农业现代化加快发展，培育提升“三农”新动能，推动首都农村繁荣和农业产业发展。顺义区赵全营镇率先利用市级清洁取暖管理平台，建立市长热线、一键报修、自动接单、监测管理、统计分析等运营服务。平台将管辖区全部中标企业或维修机构近200家厂商纳入平台，满足百姓（农户）、维修师傅、技术专家、调度运营人员、客服人员等不同应用主体需求。维护人员在接到村民电话后实现2小时上门服务、4个小时解决问题。其中，提前预警、优化运行降低了故障率和投诉率。

四、农业物联网应用服务

自2015年以来，北京现代农业物联网应用服务平台不断深化应用与服务能力，通过“智慧农场云”的管理模式，推进农场管理精准化、网络化和智能化，提升农产品的品牌价值和农场生产管理效率与效能，帮助生产者、消费者建立稳定的产销信任关系，促进产地农产品优质优价。2018年，平台进一步优化完善，丰富平台功能，扩大监管范围。2019年，平台接入农场数量 622 个，种植面积 24.7 万亩，涉及农业设施数量 1.6 万个，农作物品种 275 种，传感器 1611 个，摄像头 1001 个。农场累计登录次数 87851 次，填写生产经营数据 409122 条，使用数据达到 892953 条。

1）平台完成由监控向服务转化。“十三五”期间，北京现代农业物联网应用服务平台贴合技术发展与市场需求，将平台由单纯的园区物联网设备监控，提升到支撑农业生产经营，包括销售全产业链服务的过程。通过“智慧农场云”的管理模式，从食品安全和为农服务两个方面将系统重新集成，丰富和扩展了系统平台的使用、展示与服务方式，为各类农业新型经营主体提供农业物联网应用支撑，提供了从生产安排、农事管理、智能控制到农产品质量安全追溯等全产业链服务，促进物联网从单纯的监控向应用服务的延伸。2019 年，平台服务农场 190 次，涵盖农场 104 家；平台使用绿色履历的农场达到 584 家，总印刷量达到 183 万枚，绿色履历访问次数 1684 万次；平台累计为 344 家农场提供四季田景拍摄服务，拍摄全景图 5779 张，访问 37 万人次，转发量达 10 万余次。

2）打通延伸全产业链应用服务。以北京现代农业物联网应用服务平台为依托，自 2016 年以来，不断深化农业物联网应用服务体系建设，探索“农业物联网 + 农场服务 + 渠道对接”模式，通过从生产安排、农事管理、智能控制到农产品质量安全追溯等全产业链服务，促进物联网技术在农业园区（企业）应用推广，提升农业园区（企业）和农产品的生产与经营能力。通过推介群、品鉴会、市集活动、采摘一卡通、买手网等形式展开更为丰富多元的线上线下相结合的产销对接，提升农产品品牌与农场营销能力。顺义区北郎中村的“京甜紫花糯 2 号”玉米通过产销对接销售了一万多根，增强了与消费者的互动体验，起到了很好的宣传效果。密云区金泽方舟、房山区慧田农场利用物联网技术进行生产管控、宣传与营销洽谈，大大提高了经济效益。怀柔区杏福生态园接入物联网视频直播系统后，品牌知名度大大提升，业务覆盖到湖南、四川、湖北蕲春等地。

3）探索拓展物联网新应用。为进一步扩大物联网技术的应用范围，2017 年，启动了“物联网技术在京郊果品生产园区示范应用实证研究”项目，通过对气候环境、土壤、植物本体的数据监测、采集、分析，形成品质认证报告，对影响作物品质的各种参数进行规律性探索研究，增强对“全过程、全要素”信息化支撑力度，为全面提升农业生产智能化、精细化、规范化水平奠定基础。2018 年，开展基于图像识别技术的苹果和大桃病虫害识别研究。采用大田样本方智农柱监测设备，集成环境参数采集、照片抓拍功能，采用无线通信传输数据和太阳能供电提供能源，通过设备每天抓拍田间苹果和大桃植物照片，通过对植株及叶片的形状、颜色等进行分析，判断当前长势，判断病虫害发生程度，及时进行预防，进一步提升园区生产的智能化水平。2019 年，北京现代农业物联网应用服务平台增加“气象地图”子模块，集成北京市近 30 年（1986—2016）气象历史数据，包括空气温度、湿度、光照、降雨量、昼夜温差、积温等气象数据。进一步丰富传感器（气象站）、摄像头、智农宝溯源感知摄像机、样本方设备等物联网设备数据接入，规范农业园区（企业）基础性数据信息，提高数据分析能力。

4）大力开展物联网试点示范建设。通过优化提升物联网应用服务平台的服务功能，丰富数字化展示，深化对园区的服务，探索数据的应用，大力开展物联网试点示范建设，鼓励农业产业化龙头企业、农业信息化龙头企业和农民专业合作社安装物联网设备，并接入物联网应用服务平台开展应用。2016 年，有 7 个区（通州、顺义、昌平、平谷、怀柔、密云、延庆）18 家农业园区（农民专业合作社）参与建设，在 951 个大棚安装了三合一数据采集器 120 个、四合一数据采集器 831 个、视频监控摄像头 148 个。2018 年，继续在 4 个区（顺义、昌平、延庆、通州）10 个农业园区开展建设任务，通过建设室外农业环境监测站、可视化追溯系统、智能采收入库系统、温室环境监控系统、拍照溯源摄像系统、农事管理记录终端、智控卷膜、智控喷滴灌系统等，提高了信息化建设应用水平。

5）率先试点智慧农园建设。按照《2017 年北京市社会主义新农村建设重点工作任务分工方案》要求，为推动"互联网 +"现代农业融合发展，在 2017 年遴选在基础上，2018 年 5 家农业园区 [房山区琉璃河镇的中粮（北京）农业生态谷发展有限公司、顺义区大孙各庄镇的野谷健康产业集团有限公司、昌平区小汤山镇的北京阿卡控股有限公司，平谷区刘家店镇的北京绿谷汇德果品产销专业合作社、延庆区康庄镇的北京北菜园农业科技发展有限公司] 在全国率先实施智慧农园建设试点工作。试点农业园区通过建设生产过程智能管理系统、网络化经营信息系统、管理数据中心、多维在线服务系统，旨在打造一批国内领先的示范样板，建设生产智能化、经营网络化、服务在线化、管理数据化的农业园区，实现物联网等信息技术应用比例达到 60% 以上，农产品网络销售比例达到 30% 以上，园区生产过程管理和服务全程信息化，劳动用工减少 20% 以上，化学农药减少 30% 以上，化肥减少 20% 以上，灌溉用水减少 20% 以上，纯收入增长 15% 以上，实现农业提质增效和转型升级。2019 年，3 个农业园区建设任务（野谷、阿卡、北菜园）基本完成，在产业转型发展、产业化升级、发挥数字中心的作用方面进行了积极的探索。通过智慧农园建设，农业园区示范带动成效显现。其中，延庆区北菜园以新一代互联网、大数据、云平台等信息技术为基础，建立了引领全国有机蔬菜标准化生产、经营、管理、科普的现代农业产业园，2018 年，园区荣获国家高新技术企业称号，智慧农场软件获得了国家版权局颁发的计算机软件著作权登记证书，探索了有机蔬菜农业园区由传统种植向科学化、信息化管控转型的模式和路径。通过智慧农园项目实现有机菜线上线下销售相结合，展现品牌个性化优势。北菜园向北京华联集团、华润万家、京东 7FRESH、沃尔玛等 50 家高端商超的有机蔬菜指定供应商日供货量 1500 公斤左右，销售额达 4.1 万元，占销售总额的 50%。同时，成为京东商城、中粮我买网、本来生活网等电商平台和中、农、工、建四大银行线上商城平台合作方。2019 年，北菜园实现销售额 2100 万元，产品商品率提高了 40%，实现农户增收 125.46 万，农户土地流转费 51.7 万元，种植合作社农户入股资金分红 5.27 万元。

五、手机应用技能培训

2020 年，北京依托信息进村入户工程建设标准型益农信息社，立足村民委员会会议室开展职业农民素质培训工作，利用村民晚饭后闲暇时间，通过广播召集村民到益农信息社培训体验厅开展智能手机应用技能培训 273 场，帮助农民购买智能手机 346 部，直接培训农民 11 万余人次；号召区、镇、村组织各类形式的培训 621 场，培训各类农技人员、农民 1 万余人次，通过信息进村、服务入户解决农村、农业、农民发展过程中的各类问题，提高了城乡信息服务均等化水平。北京开展农民智能手机应用技能培训，依托北京信息进村入户工程益农信息社，通过益农信息社的大学生信息员面向村民开展全方位智能手机应用技能培训，一是提供电话咨询与培训服务，引导农民拨打 12316 获取各类咨询服务；二是可提供现场技术推广与培训服务，北京市涉农专家可根据农民需求下乡，面对面开展现场指导与技术服务；三是可下载农医生 App 等软件开展农技推广服务，打开农医生软件，农民随便提问，多个专家提供专业解答，农民可自由选择答案进行操作；四是通过查询北京农业综合信息服务网等网站获取相关知识服务；五是通过智能手机自带软件推广农业技术服务，引导农民使用自带农技软件，并通过软件获取服务；七是通过 12316 三农服务热线群发短信提供服务；七是通过微信技术群提供互助服务，引导专家按需进入村微信群，农民有问题随时问，专家随时解答，各种形式的培训与技术指导，奠定了农民了解信息化、获取相关生产技术信息的渠道。

益农信息社大学生信息员在智能手机应用技能培训时，通过首问负责制确定服务对象，采用全过程服务模式，即村民到益农信息社时，问道的第一个信息员就是一对一服务包干人员，被问到的信息员要一直帮助村民解决好问题为止。由于村民年纪普遍偏大，记忆能力较弱，所以在推广农民手机应用技能培训时，不断重复使用过程，帮助农民学会使用智能手机上的各类软件。例如，顺义区北务镇农民聂连军种植北京传统品种蔬菜，对于如何管理才能增强蔬菜品质的问题到益农信息社咨询，信息员阎世辉现场帮助聂连军下载了农医生软件，并手把手教会使用输入法打字、拍照片、咨询流程、答案选择等使用技巧，经过耐心指导，聂连军通过农医生软件可随时随地获取蔬菜专家的指导和服务。随着标准型益农信息社全面实施，镇级大学生信息员在京郊农村开展公益服务、便民服务、电子商务、培训体验服务的覆盖面不断扩大，智能手机应用技能培训水平不断提高，一定会在职业农民培训领域发挥更大、更高、更强的作用。

第十二章 福建 12

数字农业作为“数字福建”战略的重要组成部分，福建省历来高度重视。2017年省政府办公厅出台了《关于加快推进数字农业发展七条措施的通知》。2018年获得了农业农村部全国信息进村入户工程整省推进示范省。2020年出台了《福建省数字农业农村发展规划（2020—2025年）》，为推动全省各地信息进村入户工程建设，加快农业物联网、大数据、卫星遥感、地理信息、人工智能等信息化技术与传统农业深度融合，引导农业龙头企业、新型农业经营主体、涉农信息化企业、行业协会大力发展数字农业、智慧农业。福建省农业农村信息化发展进入快车道。

一、农业农村信息化工作进展整体情况

1）以“一张图”为抓手，建立农业农村信息化服务平台。重点围绕实施福建省“农业云131”信息工程，构建一个福建农业大数据资源中心，完善农业生产、经营和质量安全三个服务系统，加快形成农业信息资源“一张图”，2020年基本建成系统互联互通、数据在线共享、服务全省农业农村农民的数字农业综合信息服务体系。福建省“农业云131”信息工程一期投入3000多万元，已经建成并投入使用。

2）以“两大规划”为指导，强化农业农村信息化顶层设计。重点是制定印发《福建省数字农业农村发展规划（2020—2025年）》，提出数字农业农村发展水平评价指标体系。研究编制《“十四五”福建省农产品仓储保鲜冷藏设施建设规划（征求意见稿）》，着力推进我省农产品仓储保鲜冷藏设施信息化建设，推动特色现代农业高质量发展。

3）以“三大工程”为重点，提升农业信息化建设水平。大力推进信息进村入户工程，截至2020年年底，全省累计建设益农信息社11968个，县级运营中心74个，超额完成农业农村部下达任务，建设数量已基本覆盖全省行政村。加快实施“互联网+”农产品出村进城工程，提出以涉农县为单位全面开展工程建设，预计到2022年年底，基本实现目标任务。积极推进特色农产品仓储保鲜冷藏设施信息化建设工程，在全省特色农产品主产区产地开展农产品仓储保鲜冷藏设施信息化改造。

4）以“四类示范”为引领，树立农业信息化建设标杆。每年安排省级专项资金1000万元，在全国率先开展建设一批省级现代农业智慧园，推动农业农村信息化技术与农业生产、加工、流通等环节的深度融合，2020年全省已建设现代农业智慧园50个。大力推进农业物联网、区块链、5G、人工智能等技术应用，建设农业物联网基地600多个。积极打造安溪铁观音、福清星源农牧、福安坦洋工夫、光阳蛋业4个国家级数字农业示范基地。协同推进寿宁县、武夷山市、大田县、上杭县4个地区的数字乡村试点示范，牵引农业农村数字化转型，探索福建特色的数字乡村发展模式。

二、农业农村电子商务

(一)"十三五"期间农业农村电商发展情况总结

"十三五"以来，福建省通过强化政策保障、创新发展模式、加大人才培养等手段，促进农业农村电商蓬勃发展。

1. 政策推动，营造农业电商良好发展环境

2016年9月，省政府出台《福建省"互联网+流通"行动计划实施方案》，将"深入推进农村电子商务"作为重点任务之一对全省进行了再部署、再落实。

2017年7月，福建省农业厅与省财政厅联合下文《福建省财政厅 福建省农业厅关于下达福建（漳州）农产品物流配送中心项目补助资金的通知》，下达漳州市财政局、农业局农产品物流配送中心补助资金1000万元，主要用于开展农产品电商平台、现代农业物流配送中心供应基地、检验检测平台、冷链物流平台和展示展销等平台建设。

2017年9月，福建省农业厅与省商务厅联合印发了《促进电子商务助力精准扶贫实施方案》，围绕培育贫困地区电商市场主体等5项重点任务，配套扶持贫困地区发展农产品电子商务等4项政策措施，推动全省农村电商加速发展，助力精准扶贫。

2018年3月，福建省农业厅与省商务厅联合印发《深化农商协作大力发展农产品电子商务工作方案》，强化重点工作任务，引导新型农业经营主体与电商企业对接，推动名特优农产品网络营销。

2. 创新引领，培育农业电商新业态新模式

1）借力展会优势，线上线下促进农产品销售。积极组织龙头农业企业参加农交会、茶博会、荔枝龙眼产销对接活动等各类大型涉农展会，提升福建特色优质农产品品牌知名度和影响力。2020年，举办首届中国（福建）食用菌产业博览会，吸引了18个省份和地区约150家企业参展，线上为20多家企业的70多种产品直播带货，发起交易13万次。

2）开展节庆活动，积极拓宽农产品上行市场。开展2020年中国农民丰收节，在全省各地举办150多场庆丰收活动，组织农业企业、专业合作社、家庭农场等新型农业经营主体1400多家参加现场展销，线下参观300余万人次，线上参观人数突破3400万人次，签订意向性营销9000万元以上，完成农产品网络促销4.5亿元。举办第三届线上枇杷节，将传统农业节庆加入网红、电商元素，当日销售总额5.16亿元，同比增长9.1%。

3）发展直播带货，紧抓农产品销售新机遇。大力开展"县长带你买好货""驻村书记带你买好货""网红直播带货""乡村好货展""品鉴好货"等网络直播活动，每场活动全网平均观看量200余万人次、互动评论15万余条，现场2小时最高销售额近130万元。2019年10月，"淘宝福建绿植花卉产业带"直播项目正式落地，成为全国首个正式投入运营的淘宝绿植产业带项目，线上月销售额700余万元。2020年8月，首届厦门直播电商节——"金秋鹭岛i直播"全面启动，代表着青年直播创业大赛、直播产业电商联盟等正式启动。

4）扶持电商平台，大力构建农产品网销渠道。扶持"1248商城""园绿园""闽南便民购物网""掌管生活""七彩生活""茶多网""山农社""513购""橙客优购""侬拍拍"等本土农产品电商平台，积极导入网红经济商业模式，助力农产品拓展网络营销渠道。

5）助力精准扶贫，为脱贫攻坚注入新动能。携手福州晚报"这里是故乡"助农商城开设"帮扶卖"平台，通过平面媒体、福州晚报官微、"一碗福州FZ"微信公众号、掌上福

州 App 等进行宣传，开展“战疫情助扶贫”为主题的线上销售，销售额近 10 万元。

3. 培育人才，提升农村电商专业服务水平

全省各地结合新型职业农民培育、村级益农信息社培训、农民手机应用技能培训周、电商孵化班等各类培训班，积极培养农村电商人才，通过加强电商人才培训，帮助各地加快推进农村电商发展，助力乡村振兴战略实施。据不完全统计，2020 年全省各地通过举办不同层次、不同类别的电商培训，累计培训电商人才超 5 万人次。

（二）“互联网 +”农产品出村进城工程进展情况

1）制定整省推进实施方案。经省政府同意，省农业农村厅联合省发改委、财政厅、商务厅、林业局、海洋渔业局、数字办等共同出台《福建省农业农村厅等 7 部门关于印发〈“互联网 +”农产品出村进城工程实施方案〉的通知》（以下简称“实施方案”）。《实施方案》提出，以涉农县为单位全面开展工程建设，充分发挥福建特色农产品丰富、农产品电商基础较好等优势，加快发展品牌农业、生态农业、数字农业。到 2022 年年底，基本实现每个涉农县培育 1~3 个具备一定产业化、规模化基础的重点优质特色农产品，形成 1 条产销一体化农产品电商供应链，全省农产品网络零售额年均增长 10% 以上等目标任务。

2）指导试点县开展试点工作。福建省安溪、福安、永春、古田、平和 5 个县（市）入选部级“互联网 +”农产品出村进城工程试点县。福建省农业农村厅积极指导 5 个试点县细化试点工作计划，因地制宜，结合本地优质特色农产品，借助中国农民丰收节、全闽乐购促销费等契机，利用网络直播等新业态，推进“互联网 +”农产品出村进城工程试点工作。

3）大力征集工程参与企业。印发《福建省农业农村厅关于征集“互联网 +”农产品出村进城工程参与企业的通告》，大力征集工程参与企业，以开放共赢的态度与有实力、有意愿的企业，共同开展工程建设。要求参与企业在示范县投入不少于 500 万元的资金用于电商服务设施设备、农产品供应链保障体系等建设。通过构建“政府引导、市场运营、产业发展、农户受益”的模式，引入社会资源，运用“互联网 +”思维，不断开拓创新，提升服务能力，确保工程取得实实在在的成效。

（三）农业农村电商发展特点

1）规模持续扩大。根据阿里研究院数据，全省共有淘宝镇（电商年销售额达到 3000 万元的乡镇）153 个，数量居全国第 5 位，淘宝村（电商年销售额达到 1000 万元的行政村）441 个，数量居全国第 6 位。

2）销售增长迅速。2020 年，全省农村网络零售额 2698 亿元，排名全国第 3 位，同比增长 28.6%，高于全国农村网络零售额增速 20.8 个百分点，其中，农产品网络零售额 345.7 亿元，排名全国第 6 位，同比增长 27.3%，高于全国农产品网络零售额增速 8.6%。

3）区域发展不均。福州市、泉州市、漳州市等地农业农村电商发展良好，涌现出各大电商平台和电商品牌，带动当地农业产业加速发展，宁德市、平潭县等地电商发展更多处于起步阶段，各地发展水平不均衡。

三、数字乡村

1. 制定规划，引导农业农村经济数字化转型

为贯彻落实《数字农业农村发展规划（2019—2025 年）》精神，加快推进信息技术与

农业农村深度融合，福建省农业农村厅联合省委网信办、省数字办、省林业局、省海洋与渔业局等五部门共同印发《福建省数字农业农村发展规划（2020—2025年）》，提出探索培育一批产值超百亿、千亿的数字农业农村产业集群，到2025年农业数字经济占农业增加值比重提升到25%、农产品网络零售额占农产品总交易额比重年均增长10%等目标任务。

2. 推进试点，配合网信办构建部门合作机制

根据《关于公布国家数字乡村试点地区名单的通知》精神，福建省寿宁、武夷山、大田、上杭4个县（市）入选国家数字乡村试点地区。2020年，福建省农业农村厅积极配备省委网信办做好试点推进工作。其中，大田县召开数字乡村试点工作推进协调会，部署乡村试点工作。一是搭建组织架构。目前正在研究成立多部门组成的《大田县数字乡村试点建设工作领导小组》。二是开展项目摸底。汇总公安、民政、水利等部门，涉及公共安全、远程医疗、智慧农场、数字家庭等项目，为后期推进数字乡村试点工作提供支撑。同时，组织重点试点村大田县吴山镇阳春村对南威软件集团总部进行参观考察，就数字乡村建设有关问题进行交流。三是优化设计方案。邀请了恒瑞通（福建）信息技术有限公司、大田后生仔实业有限公司、深圳市盛阳科技股份有限公司3家有数字乡村建设工作经验的科技公司，对大田县试点工作方案进行修改优化，现方案正处于修订完善阶段。

四、农业物联网

1）开展农业物联网基地建设。根据《福建省农业农村厅关于印发2020年省级农业物联网应用基地建设方案的通知》，在食用菌、茶叶、水果、蔬菜、畜禽以及中药材等特色优势产业中，选择生产规模集中、信息化技术先进、基础设施配套好的各类新型经营主体，建设省级农业物联网应用基地42家，带动市、县两级建设农业物联网基地263家。

2）推进现代农业智慧园建设。根据《福建省财政厅 福建省农业农村厅关于下达2020年品牌农业等特色现代农业发展专项资金的通知》，明确2020年现代农业智慧园项目实施方案，持续推进在茶叶、蔬果、食用菌、畜禽等特色产业中，加快物联网、大数据等现代信息技术和装备在农业生产全过程的应用。2020年，新开展13个省级现代农业智慧园建设，推动传统产业转型升级。

第十三章 海南

13

2020年，海南省农业农村厅严格按照《中共中央 国务院关于坚持农业农村优先发展做好"三农"工作的若干意见》《数字乡村发展战略纲要》《海南自贸港建设总体方案》及《智慧海南总体方案（2020—2025年）》涉农领域工作要求，认真抓好贯彻落实，以海南"三农"平台建设、农业大数据、物联网应用、扶持农村电商、政务信息化建设为抓手，积极推动信息化与"三农"工作深度融合发展，引领农业生产智能化、经营网络化、服务在线化，促进了"三农"领域一二三产业协调发展。

（一）积极开展信息入户工程，夯实乡村信息化基础

1）深入探索信息入户建设有效途径。2020年，受疫情影响，海南省农业农村厅及时借鉴湖北等先进省份做法，积极对接中国电信等企业进行座谈研讨、实地考察等，并在前期赴河南、四川、重庆等试点省（市）学习考察基础上，结合我省实际情况，争取了中国电信的支持，并于2020年底在定安县8个行政村开展益农信息社试点工作。

2）继续推进互联网农业小镇建设。海南省农业农村厅以互联网产业作为重要突破口，深入推动互联网技术在农业生产、监管、营销、服务等环节的应用，提升互联网农业小镇价值，继续完善海口石山等13个互联网农业小镇建设，形成信息进村入户服务体系，夯实乡村信息化基础，让农民搭上"互联网便车"。

（二）推进"三农"平台建设，提升信息化治理水平

海南省农业农村厅根据《数字农业农村发展规划（2019—2025年）》和《智慧海南总体方案（2020—2025年）》文件精神要求，大力实施数字农业农村建设，积极推进海南数字"三农"服务平台建设。

1）推进"三农"平台立项和资金申请。海南省农业农村厅高度重视数字乡村建设，积极主动抓好落实，召开五次专题会议进行研究，并成立工作专班具体负责"三农"平台建设实施工作。2020年5月14日，省大数据管理局同意"三农"平台项目立项，11月4日批复初步设计方案，建设资金1324.89万元，项目资金在省财政厅审核批复中。

2）推动数据中心建设工作。8月21日，海南省农业农村厅印发《海南省农业农村厅关于加快数据中心建设的指导意见》，并召开全厅数据中心动员大会，对全厅39个厅处室和单位进行培训，梳理清单，共计90多项核心事项，120多项业务子项，涉及生产、监管、流通、产业、农村经营等方面数据集400多项，数据元3000余个。

3）制定配套规范制度。为进一步推动数据中心建设工作，规范编制数据资源目录，健全信息员管理制度，海南省农业农村厅已起草并经厅长专题会议研究同意《海南省农业农村厅数据中心管理办法（试行）》和《海南省农业农村厅信息员管理制度（试行）》。

（三）积极推进南繁硅谷综合服务平台投入使用

南繁基地是国家宝贵的农业科研平台，现代种业科技研发的前沿阵地，以"一平台、一张网、三板块、多应用”为核心框架，以智能管理为导向，面向全国各地南繁管理机构、南繁科研单位、南繁服务机构和全球种业企业，打造一个“1+1+3+N”的南繁硅谷综合服务平台。项目建设规模和主要内容为建设南繁智慧农业业务管理系统、南繁智慧农业指挥调度系统、南繁科研智能服务平台、南繁智慧农业公共服务平台、南繁农业大数据平台以及购买金种子育种云服务平台服务 6 大系统。

项目涉及各类南繁业务的处理及数据整合共享，支撑南繁业务统一申报管理、南繁生物安全监管、南繁生物育种专区管理、移动执法、信息现场巡查、重点人员监控、南繁舆情监控、业务协同等业务管理，统一监控、数据上图、巡逻调度、可视化大屏展示、物联网基地展示等统一指挥调度，育种辅助决策、育种科研成果交易展示平台、遥感育种服务系统等科研智能服务，以及南繁公共服务、南繁智慧农业大数据管理、金种子育种云平台等业务办理。

项目 6 大系统基本框架已基本搭建完成，其中南繁硅谷智慧农业业务管理系统、繁智慧农业指挥调度系统、南繁科研智能服务平台、南繁智慧农业公共服务平台、南繁智慧农业大数据平台和金种子育种云平台分别完成基本框架搭建。主要基础硬件已安装布设完成，其中，在中国农业科学院棉花研究所大茅基地、北京市农林科学院南繁基地、创世纪海南生物园九所基地、浙江农科院南繁基地 4 家单位安装田间作物环境信息监测设备 9 套、田间土壤墒情监测设备 27 套、远程作物生长状况监测设备 40 套、作物穗层温湿度监控设备 3 套、叶片形态及病斑测量仪 3 套、多功能水肥智能管控系统 3 套、基地数据中心 4 套，并在省南繁管理局建设基地物联网展示系统 1 套。已部署上线试运行的海南南繁硅谷金种子育种云平台，可以为南繁育种家提供从备播到评价决选整个育种业务的全程信息化管理，如材料管理、备播计划、杂交授粉任务、杂交收获明细、授粉完成率统计、数据分析与查询等工作服务。2020 年已举办了 4 次线上培训，2020 年 6 月 11—12 日分四个主题（水稻、玉米、大豆、棉花）进行在线视频会议培训，参加的企业共 255 家，参会的人数是 483 人。

（四）推广应用安全质量追溯平台，完善生产经营监测能力

2020 年，海南省农业农村厅积极推广应用海南农产品质量安全追溯平台和国家农产品质量安全追溯管理信息平台，印发《农业生产经营主体入驻应用质量安全追溯平台半年攻坚战实施方案的通知》，召开全省“三品一标”暨农业生产经营主体入驻质量安全追溯平台推进会，加强人员指导培训，配备专门的业务人员和信息员。适时派出督导检查组，对各市县在追溯平台开展各项业务的情况进行督导检查，保障推广应用工作顺利开展，目前海南省农产品生产经营主体入驻追溯平台数量达 4774 家。按照农业农村部要求，结合省三农数据平台整合情况制定对接实施方案和技术方案，海南省农业农村厅现已实现了国家、省级农产品追溯平台间的数据对接和共享，平台追溯信息为海南省农产品质量安全监管工作发挥了重要的支撑作用，对农业生产经营实现了有效地监测监管。

（五）推动数字乡村试点工作，促进乡村数字化发展

按照国家数字乡村试点工作部署要求，海南省农业农村厅深入指导海口市开展数字乡村试点工作，积极推动服务平台建设。

1）数字农业信息资源平台整体完成 40% 的建设，完成农业资源数据采集平台的部分开发工作，对红明农场的部分物联网传感器（湿度数据采集、温度数据采集、土壤湿度数据采集、土壤 pH 值数据采集、光照数据采集、风速与风向数据采集、雨量数据采集）和视频监控设备的技术支撑单位进行技术对接。

2）荔枝产业大数据综合管控平台整体完成 30% 的建设。大数据展示系统、页面优化以及调整、物联网数据对接调整进度完成 99%。

3）荔枝产品追溯平台整体完成 30% 的建设。溯源管理系统开发，整体完成 97% 的建设；官方公众号的功能开发，整体完成 72% 的建设。

4）做好市县域数字农业农村发展水平评价工作。积极组织海口市、文昌市、万宁市、澄迈县、屯昌县等 9 个市（县）顺利完成填报 2020 年县域数字农业农村发展水平评价工作。海南省农业农村厅预警中心获评“2020 全国县域数字农业农村发展水平评价工作优秀组织单位”。

（六）深入开展手机培训，提高农民应用技能

根据农业农村部市场与信息化司《关于做好 2020 年农民手机技能培训工作的函》文件精神，海南省迅速响应，积极部署，结合农业产业发展实际，本着便利农村生活、传播乡村文化、促进农民增收和助力数字乡村发展等工作要求，积极开展 2020 年农民手机应用技能培训工作，共培训农民 20830 人。

1）以“手机助力农产品出村进城”为主题。主要利用中国农村远程教育网、“云上智农”App 等互联网平台作为工具，以新型农业经营主体带头人和致富带头人作为主要培训对象，采取线上线下相结合的方式，重点提升培训对象的产品营销能力和电商运营水平。

2）积极组织线下培训。指导各市县做好 2020 年农民手机应用技能培训工作，要求市县组织各乡镇在村委会公示信息墙、微信群等渠道上发布开展 2020 年农民手机应用技能培训通知、组织招募学员（以新型农业经营主体带头人和致富带头人为主）、结合农业产业，精心遴选培训课程。线下培训以指导学员使用手机应用和现场观看线上直播课为主。

3）开展线上培训。以引导农民积极参与培训周活动日程为主，指导市县农业服务中心基层农技人员下村，根据培训周活动日程，现场讲授手机应用技能，引导农民参加培训。发挥手机在发展农业生产、便利农村生活、传播乡村文化、促进农民增收等方面的积极作用，助力数字乡村发展。

（七）积极推进“互联网 +”农产品出村进城工程

海南省农业农村厅组织“互联网 +”农产品出村进城示范点海口市开展了 2020 海口“大坡胡椒”品牌营销活动，紧紧围绕“大坡胡椒”品牌，打造一系列具有品牌标识、突出品牌价值的标杆性胡椒产品，进一步拓展中高端消费市场渠道，树立大坡胡椒品牌形象，提升产品认知度、美誉度和影响力，促进产业增效和农民增收。

1）中国农民丰收节暨“大坡胡椒 飘香世界”2020 首届海口大坡胡椒文化节。2020 年 8 月 30 日，中国农民丰收节暨“大坡胡椒 飘香世界”2020 首届海口大坡胡椒文化节开幕式在海口市琼山区大坡镇东昌居盛大举行。活动现场，相关领导、客商代表、餐饮企业代表、种植农户、村民约 300 人参加活动，其中省内、外客商近 30 位。活动当天共在 4 个渠道直播，在线观看约 49 万人次。现场进行了五轮订单签约，签约金额共 1300 余万元。

2）“我们在行动——丰收之夜”助农直播活动。2020 年 9 月 23 日，李佳琦淘宝直播间开启了“我们在行动——丰收之夜”助农直播活动。本次直播活动是海口市农业农村局携手天猫践行公益助农和春雷计划的又一行动，活动旨在推动海口市农业转型升级，助力大坡胡椒品牌建设，挖掘大坡胡椒的深层次价值，帮助当地农民增收，推动海口市农产品电商供应链整合和运销服务能力建设。直播当晚，海口市的明星产品大坡胡椒大受好评。在4分钟的直播过程中，大坡胡椒库存多次被“清空”。截至当日24时，大坡胡椒在直播间的销量超过3万单，销售金额达59.92万元，在线观看人数最高峰达400余万人。直播带货连起了农村和消费市场之间的供需“纽带”，打通了优质农产品销售在地域和时间上的瓶颈，有助于提升产品的认知度和美誉度，不断拓宽销路，真正让农民获益。

第十四章 14

黑龙江

“十三五”期间，黑龙江省认真落实《“十三五”全国农业农村信息化发展规划》主要任务和重点工程，围绕推进农业供给侧结构性改革，构建现代农业产业体系、生产体系、经营体系，着力推动现代信息技术与农业农村发展深度融合，提升农业信息技术创新应用能力，完善农业信息服务体系，加快推进农业生产智能化、经营网络化、管理数据化，全面提高农业农村信息化水平，为巩固国家粮食安全“压舱石”地位，加快现代农业高质量发展提供强大驱动力。

一、农业农村电子商务

“十三五”期间，黑龙江省农村电商处于起步和快速发展时期，全省上下认真贯彻落实中央和省委、省政府一系列关于农村电商发展政策和意见，加快发展农村电子商务。

1）交易规模持续扩大。“十三五”初期，黑龙江大米网、生态龙江、惠丰通村网等本土农产品、农资平台型电商和明水县壹丰科技、五常市王家屯合作社等绿色有机农产品经营主体为代表的交易型电商陆续启动运营，并尝试开展“我在黑龙江有亩田”众筹等活动。到“十三五”后期，全省农村电商呈现持续稳定发展的良好局面，2020 年 1—12 月，全省农产品网络零售额达 67.4 亿元，同比增长 58.2%。农产品网络零售额排名前三的行业分别为粮油调味、休闲食品、生鲜食品，占比分别为 70.2%、12.3%、7.1%。

2）应用水平不断提升。各地借助各类项目和工程，开展试点和示范，提升全链条应用能力。全省 31 个县（市）成为国家“电子商务进农村综合示范县（市）”。“十三五”期间，黑龙江省建成县级电子商务公共服务中心 29 个，乡镇电子商务服务站 199 个，村级服务站点 2800 个，县级物流配送中心 31 个。推动建立黑龙江省电商扶贫联盟，以帮扶认证农产品“三品一标”为抓手，整合电商、物流、金融、媒体等多方资源，助力脱贫攻坚。

3）交易渠道不断拓宽。传统零售数字化进程加速推进，新零售发展渐入佳境，成为农产品外销的重要渠道之一。2020 年 1—12 月，黑龙江省农产品在阿里新零售渠道实现网络零售额 6.7 亿元，同比增速为 47.8%，实现网络零售量 5405.2 万件，零售额在全国范围内排第 13 名。直播成为农产品上行的重要途径，2020 年 1—12 月，黑龙江省参与直播的农产品实现网络零售额 9.8 亿元，实现网络零售量 2859.9 万件。农产品直播的商品数达 51104 个，渗透率为 10.1%。

4）推进力度持续增加。省委、省政府组织了两届农产品营销大赛，借助中国 · 黑龙江国际大米节组织大米线上营销，下发《黑龙江“互联网 + 农业”行动计划》《农产品电商直播三年行动方案》等发展农村电商的意见，加强和阿里巴巴等电商龙头企业战略合作，提高黑龙江优质农产品市场占有率。与阿里巴巴共建 7 个农产品“数字粮仓”，在天猫建立了“黑龙江原产地”和“小康龙江”两个旗舰店，培育五常大米旗舰店等一批知名店铺，飞鹤官方旗舰店位居天猫渠道畅销店榜首。全省 8857 个益农信息社实现电商交易额 1.92 亿元。省农业农村厅协调知名电商平台，2020 年牵头举办“龙江有好货”直播活动 16 场，全省累计开展直播活动 170 场，销售农产品 2.93 亿元。

二、信息进村入户

（一）提升服务效能

利用互联网、移动终端等手段，围绕公益、便民、电商、培训“四类”服务开展工程建设。截至 2020 年，全省信息进村入户工程累计开展公益服务 730 万人次，便民服务 1618 万人次，培训信息员 79485 人次，益农信息社开通网店 7571 家。在近两年农业农村部专项工作延伸绩效管理考核中，黑龙江省分别获“进步明显”和“特别表扬”单位，信息进村入户服务平台“惠农助手”系统获得数字农业农村新技术新产品新模式优秀项目称号。

（二）拓展服务内容

联合相关业务单位，以省农业信息网和信息进村入户工程信息平台为基础，建设新模块、开发新功能，推动互联网与农业农村发展深度融合。

1）开展农村劳动力转移服务。研究建设“黑龙江省农民劳务输出服务平台”。截至 2020 年，平台累计发布招工信息 2011 条，提供工作岗位 17 万个，务工出行人数达到 12961 人，平台访问量达到 88 万人次，App 安装量达到 1.7 万人次，平台成为疫情期间解决农民外出难等问题的有效渠道。

2）组织数字化疫情防控。为保证疫情期间春耕生产，组织建设了“黑龙江省农业农村厅疫情防控云平台”。2020 年，平台累计发布疫情实时播报、春耕动态、权威政策、农资供求等信息 2437 条，市（地）级农业部门发布信息 1483 条，平台上传农民农业技术咨询信息 833 个。组织全省 17 个农业产业技术体系的 499 名专家通过平台解答农民咨询 2356 人次，全省农民通过益农信息社信息员和“惠农助手”手机 App 累计订购农资总额达到 78 万元，App 累计下载 27643 人次，日下载量最高 2417 人次，日均下载量为 136 人次。

3）探索在线医疗服务。2020 年，开通“互联网医院在线问诊”，互联网医院累计为全省农民提供在线视频问诊、发热问询、门诊挂号等医疗服务 68502 人次，线上问诊及服务日均 294 人次；84 家单位通过信息服务微信群累计报送信息共 1762 条，其中政策类 192 条，技术类 358 条，动态类 1212 条。

（三）完成重点任务

以工程服务平台为基础，协调省市县乡村各级参与主体，配合农业农村部完成工作任务。2020 年，黑龙江省组织开展农民手机技能应用培训周活动，全省各地益农信息社信息员通过手机端观看活动达 14125 人次；按照《关于开展信息进村入户书面调研的函》形成调研报告、汇总上报调查表；协助开展 2020 年春播大豆生产数据采集工作；协调整省运营商，通过微信小程序开发业务操作平台，完成益农信息社和信息员电子档案的基础信息采集。

三、数字乡村

1）强化基础设施建设。2020 年，黑龙江省在三江平原和松嫩平原农业主产区新建 26

座北斗卫星导航系统定位基准站，推动北斗高精度导航服务农业生产。实施农网改造升级工程，抵边村寨电网建设任务提前完成。组织完成6批电信服务试点地市申报工作，8个市（地）共获批1442个试点行政村，全省行政村光纤网络和4G信号覆盖率均超过99%，基本达到同网同速。基础教育学校全部接入互联网，带宽均达到100Mbit/s以上。加快电视信号数字化进程，全省实现电视信号数字化。严厉打击非法设置使用“黑广播”“伪基站”等违法犯罪行为，查处“黑广播”34起，抓获犯罪嫌疑人95人，为乡村人民群众挽回经济损失20余万元。

2）畅通农村电商物流体系。2020年，黑龙江省巩固“邮政在乡”工程，建制村100%直接通邮。实施“快递进村”工程，引导和鼓励全省主要品牌快递企业通过设点自投、邮快合作、快快合作、交快合作、快商合作等多种形式完善农村地区快递服务网络。推动电子商务进农村综合示范项目，全省7批共36个县（市）列入“国家电子商务进农村综合示范县（市）”。支持泰来县、明水县、拜泉县打造电商进农村综合示范“升级版”，五常市被列为国家电商激励县（市）。各示范县建立健全公共服务体系、物流配送体系、人才培训体系，已建成县级电子商务公共服务中心31个，乡镇电子商务服务站242个，村级服务站点3031个，县级物流配送中心31个。

3）提升乡村治理信息化水平。2020年，黑龙江省完成全省9000多个村庄类型划分，选择1000个村庄开展村庄规划编制试点工作。永久基本农田全部实现上图入库、落地到户，数据成果纳入用地审查“一张图”系统。在安达市开展农村宅基地制度改革试点县基础信息前期调查，收集整理相关数据资料。推进“多村一社区”试点工作，全省农村社区综合服务设施覆盖率达到70%以上。制定《关于新时代深入推行科技特派员制度的实施意见》。2020年，选派429名科技特派员到全省28个贫困县开展科技扶贫工作。

4）完善民生保障信息化服务。2020年，黑龙江省结合民政部“金民工程”建设，完成全省社会救助信息系统功能性升级，社会救助系统支持低保、特困、低收入、临时救助、信访等社会救助业务全流程办理、资金监管、预警监测等功能，灵活配置业务流程、审批模式以及其他专项救助业务。做好“三留守”人员信息录入工作，精准开展残疾人两项补贴发放工作。

5）推进乡村教育信息化。2020年，黑龙江省加快数字资源服务体系建设和网络学习空间覆盖，将“黑龙江公共教育资源服务平台”纳入国家数字资源服务体系。依靠“一师一优课、一课一名师”活动建设全省覆盖中小学各学段、各学科的优质数字教育资源。开展认定涉农类省级精品在线开放课程，涉及爱课程、智慧树、学银在线、智慧职教、微知库5个主要开课平台。

6）推进“互联网+医疗健康”服务。“健康龙江”服务平台增设“疫情防控”“健康行动”专栏，为居民免费提供咨询、问诊、初筛、挂号、智能答疑、官方疫情信息、定点医院及发热门诊查询与导航等服务，相关做法得到国家卫健委肯定。2020年，平台接入省内二级以上医院312家，注册医生8410人，注册科室8675个，注册患者259145人，预约挂号总量达到342630人次。

7）巩固和提升网络扶贫成效。2020年，黑龙江省开展农产品“三品一标”认证工作，为20个国家级贫困县的42家企业提供了免费服务，共有14家企业获得了“有机产品”资质认证。建立黑龙江省扶贫产品信息库。依托邮乐网为全省20个国贫县建立地方馆，600

多款扶贫产品上线销售。组织电商扶贫联盟开展“黑龙江省电商扶贫助农直播系列活动”，支持广大农村地区基层政务人员和驻村干部等使用直播平台。“小康龙江”平台销售扶贫企业农副产品、特色产品2000余款，“‘青’GO一夏·小康龙江”公益助农网购活动开展约5个小时直播，在线关注人数1500万，总销售额达1.658亿元。

8）打造乡村网络文化阵地。2020年，黑龙江省推进县级融媒体中心建设，分三批验收63个县（市）融媒体中心建设情况，发放互联网新闻信息服务许可证。印发《关于征集农业文化遗产名录的通知》，面向全省征集涵盖全省所有区域的农业文化遗产，并向国家推荐非物质文化遗产传承良好的村落。14个传统村落信息已全部录入中国传统村落基础资料申报系统，其中爱辉区新生乡新生村已进驻中国传统村落数字博物馆，并入驻“精品馆”展示。

9）加强乡村文化网络正面宣传。2020年，黑龙江省利用互联网宣传党和国家的方针政策，组织网络媒体及时推出乡村振兴、脱贫攻坚重点报道。设立《2020新春走基层》大型融媒体专题6个，开设“脱贫攻坚一线见闻”“鼠你幸福”“2020新春大拜年”新闻聚焦”“走街串巷访百家”“欢欢喜喜过大年”等子栏目9个，刊发原创文章86篇，转发1120余篇，阅读量近100万次，形成了较强的网上宣传声势。组织采编人员深入生产一线、田间地头、企业车间，多角度做好宣传报道，推出主题鲜明、多点开花、出彩出新的报道成果，其中，以“乡村·乡情·乡愁”为主线，哈尔滨网信办策划“新春走基层”系列报道，网民反响热烈。

10）开展数字乡村试点工作。2020年，桦南县、望奎县、依安县和牡丹江市西安区入选国家数字乡村试点。黑龙江省创新宣传方式，充分发挥东北网、网信龙江等重点新闻网站及公众号作用，及时发现和宣传推广试点地区先进经验，讲好乡村振兴故事。下发《关于推进国家数字乡村试点开展省级数字乡村试点工作的通知》，将已经申报但没有纳入国家试点的7个县（区）列为省级数字乡村试点地区，扩大数字乡村试点规模，激励更多县（市、区）加快推进数字乡村工作。

四、农业物联网

1）强化农产品质量追溯认定工作。按照“统一设计、省部共建、业务协同、数据共享、一网运行”总体对接思路，2020年6月，省农产品质量安全追溯平台率先实现与国家农产品质量安全追溯平台对接，开发数据端口12个，数据融合度100%，2400家企业入驻国家平台，追溯面积4000万亩，全省农产品质量安全监测总体合格率稳定在98%以上。积极优化省农产品质量安全追溯平台功能，开发“合格证+追溯码”电子追溯模块，设计开发合格证小程序并上线运行，为农户提供快捷便利的合格证打印或电子合格证使用功能。

2）建设农业高标准示范基地。全省遵循基地承载、产业支撑、三产融合、品牌引领、电商突破的思路，在全省建设了1741个“互联网+种植业”高标准示范基地，落实面积450.24万亩。其中，建设绿色食品基地1256个，面积364.51万亩；建设有机食品基地465个，面积80.58万亩；建设按欧盟标准有机种植基地20个，面积5.15万亩。财政投入资金1.44亿元，重点扶持和打造了402个“互联网+种植业”高标准示范样板基地。在高标准示范基地带动下，全省绿色、有机食品认证面积发展到8500万亩，占农作物播种面积的1/3，既保粮食数量安全，更保质量安全。

3）健全现代农机应用系统。依托哈尔滨工业大学研发了配置北斗和GPS系统双模的农机智能终端，建设和运营黑龙江省农机管理指挥调度中心平台系统，提高黑龙江省农机信息化管理水平。2019 年，省农业农村厅与哈尔滨工业大学信息研究所成功研发了水稻秸秆翻埋还田、玉米秸秆覆盖免耕还田监测仪，并通过实地测试。在 2020 年秋季作业中，监测水稻秸秆翻埋还田、玉米秸秆覆盖免耕还田数据分别为 554.5 万亩和 1176.2 万亩。全省 2020 年新安装具有深松、秸秆还田监测的终端 19136 台，累计安装监测终端设备 47293 台，2020 年监测深松作业面积 1151.3 万亩，秸秆还田作业面积 1730.7 万亩。在高科技农机应用引领下，全省秸秆综合利用率达到 91.48%，还田利用率达到 68.83%。

4）建设数字化植保体系。建立全省植保数据平台，建立了 2200 个病虫监测点和 631 个马铃薯甲虫监测点，建成全国唯一的省内农田全覆盖的病虫害信息化监测网络体系。2020 年监测网点上报调查表单超过 50 万个，数据量超过 400 万个，获取病虫疫情监测数据 3200 多万个，依据监测信息全年发布省级预报 21 期、市县级预报 920 余期。

5）发展渔业卫星监控项目。全省共计为 9239 艘船安装渔业卫星监控设备，有效解决渔政执法力量、装备和经费不足情况，严厉打击各类非法捕捞行为，保障广大渔民生命财产安全。同时，配套搭建省渔业大数据系统，已初步完成前期框架构建工作，实现各级渔业渔政信息汇总分析，从传统渔政、渔船管理向现代管理方式转变，提升渔业信息化水平。疫情期间，北鱼集团、瓢舀鱼渔业开发有限公司等企业，在快手、抖音等平台注册账号，借助网络直播，扩宽线上销售渠道。

6）国有集团应用物联网。北大荒集团依托物联网系统，以智能化轨道运输车、无人驾驶插秧机、无人驾驶拖拉机等为重点，强化智能育种、精量点播、叶龄管理、变量施肥、卫星导航、自动驾驶、无人驾驶、农情监测等技术应用。应用水稻本田智能化轨道运输技术面积 216.2 万亩，旱田导航面积 1830 万亩，水稻智能侧深施肥面积 210 万亩，无人植保作业面积 970.4 万亩，智能变量喷药作业面积 72.1 万亩。先进的农业机械保证了农业生产主要农事活动，包括播种、插秧、中耕管理、收获等各关键环节在 7 天之内全部能高标准完成。

五、农民手机应用技能培训

1）依托高素质农民云平台开展培训。借助农业科教云平台和云上智农 App，为学员提供一对一、手把手教学服务，指导参训学员独立下载云上智农 App，完成报名和基本信息录入，熟悉云上智农 App 的基本操作，边学习边实践。每名学员通过云上智农 App 在线听课不少于 8 学时，全省参与农民手机应用培训学员超过 2 万人，实现学员全覆盖。

2）组织在线学习课程开发。在线课堂依托云上智农 App、新浪、抖音、快手等直播平台，聘请省内外专家教授，通过现场授课、案例教学、讨论交流形式开展培训。加强与科研单位联系，将省农科院“遥感技术在农业生产中的应用”“农业物联网技术与应用”“水稻旱直播栽培技术”“大豆品种及高产高效栽培技术”等精品课程列入云上智农 App 线上课程，向全省农民推广。应对 3 次台风对秋收的不利影响，组织倒伏玉米机收应急培训，委托省电视台公共•农业频道、新闻法制频道、农业科教云平台制作玉米机收培训节目，在电视台、快手、云上智农 App 直播教学，助力全省顺利完成秋收工作。鼓励经营主体推广新应用，宝清县农家人联合社创建手机 App“农民之家”，指导农民种对卖好，节本增效。2020 年，平台已辐射 7.6 万用户，活跃用户超过 1 万户，带动农民增收 1000 多万元。

3）丰富手机培训内容。在高素质农民培训中，结合产业发展需要和培训对象学习需求，增加了智慧农业、电子商务等内容。在培训计划中，增设数字农业农村信息员培训班、电子商务培训班和智慧农业培训班，指导农民学习物联网知识，通过手机 App 查看田间地头生产信息，掌握地方资讯、品种推介、市场监测、农情服务、农技知识等信息，提升服务效率。

4）组织手机应用培训活动周。相关部门下发活动通知，制作活动专题，录制短视频，全面组织相关活动。制作活动周宣传专页，在网站、惠农助手 App 和微信公众号发布，全省信息员手机端观看活动周 14125 人次。利用疫情防控期间建设的省疫情防控云平台向全省农民提供信息指导服务，活动期间，采集发布 353 家种子企业、101 家肥料企业、5066 家生资经销店信息，及时推送给农民，服务春耕生产，平台 App 累计下载 2.7 万人次。

第十五章 15

江　苏

江苏省历来高度重视农业农村信息化发展，“十三五”以来，先后出台《加快推进“互联网+”现代农业发展的意见》《关于加快推进农业农村电子商务发展的实施意见》《关于印发全省大力发展农业农村电子商务全面推进“一村一品一店”建设行动计划（2017—2020年）的通知》《关于高质量推进数字乡村建设实施意见的通知》等多个政策文件，营造良好发展氛围，激发创业创新热情，加快推进全省“互联网+”现代农业发展，信息技术与农业生产、经营、管理、服务全面深度融合，取得显著成效。信息进村入户工程整省推进示范省建设和国家农业物联网区域试验工程建设全面完成，江苏省农业农村大数据云平台（以下简称“苏农云”）建设加快推进，电子商务与农村一二三产业发展深度融合。2020年，全省规模设施农业物联网技术推广应用面积占比达22.7%，建设运营益农信息社14875个，实现全省涉农行政村全覆盖，农产品网络销售额达843亿元，占农业总产值比重超过10%。

1）物联网技术应用水平高、领域广，智能农业建设扎实推进。江苏省持续将智能农业建设作为推动农业转型升级的重要支撑，连续多年将农业物联网技术纳入农业重大技术推广计划，全省涌现了一批智能生产创新团队、产业联盟、研究中心、试验区等智能农业技术推广平台载体。物联网、云计算等新一代信息技术和传感器等智能装备已在设施栽培、畜禽养殖、水产养殖、大田种植等农业领域广泛应用，一大批规模种养基地、农业企业、农业园区实现智能化、绿色化生产方式转型，发挥了鲜明的导向示范作用。全面完成国家农业物联网区域试验工程建设，构建水产养殖、设施园艺、畜禽养殖三大重点领域农业物联网服务平台。“十三五”期间，平均每年新增智能农业示范点500个以上，累计建成全国农业农村信息化示范基地12家、省级智能农业示范基地127个、省级数字农业农村基地（数字农业新技术应用类）31个，发挥了较好示范带动作用。

2）农业电子商务主体多、载体强，新业态新模式蓬勃发展。“十三五”期间，江苏省农业电商发展势头强劲、成效显著，农产品网络销售额连续多年增幅超过25%，已经成为农业农村数字经济的突破口、领头羊；连续6年开展电商“万人培训”活动，累计培训人数6万多人，全省农产品网络营销蔚然成风；打造“快递+特色农产品”项目超过100个，累计培育淘宝镇248个、淘宝村664个，分别位居全国第二和第三位，其中，以农产品销售为主的淘宝村数量位居全国首位；累计建设省级农业电子商务示范基地261家、“一村一品一店”示范村456家、省级数字农业农村基地（农产品网络营销类）43个，与阿里巴巴、京东、苏宁易购等知名电商合作，累计开设地方特产馆286个。同时，建成县级农业电商产业园或涉农电商创业园82个，其中，农产品网络销售额超亿元的有22个，通过要素集聚和服务共享，为农业电商主体做大做强提供全方位支持。全省具有地域优势特色的农产品品牌影响力显著提升，涌现出食行生鲜、壹家美食荟等一批发展较快、实力较强的自建平台，形成了“沙集模式”“沭阳模式”等一批具有较高知名度的电商发展模式。

3）信息进村入户标准高、进展快，益农信息社建设实现全省覆盖。江苏省深入推进信息进村入户工程，制定了《江苏省信息进村入户整省推进示范工作实施方案》，成立了由省领导担任组长的“江苏省信息进村入户整省推进示范工作领导小组”，建立了完善的益农信息社建设运营制度体系。“十三五”期间，坚持以“六个一”标准加强益农信息社建设，全省建成运营数量达 14875 个，村级信息员累计培训数量达 11 万余人次，实现从首批试点向整省覆盖的跨越。同时，主动与运营商、银行、邮政等公司加强合作，涉农服务资源进村到户渠道更加通畅，公益服务、便民服务、电商服务和培训体验服务四项服务内涵不断丰富，为农服务能力明显提高。各地还积极探索运营管理层面的新经验、新做法，形成了一批具有地方特色的服务模式。全省益农信息社累计接听 12316 语音咨询电话 397 万个，发送惠农短信 11930 万条；开展便民服务 2913 万人次，服务金额 20.60 亿元；利用网络实现电子商务累计成交额为 60 亿元。

4）农业管理服务信息化渠道广、效果好，为农服务方式创新发展。江苏省农业农村管理服务信息化扎实推进，形成了一批行业应用信息系统，促进数据资源积累，有力提升了工作效能和服务水平。耕地质量管理信息系统在全国得到推广应用，“智慧动监”信息系统应用范围覆盖全省；建成数据共享、使用便捷的全省统一的农产品追溯平台；开发了“农技耘”“e 阳光”“农牧旺”等一系列 App，受到各类主体广泛欢迎。同时，省内各地积极探索农业农村大数据建设，江苏省农业农村大数据云平台建设有力有序推进，在数据汇聚和应用展示等方面已取得积极进展，已形成平台数据管理、应用集成、组件开发与使用、数据采集调度、数据共享、数据安全等 8 大类标准规范，初步编制形成了苏农云数据资源目录体系，包含基础信息、农业业务空间地理信息资源、监管、业务信息等 12 大类 595 条。南京市、常州市、苏州市、连云港市、镇江市等多个地区初步建成农业农村大数据平台并投入应用，有效发挥了大数据辅助决策作用。

自 2016 年起，江苏省连续五年承办了全国“互联网 +”现代农业工作会议暨新农民创业创新大会、全国新农民新技术创业创新博览会、全国新农民新业态创业创新大会，充分展示了农业生产、经营和服务业各领域的新技术新产品新装备，为新农民新技术打造了共享平台，为各类农业创业创新主体营造出良好发展环境，活动影响逐年扩大，示范引领效应不断增强。2017—2019 年，江苏省连续三年获农业农村部推进农业农村信息化发展专项工作延伸绩效考核优秀等次。在 2020 年全国县域数字农业农村发展水平评价中，江苏省县域数字农业农村发展总体水平居全国第 3 位，有 8 个县（市、区）被评为先进县，数量位居全国前列。

第十六章 16
上 海

为贯彻落实《中共中央 国务院关于抓好“三农”领域重点工作确保如期实现全面小康的意见》《数字乡村发展战略纲要》，上海市围绕实现乡村振兴战略和促进都市现代绿色农业发展这条主线，按照农业生产智能化、经营网络化、管理数据化和服务在线化的要求，积极探索和推进物联网、大数据、云计算等信息技术在农业生产、管理、服务中的示范与应用，现将有关情况总结如下。

一、“十三五”期间农业农村信息化建设情况

（一）深化农产品安全管理信息化工作

推行电子档案实现生产管理数字化。从 2015 年起，上海市有规模的蔬菜生产合作社逐步推进电子化生产档案，建立市、区、镇、社四级生产信息管理功能，使得传统农业加速向集约化、精准化、智能化、数据化转变。建设上海绿色优质农产品管理系统，借助 GIS 技术将绿色生产基地“上图”，并集成绿色优质农产品产地信息、生产过程信息、认证信息、监管信息、监测信息等数据，实现数据“落地”和“适时”更新，实现动态管理。推广使用网格化监管系统 App，强化基层网格化监管，将网格化监管平台应用与农资和农产品生产经营主体信用档案结合，实现分类管理、动态监管，通过信息化手段提升基层农产品监管信息化水平，系统内监管人员累计 1917 人，生产主体累计 8530 家。

（二）推进农业“一张图”建设

以“一网、一图、一库”为总架构，围绕为生产者、管理者、消费者服务，积极推进农业农村“一张图”建设，形成《上海市农用地分类体系》等工作技术方案和标准。在全市统一的技术标准框架下，逐步将分散在不同部门的农业地理空间数据整合归集，汇聚遥感影像数据、基础矢量数据、农业专题数据三类空间基础数据。按照相关技术标准，以自然地块作为基本单元，开展现状农用地信息采集，推进全市现状农业用地的“一张图”。完善上海农业地理信息公共服务系统，对相关数据按行政区划、主体类型、农业生产现状用地类型、应用案例等进行多维度的查询和统计等。

（三）有序推进“互联网 + 农业”工程

打造上海农业公共信息化平台，推进农业信息化健康发展。“十三五”期间本市科技兴农项目共立项支持农业互联网、物联网、智慧农业等项目 32 个，支持资金达到 1.67 亿元。开展了自然光和人工光植物工厂智能装备研究，完成了钢管塑料管棚适应机械化改进与示范，对标准化渔船节能减排增效关键技术进行了研究和示范应用，为拖拉机、收割机等加装了一批基于北斗卫星导航系统的智能监控设备，有效提高了大中型农业机械的使用效率。光明都市菜园、上海农业信息有限公司、国兴农现代农业发展股份有限公司、金山区蔬菜研发中心、多利农庄等入选农业农村部“互联网 +”现代农业百佳实践案例。

（四）健全行业管理数字化体系

建设和深入应用多套行业监管信息系统。

1）通过上海市境道口动物防疫监管系统，实现了对市境道口业务工作实时任务布置、视频监控、查证验物等功能，该系统涉及 8 个市境道口，覆盖全市畜禽屠宰场和 200 多家较大的动物产品接收企业。

2）构建物种资源及生态环境数据库，依托互联网、大数据等信息化技术，以物种资源及生态环境为信息化管理对象，建立了以“一鱼一档”珍稀鱼类电子档案中心为核心的全生命周期智慧管理系统，建设了物联网监管系统等内容。

3）深化农村土地承包经营信息管理和农村集体三资监管系统应用，实现了 9 个区 91 个乡镇 1188 个村的土地承包流转日常管理工作的全覆盖，积累了历年全市镇村集体财务凭证信息 570 万条、登记固定资产卡片 22 万件、各类财务报表 200 万张、资产租赁合同 70 多万份等。

（五）推进信息进村入户工程

2017 年以来，上海以农业农村部整省推进信息进村入户工程为契机，全面梳理、整合现有信息服务工作，明确了通过“线下建社、线上建网”两步走的方式，从进村入户载体、平台、内容三方面入手，在全市范围内整体推进信息进村入户工作。以现有为农综合信息服务站为基础，将其全面优化升级为标准型益农信息社，累计已完成 1112 家标准型益农信息社，基本覆盖上海市农村地区。依托新型农业经营及服务主体建设专业型益农信息社，累计已建成 56 家专业型益农信息社，涵盖电子商务类、科普教育类、培训体验类等。整合门户网站、App、一点通等服务资源，建成信息进村入户益农信息平台，实现不同层次、不同内容、不同范围的信息服务。

（六）推进政务服务平台建设

按照市委、市政府“一网通办”工作“双减半”“双 100”有关要求，大力推进电子证照归集、统一受理接入、服务模式优化等工作。市区两级涉农行政审批事项实现申请材料减半、承诺时限减半。17 个涉农行政审批事项实现全市通办，申请人可至“9+1”任一窗口进行业务咨询，提出办事申请，递交办事材料。完成市区两级共 30 类证照历史数据全量归集和电子证照制作；成功调用市电子证照库居民身份证、企业营业执照等信息，实现线上线下实名核验和材料免交。36 个行政审批事项接入市“一网通办”统一受理平台，申请人可通过市统一物流平台实现行政审批事项申请材料寄送和证照寄收。上海市涉及收费的渔业捕捞许可证审批事项接入市统一公共支付平台，申请人可通过市统一公共支付平台在线支付渔业资源增殖保护费。

二、2020 年重点工作

（一）对标一网统管，建设“农业一张图”

1）绘制数字农业蓝图。以全市农业数字底图和主题数据库为基础，建立系统联通融合应用标准，打造 1 套市区两级农业管理者数字看板，N 类综合应用场景，X 个核心业务系统，最终形成集种植、畜牧、渔业、农机、农产品质量安全监管、农业执法等业务管理为一体的数字农业综合管理网。

2）巩固数字农业底座。根据农业精准化管理需求和 2020 年影像地图，新增绘制蔬菜大棚基本地块21.6万个，更新农用地块10万个，截至2020年11月，全市共计现状农用地面积238.72万亩，其中粮食用地面积153.3万亩，菜田用地面积36.67万亩，经作田用地面积9.24万亩，果园用地面积19.17万亩，水产用地面积18.95万亩，畜牧用地面积1.38万亩，地块信息超过100万个。对接浦东新区、奉贤区等区级信息系统，充分应用区级信息化建设成果，并打通多套业务子系统，汇聚农用地、种植业、蔬菜、水产养殖、农产品质量安全监管、物联网等数据，形成30张专题图层、100余个数据接口，为全市数字农业建设赋能。

3）全面推进农业生产作业信息直报。探索培育满足高质量数据采集的信息化运维团队，构建信息指导员队伍体系，已在全市建立了一支近1200人的区、镇、村三级信息员指导员队伍，辅助和指导各经营主体开展农业生产作业信息直报工作。围绕粮食、蔬菜、瓜果、水产等全面开展9个涉农区农业生产作业信息直报，截至2020年11月，全市6000多家生产经营主体入网，入网总面积163万亩，采集农事档案68万条。

4）构建综合应用场景。将“农业一张图”与农产品网格化实时监管情况相关联，构建农产品质量安全监管应用场景，从监管区域、对象、类型、行为等不同维度为管理部门提供综合分析。以“地”为主线，打通种植业生产、农产品质量安全监管、涉农补贴资金、绿色认证等多环节数据，构建绿色认证应用场景，创新地将跨系统、跨层级数据整合到同一个应用场景中，为绿色认证监管、预警提供技术保障。

（二）围绕数字农业蓝图，加快农业数字化转型

1）深入推进网格化监管系统应用。积极推进地产农产品质量安全“互联网＋监管”，全面应用网格化监管系统App，2500余名市、区、镇、村四级监管人员开展线上工作，实现对主体信息及日常巡查、监督抽查、产品抽检信息的痕迹化管理。在农用地块（238.72万亩）的基础上，为全市1.03万家主体建立监管档案，将监管信息与主体、地块一一对应、动态展示，推进形成地产农产品全覆盖、精细化监管，提升基层农产品质量安全监管水平。

2）应用农机购置补贴“三合一”系统。参加了农业农村部农机购置补贴“三合一”试点，2019年7月后新购置的拖拉机和联合收割机均安装了北斗定位终端，相关信息接入农业农村部农机补贴物联网管理中心。截至2020年11月，全市已有1086台机具接入了系统，据统计，2020年“三合一”试点机具共作业23.9万亩。

3）建设农资管理信息系统。实现农药登记数据库、农资经营企业数据库、农药经营台账数据库等相关农资数据的融合，实现了10余种农药经营电子台账系统的对接。截至2020年，共收录上海市农资经营门店933家，收录农药经营门店上传农药采购台账和销售台账数据近230余万条，为实现农药经营可追溯、可查询、可追踪的全流程监管与追溯奠定了基础。

4）开展耕地土壤质量综合监测。有序开展全市墒情监测点土壤墒情监测，发布墒情监测简报，为农业生产提供参考。依托现有耕地地力监测、耕地土壤环境和农产品质量协同监测网络，推进全市耕地和土壤环境的监测，将安全利用类和严格管控类地块纳入监测范围，跟踪评估土壤环境质量和农产品质量状况，保障上海市耕地土壤环境质量及农产品质量安全。

（三）依托信息技术，提升农业综合服务能力

1）推进电子证照归集和数据共享。2020年，完成拖拉机和联合收割机行驶证等30类证照接入市电子证照库，累计归集证照 4 万多张，实现已归集电子证照应用 100% 覆盖政务服务事项、电子证照类目 100% 关联办事材料清单、实体窗口 100% 接入电子证照库。依托“一库”建设和市数据共享交互平台持续开展数据共享和开放，编制数据资源目录 122 个，信息系统关联率 100%，挂载数据资源 71 个；调用市级资源 4 个，累计调用 41 万次；调用国家资源 3 个，累计调用 6.5 万次；制定公共数据开放清单，向社会开放“上海地产农产品田头价”等 26 项数据资源。

2）推进农业信息服务。2020 年，以益农信息社为载体，夯实信息服务基础，累计建成标准型益农信息社 1112 家，专业型益农信息社 56 家。以益农信息平台为抓手，实现不同层次、不同内容、不同范围的信息服务，主要涵盖公益、培训、便民等服务，累计发布各类文章 2.9 万多篇。开展 12316 三农热线服务，截至 2020 年 11 月，热线服务 67 万人次，组织下乡进社区活动 917 场次，发放科普资料 1.17 万份，现场直接服务 1.12 万人次。

3）优化农村普惠金融服务。根据农业农村部的要求，依托“新农直报平台”等数字化平台，推动金融机构在线开展担保贷款、土地承包经营权抵押贷款、质押贷款等多种融资服务。2020 年，上海市新型农业经营主体注册用户 2126 家，其中认证用户 1758 家，通过“新农直报平台”总申请贷款金额 5.33 亿元，其中放款金额 4.24 亿元，放款笔数 328 笔。

4）推动农业科技成果转化交易。依托“上海农业科技成果转移转化公共服务平台”“上海市农业科技服务基地”，联合国家技术转移东部中心、上海技术交易所和上海临港 · 枫泾科创小镇等第三方交易服务机构合作，2020 年完成 12 项农业科技成果转化工作，推动水稻品种“申优 26”“沪优 549”“沪旱 19”，西瓜品种“黄晶”，香菇品种“申香 1504”和专利技术“沪农科智能农业灌溉嵌入式系统”等多项农业科技成果转化交易，累计交易金额 970 万元。

第十七章 天　津 17

"十三五"期间，天津市在京津冀协同发展的背景下，高标准谋划现代都市型农业发展，抢抓人工智能发展机遇，加快推进互联网创新成果与现代农业深度融合，大力实施"三网联动"工程，转变农业发展方式，推动以物联网和大数据为代表的现代信息技术在农业生产、经营、管理和服务领域的应用不断深化，为农业发展注入新动能，助力天津乡村振兴。

一、农业农村电子商务

（一）"十三五"期间农业农村电商发展情况总结回顾

1）涉农电商平台建设情况。近年来，天津市启动农产品网络销售全覆盖工程，天津市本地涉农电商平台建设快速发展。截至 2020 年年底，建设完善区域农产品电商平台 8 个，市级农产品电商企业平台 7 个，新型规模经营主体自建平台 100 余个。休闲农业电商平台日益完善。建立 3000 多个益农信息社，基本覆盖全市行政村，有效推动了农产品出村进城。

2）涉农电商平台应用情况。2020 年，天津市农产品区域电商平台和市级农产品电商企业平台入驻的新型规模经营主体为 1300 家。区域电商平台入驻的农业企业约 400 家，合作社、家庭农场和种养殖大户超过 600 家，其他经营主体（包括帮扶和农业园）200 多家。

3）电商服务体系日益完善。一是大力推进农村电子商务服务体系建设。2015 年以来，天津市通过与阿里巴巴、苏宁易购、京东、拼多多等平台合作，截至 2020 年，天津市已建成 5 个农村电商区级公共服务中心，近 400 个村级电商服务站。二是天津市农产品区域电商平台和电商企业为农产品出村进城搭建了较好的网络产销渠道，同时多家知名企业入驻天津电子商务产业园，推动京津冀协同发展。

4）农业品牌建设快速发展。天津市委、市政府高度重视农业品牌建设，市农业农村委制定《关于加快推进农产品品牌建设的实施方案》《关于加快推进农业品牌振兴的实施方案》《天津市"津农精品"认定管理办法》，共认定 170 个"津农精品"品牌，认定 36 个"国内知名"品牌和 3 个"国际有名"品牌，品牌体系初步形成，知名农产品品牌建立了从生产、加工、物流、销售等全产业链农产品质量溯源体系。

（二）"互联网 +"农产品出村进城工程进展情况

1）做好顶层设计。为更好开展天津市"互联网 +"农产品出村进城工作，市农业农村委会同市发展改革委、市财政局、市商务局及有关部门制定了《关于开展"互联网 +"农产品出村进城工程的实施方案》，重点从加强农产品生产体系建设、加强农产品支撑体系建设等 10 个方面推动天津市"互联网 +"农产品出村进城工作。2020 年，经过推荐和评选，天津市静海区和蓟州区被农业农村部推选为“互联网 +”农产品出村进城工程全国试点县。

2）加大资金扶持。2020 年市财政安排专项资金 2000 多万元支持“互联网 +”农产品出村进城工作。一是支持农产品物流体系建设。支持 18 个标准化菜市场建设，完善天津市蔬菜流通体系布局，满足居民便捷、安全、优质农副产品消费需求。二是支持农产品质量安全监管体系建设。支持开展产地农产品质量安全监测、监督管理等工作，确保农产品生产经营者严格落实质量安全主体责任。

3）持续优化物流配送环境。一是配发轻型、微型封闭式载货汽车专用通行证，采取互联网自助申领通行证的便利措施，可不受外环线以内载货汽车区域限行措施限制。二是积极做好农产品仓储冷链保鲜设施建设启动工作，组成了专家技术团队，全面摸排天津市建设需求，研究起草了实施方案、技术方案和验收方案。

4）进一步提经营服务能力。积极开展农产品展销对接活动，推动农产品出村进城。一是组织天津市生产经营主体参加全国农交会、长春农博会、沈阳农博会、第五届京津冀品牌农产品产销对接会、天津市脱贫攻坚成就展和 2020 农产品区域公用品牌热销暨中国品牌农产品展销庆丰收活动，开展了农民丰收节、丰收购物季等活动。二是积极开展益农信息社建设工作，利用天津市信息进村入户综合服务平台开设农资商城，保障春耕生产物资，实现农资网上订购。通过综合服务平台发布本地农产品供应信息，制作了农产品直达配送平台和待售信息平台，通过线上线下销售方式，推动农产品产销对接。三是市供销合作总社以原有经营服务网络为基础，不断提升完善各类为农服务载体建设，建设农业生产资料配送中心 19 个，连锁经营网点 594 个，新建和提升改造日用消费品配送中心 27 个，连锁经营网点 4866 个，建成鲜活农产品配送中心 14 个。

5）进一步拓展网络销售能力。积极开展农产品网络销售，推动“互联网 +”农产品出村进城。一是会同市商务局组织开展了首届“津春有你”线上购物促销节，组织天津市 19 家农产品电商平台和 40 家“津农精品”企业参加。与邮政天津分公司遴选天津特色农产品和困难村农产品入驻学习强国平台参与换购活动。会同市商务局和市工信局与拼多多平台签订了框架协议，搭建天津优品馆。二是举办小站稻产销对接会，推动“互联网 + 农业 + 快递”发展，引导快递企业加强与农产品电商企业及农产品原产地的合作，拓展农产品线上线下多种销售渠道。三是宁河区“家乐在线”、宝坻区“劝宝商城”对接中华全国供销合作总社的“供销 e 家”，在区域和全国平台的带动引领下，借助线上线下一体化优势，市区两级供销社电子商务公司整体布局、联动发展，对接连锁网络，线上线下融合互促，新农村现代流通服务网络进一步完善。

二、信息进村入户

1）全面完成站点建设任务。截至 2020 年，全市共建成益农信息社村级服务站 3318 个，在全市行政村的覆盖率达到 93%，比农业农村部要求的 80% 覆盖率超出 13 个百分点。

2）加强信息员培训及考核。采取现场调研、联合培训、线上线下培训相结合的方式，全方位提升益农信息社信息员的业务水平和服务能力，培训人数达到 5 万人次。同时在天津市信息进村入户综合服务平台和益农社 App 上开设培训专栏，指导各街镇工作人员、种养大户、合作社、信息员等开展在线培训；编辑印发运营培训教材，内容涵盖乡村振兴、数字乡村、农产品电商、乡村旅游等方面的案例，供信息员学习借鉴。联合市农科院开展网络直播培训，组织专家讲座23期，在线打卡人数约4万人次。结合益农信息社服务内容、工作表现，评选出市区两级优秀信息员并给予表彰。

3）建立健全在线信息服务体系。初步建成信息进村入户平台、益农社 App、微信公众号、12316 信息服务、智能发布终端等多媒介相结合的益农信息社在线服务体系。发布政策资讯、公益便民、灾害预警、招工就业等各类服务信息上百万条；发布“津农精品”供求对接信息，开设网络旗舰店，上传特色农产品图文信息；开设“乡村旅游”专栏，上线精品民宿及农家院 241 家、农庄园区 30 家、精品线路 44 条。与天津市公安交通管理局联合开展交通安全宣传活动，在全市益农信息社站点循环播放交通安全宣传短片，加大“一盔一带”活动在农村的宣传力度。

4）积极推进“运营商 + 服务商”模式。指导运营商与中国建设银行、中国农业银行、中国联通、中国电信、中国移动、中国人寿保险等服务商对接，为益农信息社引入金融、通信、保险等服务。形成了政府“搭台”、企业“唱戏”、农民“得实惠”的发展格局。中国建设银行推出了“裕农通”普惠金融服务项目，可以使村民足不出村实现建行卡的存款、取款、转账等业务办理，满足村民日常金融需求。

5）多次开展实地调研和召开工作推进会议。在建设和运营的过程中，多次派出调研组深入 10 个涉农区进行走访调研，了解实际工作的重点难点问题，并印发《关于提升全市益农信息社服务功能和运营能力的通知》等文件，为做好益农信息社运营工作提供支撑；组织召开“关于召开困难村消费帮扶和信息进村入户工程中期推动会”“益农信息社农产品对接座谈会”等工作会议，总结经验，分析解决问题，研究开展工作的具体思路和方法，为益农信息社建设运营工作顺利开展提供保障。

6）推动农产品出村进城。组织参与首个国际茶日庆祝活动和“津春有你”线上购物促销节活动，开展优质农产品在线拼购活动。对接天津新闻频道《乡村振兴怎么干》栏目，宣传优质农产品，并在信息进村入户平台同步推出专题栏目。联合天津海河传媒中心、中国建设银行天津分行开展爱心扶贫助农“go”活动，为扶贫助农助力。指导困难村信息员在线直播销售本地特色农产品，拓宽困难村农产品宣传推介渠道，直播观看人数达到 45.32 万人次，拼购单数 135728 个，销售额达到 418 万元。线上线下开展农产品销售，销售额达到 5489 万元。

三、数字乡村

2020 年，天津市委网信办会同市委农办、市农业农村委，积极推动数字乡村发展工作，联合印发了《天津市促进数字乡村发展的实施意见》，2050 年要全面建成数字乡村，全面消除城乡“数字鸿沟”，农民生活更加幸福安康。

1）完善数字基础设施。打造新一代信息基础设施。推动落实《天津市通信基础设施专项规划（2016—2030 年）》，开展“同网同速”，截至 2020 年，天津市行政村 4G 覆盖率和光纤覆盖率均达到 100%，实现农村宽带网络接入能力和速率基本达到城市同等水平，4G 下载速率、固定宽带下载速率双双居全国第三位。深入实施信息进村入户工程，按照“六有”标准建设益农信息社，全市建成益农信息社达到 3318 个，基本实现全市行政村益农信息服务全覆盖。加强农产品质量安全建设，放心菜、放心肉鸡、放心生猪及放心水产品基地均已实现凭二维码在线追溯查询。

2）推动乡村数字经济发展。夯实数字农业基础，建成并上线全市空间地理库，其地理空间数据覆盖天津市域约 1.2 万平方公里。开展天津市国土空间基础信息平台建设，完善耕地信息化监管体系，重点开展对永久基本农田实施监管，实现对永久基本农田的动态监管。培育农村新模式新业态，出台《关于落实中央农办等 11 部委关于开展农民合作社规范提升行动的若干意见的实施意见》，完成了天津市农民合作社市级社和市级示范社认定工作。利用微信公众号、天津益农 App 推介特色优质农产品和休闲农业精品线路，津南区前进村、蓟州区杨家峪村、宁河区木头窝村、武清区二街村被评定为中国美丽休闲乡村。打造现代化农产品冷链仓储物流体系，全市共有规模以上冷库 45 座，规划建设冷库 17 座，通过推进夜间配送、集中配送、共同配送以及免验货等模式，冷链城配企业备货、配送效率提升 50% 以上。推动实施“邮政在乡”工程，邮政企业累计建成农村地区具备信息化功能的邮乐购站点 560 个。

3）促进农业农村科技创新。提升农业装备智能化水平，发挥天津市智能制造专项资金引导作用，利用天津市“智造十条”政策支持涉农企业发展。通过智能化改造、智能制造综合标准化与新模式应用、机器换人等政策组合，推进涉农企业制造装备转型升级。利用国家政策，积极推进农机装备转型升级，发展高端农机装备制造。提升农机服务信息化水平，应用农机深松作业智能监测系统，为承担作业的机具安装了检测设备，对作业机具、作业轨迹、作业面积实施远程动态监测。

4）建设智慧绿色乡村。推广农业绿色生产方式，依托“中国种业大数据平台”，种子生产经营许可和备案、品种审定和登记、种子行业信息调度等种业政务和业务实现在线化管理，有效提升了种业公共服务效能。推进农产品追溯和合格证试点工作，全年共发放纸质合格证 120 万张、追溯标签约 230 万个，将全市 1.4 万家农产品生产企业（户）建立名录库，100% 纳入合格证试行主体，并对合格证开具情况进行巡查检查，将产品纳入监测范围。推广测土配方施肥技术和开展主要农作物统防统治实际示范作业。推动现代农业产业园建设，宁河区国家现代农业产业园智慧农业平台项目完成创建，建立了智慧农业大数据中心和综合管理服务系统，精准监测重要农业设施的发展状况。宝坻区国家现代农业产业园建设进展顺利，已有 13 个产业园开展市级培育工作。推动智能园区建设，组织开展智能农业示范园区认定工作，认定 35 家智能农业示范园区，通过推进智能农业技术在现代种植业、现代畜牧业、现代渔业和农机等行业的应用，提升农业生产智能化水平。

5）繁荣乡村网络文化。强化网络文化阵地建设，传承弘扬中华优秀传统文化，打造“网络中国节”品牌，结合天津文化特色，开展具有浓郁天津特色的节日与民俗宣传，举办“网络述年”“网聚津彩过大年”“网络中国节 · 元宵”“网络中国节 · 清明”“哏儿都大 V 走基层”等活动。

6）创新乡村社会治理。优化治理体系，强化大数据在农村治理体系建设中的应用，发挥“津治通”全市一体化社会治理信息化平台作用。研发应用天津市农村集体资产管理信息系统，建成了农村集体经济组织成员、资产、股权、组织 4 个数据库，实现了农村集体产权制度改革工作全流程信息化、成果管理信息化，纳入天津市“三农”大数据管理平台进行管理。

7）深化信息惠民。打造智慧教育，天津市中小学均已接入互联网，接入带宽全部达到 100Mbit/s，满足农村地区教育教学基本网络需求。深化智慧民生，推进“互联网 + 社保”

项目建设，在全市 305 个点位部署 337 台新型自助设备，实现了全市 247 个街镇全覆盖。完成天津市统一远程医疗信息平台建设，推动远程医疗服务覆盖基层医疗卫生机构。农村居民电子健康档案建档率达到 80%。

8）激发乡村振兴内生动力。构建乡村诚信建设体系，依据《农民专业合作社年度报告公示暂行办法》有关规定，将全市未公示年度报告的农民专业合作社列入经营异常名录，通过“天津市市场主体信用信息公示系统”和“国家企业信用信息公示系统（天津）”主动向各行政机关以及社会进行公示，鼓励和引导规范经营的涉农机构诚信守法经营。积极培育高素质农民。在天津市信息进村入户综合服务平台和天津益农 App 上开设培训专栏，指导各街镇工作人员、种养大户、合作社、信息员等开展在线培训。

9）统筹推动城乡信息化融合发展。加强信息资源整合共享利用。统筹规划整合农业大数据信息资源，并且结合重点工作和市民、农民需求，实现涉农数据全面应用。建设天津市“三农”大数据管理平台，基于大数据分析成果，面向农业生产、农村建设、农村帮扶、农民增收等建设个性化应用产品，提升监管部门的管理服务能力。

四、农业物联网

天津市以推进智能科技产业发展为契机，在前期农业物联网区域试验工程建设的基础上，积极推进实施智能农业专项行动计划，促进天津现代都市农业向智能化方向发展。

1）建设天津智能农业研究院。借助首都资源，积极引进赵春江院士团队在津落地，建立天津智能农业研究院，完成研究院实体公司的注册工作，正在进行研究院建设用地调整工作。

2）协调智能农业项目落地天津。初步落实了一批重大智能农业项目，滨海新区申报 2021 年农业农村部数字农业推广应用基地奶牛数字农业项目储备，天津嘉立荷牧业和天津市原种场分别参与申报的中英智慧农场项目通过立项，天津食品集团与英国农业工程精准创新中心的国际合作项目正在实施中，科技部智慧农业项目（奶牛）也正在积极推进过程中。

3）打造一批先进智能农业示范园区。依托规模化农业生产园区开展物联网示范应用，打造智能农业核心示范基地，促进基地从生产监测向智能化管理控制转变，共认定 35 个智能园艺、畜牧养殖、水产养殖、农机和种业智能农业示范园区。

五、农民手机应用技能培训

按照农业农村部市场与信息化司《关于做好 2020 年农民手机应用技能培训有关工作的函》的要求，天津市高度重视农民手机应用技能培训工作，周密部署、严格要求、全面开展培训工作，取得了较好的学习效果。天津市各涉农区组织各村益农信息社信息员及部分农民采取观看线上活动、参加线下培训课程等多种培训形式，全市共举行观看活动 1562 场，参加人数 21294 人次，通过线上线下开展培训约 3000 次，参加人数 42357 人次。

1）培训形式。本次培训活动围绕“手机助力农产品出村进城”主题开展。一是在活动期间，各涉农区主要培训农民利用手机在电商平台和短视频平台开展本地农产品的营销，促进产销衔接，实现农产品优质优价，同时帮助农户获得物美价廉的农资产品。二是围绕 12316 农业公益服务为核心，依托各村益农信息社信息员，大力推广 12316 农业公益服务，使农户获得更多更全的农业信息和政策法规，益农信息社工作人员手把手教会了在场农民利用手机进行直播、拍摄短视频技巧、农产品线上销售等应用技能，还教会农民利用手机查找农业农村政策法规、市场行情、气象灾害等信息。三是针对电信诈骗高发、农户防诈骗意识薄弱和自身获取信息面局限等问题，开展增强农户网络安全教育培训，提高农民防范电信诈骗、网络诈骗的能力，保障农民财产安全等。

2）培训效果。一是通过培训，进一步帮助农民群众熟悉益农信息社、淘宝、快手、苏宁易购等电商平台操作流程，助力拓宽了农产品销售渠道；教会了农民使用 12316 农业公益服务热线，拨打热线了解农业农村政策、市场行情、气象灾情等。二是通过学习让手机成为新农具。培训活动的开展，增强了农民创新发展能力，加深了农民对现代农业发展的认识，并意识到科技对农业发展的模式及方式的实际推动意义。此次活动帮助农民掌握手机应用技能，搭建了学习平台，让手机真正成为助力农产品销售、切实帮助农民增收致富的帮手。

第十八章 18

浙 江

一、农业农村信息化工作进展整体情况

2020年，浙江省聚焦“重要窗口”新目标新定位，认真贯彻落实省委省政府关于深化“最多跑一次”改革、数字浙江建设等重大决策部署，大力实施新时代浙江“三农”工作“369”行动，成立数字“三农”专班，加强顶层设计，积极探索创新，加快推进农业农村信息化，提升农业农村信息化水平，加快推进农业农村数字化转型，打造数字“三农”浙江样板。

2020年，全省益农信息社实现行政村全覆盖，农户信息服务面持续扩大，开展农民手机应用技能培训500多期，培训2万多人次。德清县、平湖市等20个县（市、区）获评“2019年度全国县域数字农业农村发展水平评价先进县”。全省农产品网络零售额连续多年保持快速增长，2020年农产品网络零售额达到1143.5亿元，增长35.7%。

二、农业农村电子商务

1）农产品流通线上线下加快融合。20个县（市、区）启动实施“互联网+”农产品出村进城工程，加快建设农产品加工物流、快递、冷链仓储等基础设施，培育一批具有较强竞争力的县级农产品产业化运营主体和农产品品牌。优中取优，在20个省级试点中遴选6个县（市、区）申报国家试点，并全部顺利入选，成为入选地区最多的省（区、市）之一。2020年，全省拥有活跃涉农网店2.4万家，培育电子商务示范村350个、农村电商示范服务站（点）720个，累计建成电商专业村1720个。推进“网上农博”平台建设，设立11个市馆、89个县（市、区）馆、9个省外对接对口帮扶支援县馆，共有2653家农业主体的9507款产品上线，全年累计成交额超1.2亿元。2020年，浙江省线上农博会借助网上农博平台同步开展，组织开展云展示、云展销、云订货、云论坛、云推介“五朵云”活动，实现成交额超6000万元。

2）农产品网上营销快速发展。疫情影响下，为解决销路难题，各地纷纷发挥网络平台作用，推动农产品、特色小吃、农家乐的销售，农业生产经营主体纷纷“触网”，一批市县领导当起主播进行农产品直播带货，“互联网+”农产品营销的优势得到充分体现。搭建全省农产品产销对接平台，邀请世纪联华、盒马鲜生等百余家重点采购商入驻，每日发布各地滞销农产品信息上千条，共达成订单400多个，订货额破2亿元。主办全国首个出口农产品网上交易会，充分运用AR等新技术搭建“云展厅”，已有茶叶、水果、蔬菜、蜂产品、食用菌、水产品等多个行业的80多家农产品出口企业入驻，当日达成意向成交额450万美元。

三、信息进村入户工作

1）加强组织引导。出台《关于做好2020年度信息进村入户工程整省推进工作的通知》，明确以实现益农信息社全省行政村全覆盖、持续扩大农户信息服务面为总体目标，打造益农信息社示范站点、提升万村联网网页管护质量、深化信息服务融合、抓实信息员队伍建设、做好益农信息社日常工作等重点任务和具体内容，为整省推进信息进村入户工作提供建设依据。将信息进村入户工程列入2020年度新型基础设施建设部门重点工作任务，对益农信息社建设运营进行监测，促进益农信息社规范运行。

2）注重宣传扩面。针对农户关注的信息服务需求，联系当地有影响力的媒体、微信公众号，组织开展益农信息社系列宣传活动，对益农信息社的服务内容、示范站点、推广活动进行宣传报道，提高益农信息社服务普及度和知晓率，扩大信息服务农户覆盖面。尤其是新冠肺炎疫情发生以来，全省益农信息社体系在抗疫情、保供给、促发展方面积极有为，全省18名信息员获得关于益农信息社“助力抗疫”专项奖励。武义县益农信息中心通过对接“网上农博”这一优势农产品网上交易平台，让城市餐桌和乡村菜园“零距离”接触，实现菜篮子保供、无接触防疫、种植户增收，解决农产品滞销和市民买菜“两头难”问题。

3）推进行政村全覆盖。广泛遴选站点，只要适应村户服务需求，乡镇农业公共服务中心、村委会、村便民服务中心，村邮站、农村商超、农资店，新型农业经营主体等都可进行提升改造成为益农信息社。截至2020年，全省建成益农信息社21856个（全省行政村数量为20402个），行政村覆盖率超过100%。严格选聘信息员，做好信息员培训上岗工作，全省开展信息员业务技能及知识更新培训13.7万人次。

4）提升信息服务水平。以“浙里办”和农民信箱为基础，拓展延伸服务，实现基层群众办事“最多跑一次”；依托“网上农博”等平台，整合生产、销售、市场行情等信息，开展农产品网上营销；进一步融合邮政、通信、广电、电商服务网点等社会各界力量，利用其设施条件，拓宽益农信息社便民服务范围。截至2020年，依托益农信息社，全省累计提供语音咨询服务2936.1万人次，发送服务短信63.5亿条，受理便民服务9721.7万人次，涉及金额21.7亿元，促成网上商品代购、农产品网上营销等电商服务成交金额53.8亿元。

四、数字乡村

1）信息基础设施条件明显改善。健全农业信息化服务体系，截至2020年，全省行政村（社区）网站2万余个，电话村通率、移动通信信号覆盖率均实现100%。搭建全省数字“三农”“1115”协同应用平台框架，建设完善“1”个大数据中心，建设66个专题数据库，包含近2万项数据字段和7亿条数据；初步建成“1”张全域地理信息图，全省农业规模主体、海洋渔船、农业“两区”、1677万亩土地确权、农机、物联网基地等可在一张三维地图上展示；优化“1”个数字化工具箱，开展农业主体等数据标准规范建设和地图标准工具研发；整合完善“5”大领域业务应用系统，业务应用系统由原先101个整合到42个，其中智慧畜牧管理系统、渔船安全救助信息系统等一批重要系统全面应用。

2）公共服务在线化不断丰富。2017年以来，浙江省实施信息进村入户整省推进示范提升工程，推动益农信息社可持续运营，发展农民信箱实名注册用户292万，累计发送个人短信136亿条、邮件76亿封，打通信息服务“最后一公里”。推进“互联网+政务服务”，细化“最多跑一次”事项 173 项，梳理公共服务事项 135 项，平均审批时间缩短至 4.2 个工作日。

3）乡村治理数字化积极探索。搭建省级乡村治理数字化平台框架，集成包括农村自然资源管理、农村生态环境管理、农村集体“三资”管理、农村宅基地管理、村情村貌、乡风文明治理、村务管理、农村党建、村民服务、应急管理 10 大功能模块，推进德清、平湖等有条件的村接入平台先行示范。推进数字乡村试点县建设，引导 4 个国家数字乡村试点县和 15 个省级数字乡村试点市、县落实落细实施方案，因地制宜推进数字乡村建设。如建德市应用乡村钉钉，设置民情反应、数字账本等功能，推动农村治理体系和治理能力现代化；德清县率先探索“一图全面感知”乡村智治新模式，让老百姓人人参与村庄治理；嘉兴市南湖区开发“垃非”App，通过农户参与垃圾分类获得可兑换商品的积分，引导农民准确投放垃圾，解决监管难问题。

五、农业物联网

1）数字技术与现代农业生产加速融合。加快生产领域数字化改造，结合 35 个县乡村振兴产业项目，推动地方产业数字化平台开发和生产管理数字化应用，一批设施智能大棚、温室环境自动控制、肥水药精准使用、病虫害智能监测、农用无人机作业等项目大范围推广运用。抓好数字农业工厂试点创建，开展 163 个数字农业工厂创建，示范带动 1062 个种养基地完成数字化改造，有效提高土地产出率、资源利用率和劳动生产率。挖掘打造一批应用场景，启动西湖龙井茶、浦江葡萄、德清早园笋、桐乡杭白菊等 50 个单品种全产业链数字化管理系统建设，梳理形成浙江省数字乡村建设应用场景 98 项，主要包括浦江葡萄超级农场等生产管理类 47 项，桐乡杭白菊产销一体化等流通营销类 8 项，台州“船港通”等行业监管类 11 项，仙居“亲农在线”等公共服务类 8 项，德清“乡村智治”等乡村治理类 24 项。

2）行业监管数字化水平持续提升。建成全省农产品质量安全追溯体系，47 个县应用数字农安 App，6.3 万家规模主体纳入管理，其中，2.2 万家主体实现农产品质量安全可追溯管理。“互联网 + 监管”应用扩大，“绿剑”“掌上执法”检查 5678 次，畜牧行业全面启用“养殖场管理码”，实现规模养猪场赋码全覆盖和养殖、检疫、流通等全程监管。开发推广“浙农码”，在渔业、畜牧养殖、农产品追溯、精准扶贫等领域试运行，为 52.6 万户低收入农户、4200 余个畜牧养殖场、550 个农产品追溯主体、1.8 万艘渔船、1.5 万名船员进行赋码，实现“一站式”“一对一”的信息聚合和功能服务。

六、农民手机应用技能培训

1）专项活动与培训项目相结合。制定下发《关于开展 2020 年农民手机应用技能培训工作的通知》，对全省农民手机应用技能培训工作进行全面部署。根据各地实际情况，依托全国农民手机应用技能培训平台，组织开展手机培训典型案例推介、全国农民“小康美景手机拍”摄影作品展示和农民手机摄影公开课、农技服务短视频培训等系列网上专项活动，借助现有培训项目，将农民手机应用技能培训与高素质农民教育培训、农村实用人才培养等项目紧密结合，同步开展培训。

2）理论与实践相结合。依据教学大纲和《农民手机应用手册》教材，结合当地实际和学员需要，进行必要的优选调整和补充拓展，坚持理论教学和实践教学相结合，调动并激发农民对信息的需求，提高农民信息收集、信息应用和信息反馈能力，增强培训针对性、实效性。邀请淘宝大学讲师、浙报集团运营专家等专家学者讲授利用淘宝直播销售农产品、运营短视频账号等内容，深受学员好评。培养农播达人、村播达人，通过直播带货促进农产品销售，大大提高农民收入。

3）线上与线下相结合。受新冠肺炎疫情影响，将培训调整为“线上培训为主，线下培训为辅”的方式，充分利用现代信息技术和远程手段开展全方位、多元化、能交互、可跟踪的农民手机应用技能培训，充分发挥互联网、移动终端等手段的传播优势，通过中国农村远程教育网，“农民学手机”“浙农云”和“农广在线”App 及相关专题专栏为农民提供短平快的农业信息化培训指导。

企业推进篇

第十九章 19

农信互联：构筑生猪产业数智生态平台

2020 年，“非洲猪瘟 + 新冠肺炎疫情”的双疫叠加给中国的农牧业带来了史无前例的挑战，同时，“十四五”规划纲要提出，要加快发展智慧农业，推进农业生产经营和管理服务数字化改造。这也给当前生猪产业的发展提出了更高的要求。

身处巨变时代的浪潮中，北京农信互联科技集团有限公司（以下简称“农信互联”）基于自身农业互联网平台优势，面对客户需求和时代要求，不断升级打磨产品，为行业提供不断成长的解决方案。

第一节 数智化、集团化、生态化：巨变下的养猪新业态

随着饲料、人力、生物安全防控、环保设施等成本的增加，国内养猪成本大幅度提高；历时两年的非洲猪瘟疫情，使国内生猪市场的供求关系发生巨大变化，市场波动越来越剧烈。

2020 年中央一号文件首次提出“加快恢复生猪生产”，而各地政府更是在“稳价格保供给”的压力与动力下，大力支持生猪养殖，养猪企业在环评、用地、信贷等方面得到地方政府的大力支持。不仅有中化、中粮、中农发、首农、北大荒等大型央企和国企纷纷加入养猪大军，各地的企业也争相投入大笔资金开始养猪，养猪业原本的老牌企业温氏、牧原、新希望、大北农也在加速扩张，生猪产业规模化大幅提升。

同时，数字化和智能化在生猪产业的快速推进，产业数智化革命已经到来。2020 年对于中国生猪产业而言，充满着巨大的变化和不确定，但巨变中孕育着新的机遇，传统养猪业的新业态已悄然而至。

一、数智化：改变经营方式

数智化，即数字化与智能化的融合赋能，不仅改变企业的生产方式，使企业降本增效，更对企业经营方式带来变革，构筑企业的核心竞争力。过去 ERP 系统带给企业的是流程、管理与效率的变革，而数智化使企业由管理驱动转变为数字驱动，过去养殖业的头部企业依靠“人 + 流程”为特点的“人治”模式胜出，现在的养猪新势力依靠“数字 + 智能”为主的“数治”模式弯道超车，实现企业管理与决策的去中心化，用数据中台替代企业的中层管理，企业组织架构也更扁平化、去中心化，管理的效率也必将得到突破性的增长。

行业红利逐渐褪去，资本越来越密集，竞争越来越激烈的养猪时代即将到来。过去靠精细化管理来角逐胜利的企业，开始探索利用数智化构筑企业核心竞争力，以在未来激烈的竞争中谋生存和发展，这些居安思危的养猪企业注定是市场的常胜将军。

二、集团化：打破企业边界

在一系列的环境变化和行业巨变中，大型养猪企业的业务呈现出两大变化：一是新建或吸收融合大量的中小养猪场，从过去单场养殖模式转变为多场养殖或公司＋农户的养猪模式；二是向产业链上下游延伸融合，饲料企业布局养殖板块，养猪集团经营饲料厂，甚至布局屠宰食品企业，以生猪为核心跨产业融合已经成为不可逆的发展趋势。

这两大变化使集团化养猪模式成为大型养猪企业重要的竞争形态。集团化的过程中跨组织、跨部门、跨业务板块，甚至跨产业形态的协同运营成为这类企业关键的能力。但近几年，集团化模式高速发展导致企业集团化的协同管理能力十分欠缺，当前的养猪企业更多的关注产能的建设，较少关注集团化跨组织的经营能力培育，认为拥有 ERP 系统就足够了，所以针对传统模式业务系统、管理系统、财务系统等各种软件工具蜂拥而至，却不能形成高效的数据和信息流通，甚至带来部门壁垒，更不要说带来全集团的战略协同能力。当这一轮猪周期过去之后，这些迅速发展起来的养猪企业，要在行业的低周期中存活，必然要寻求能够融业务、管理、财务一体化的，能够融合跨组织、跨产业模式的企业数智化整体解决方案，因为这些基于互联网逻辑及大数据技术基础上的数字中台解决方案能够彻底地解决养猪企业的成本与效率问题。因此，能够打破企业的边界、提供集团化解决方案的全程在线化数据中台在此业态下成为未来大型养猪企业的刚需。

三、生态化：发展产业形态

在过去以中小规模养殖为市场主力的产业结构中，抱团取暖是基本的产业形态。在激烈、变化无常的市场环境与养殖环境新形势下，集团化养殖逐渐发展为市场主力并引导市场，一家企业即可形成一个涉及全产业链的产业闭环，农信互联总裁薛素文先生将其总结为集团化养猪为主的“内循环生态”模式。

那么，在集团型企业强大的“内循环生态”下，中小规模企业如何与其竞争，如何生存、发展？唯有内联外合、重构秩序、共建生态，不断地融合、共享、共生、共荣、共进退。从产品到产业链再到产业环，从物理空间走向网络空间并得到巨大延伸，变万家中小猪场为一家大猪企，这样的产业模式，农信互联总裁薛素文先生将其总结为以平台化养猪为主的行业“外循环生态”。行业“外循环生态”以平台化的 C2C 模式运转，这个 C 不是指个人，而是众多的养猪及养猪服务企业，从平台一端的料药苗企业、设备企业、金融企业、养猪服务商等众多养猪服务企业到平台另一端的中小规模养猪企业或养殖户，连接两端的就是产业互联网平台。

农信互联将其核心产品体系“猪联网”升级至 5.0 版本，其主要任务就是为大型养猪集团型企业的“内循环生态”提供数智化升级服务，为众多的生猪产业链企业的“外循环生态”提供互联网平台服务。

第二节　猪联网 5.0：为养猪数智化、集团化、生态化而来

农信互联的核心产品体系“猪联网”，从 1.0 到 3.0 版本，主要是从猪场 SaaS 及信息化等方面进行更新和升级。随着 5G、物联网、大数据、人工智能等信息技术的发展，农信互

联在猪联网中引入智能猪场设备和系统，在“数据+交易+金融”三大业务板块的基础上进行更新和升级，融合“猪小智+猪管理+猪交易+猪金融+猪服务”的五大板块的猪联网 4.0 应运而生。

2020 年推出的猪联网 5.0 是 4.0 的升级版和强化版，如图 19-1 所示。在线化板块“猪企网”与智能化板块“猪小智”进行了全面融合打通，并且基于养猪大脑——猪联网的中央处理器，打造交易、金融和社会化服务等平台生态服务体系，满足不同类型农牧企业的发展需求，服务并推动生猪产业数智化、集团化、生态化的新业态。

一、猪场智能化解决方案

1）八大核心功能全面升级。八大核心功能包括智能监控、智能饲喂、智能盘估、智能测温、智能环控、智能洗消、智能料塔、智能水电，能够实现多维度、多层级预警以及智能化、可视化任务管理。

2）AI 核心算法系统全面自研。系统包括基于两项核心技术突破的 LoKi Ai 平台和基于猪联网的大数据，核心算法全面自研，农芯 IOT 边缘计算网关的标准化能力不断提升，通过软硬结合，构建“端—边—云”智能猪场架构。

3）九大产品系统，打造智能养猪数字化底座。九大产品系统包括 AI 监管预警、精准饲喂管理、自动盘估管理、智能环控系统、生物安全防控、远程卖猪系统、农户代养系统、员工行为管理、远程风控监管。这九大产品系统，打造智能养猪数字化底座，可实现生猪从出生到出栏的全景化智能管理。

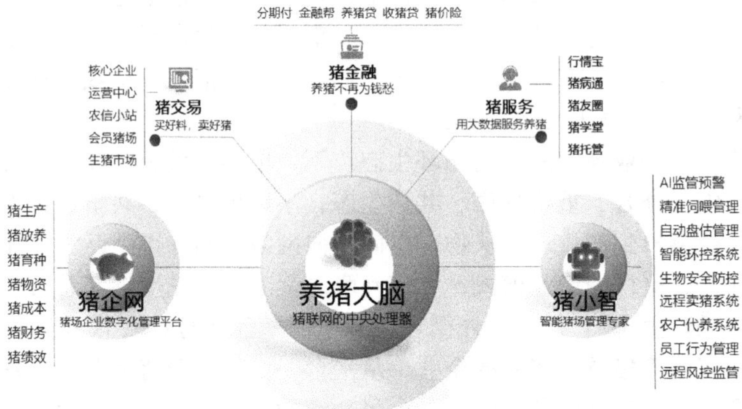

图 19-1　猪联网 5.0

二、集团化农牧企业的数字化解决方案

猪联网 5.0 面向集团化猪场及产业链企业，实现跨单位、跨组织、跨上下游的数字管理模式，适应公司+农户等不同代养模式，满足年出栏百万头猪场的经营需求。猪联网 5.0 在帮助集团化企业进行数字化升级领域进行了以下几个方面的更新。

1）全新的技术架构。在技术层面上，猪联网采用了传统 ERP 不会用到的微服务系统架构，可支撑众多猪场同时在线。

2）全新的业务架构。猪联网 5.0 采用了中台架构思想，将整个架构分为前中后台三层业务结构。针对各种生产环节，构建体系化、在线化的系统平台，实现生猪产业链的数据打通，使企业能够沉淀中后台的生产管理数据，为前台应用获得支撑，用中后台的能力赋能前台，让集团化企业在发展过程中获得更快的反应速度。

3）全新的操作体验，简单、直接、可定制。猪联网 5.0 非常关注用户体验，在用户交互及使用效率等方面进行了提升，操作简单、直接、可定制，大大提高了单据输入效率。

4）跨组织边界。猪联网 5.0 通过数字化技术，可以通过多维度设置集团组织，可以跨猪场、跨核算单元、跨企业、跨产业进行组织架构设置，解决未来企业的集团化发展和多元化发展的架构问题。

5）业财一体化。过去很多企业的业务和财务使用不同软件，造成数据无法打通，而猪联网 5.0 从业务申请、审批、发生、结算、财务处理全程在线化，并且将业务和财务的数据全部打通，实现业财一体化。同时，猪联网 5.0 支持育种、自繁自养、育肥、公司＋农户等多种饲养模式；任务管理可以多屏互动；支持阶段成本核算、批次日龄成本核算、放养模式成本核算等多成本管理模式；支持生产成绩排名、成本绩效排名、销售利润排名等多绩效管理模式。

6）全面的生产预算管理。猪联网 5.0 强化了预算管理功能，科学有效地规划生产经营，打破过去农牧企业以产定销的生产模式，提前制定生产计划和出栏计划，生产与销售全面协同，可以有效利用资源，降低农牧企业的生产经营风险。

7）支持多种语言模式。随着用户的积累，猪联网影响力在不断扩大，受到了来自世界各地农牧企业的关注，也逐渐与国际接轨。此次升级之后，猪联网 5.0 支持汉语、英语、越南语、朝鲜语等多种语言模式。

8）超级报表定制平台。不同企业的报表需求不同，猪联网 5.0 开创了报表定制平台，可以适应多种猪场经营模式，包含企业版、集团版、代养版、育种版、国际版，满足不同场景、不同背景的个性化报表需求。

9）无缝对接第三方系统。一个平台很难满足所有的应有场景，通过数据中台的模式，猪联网 5.0 可以集成很多合作伙伴或其他企业的先进管理模式，将企业现有第三方应用系统与猪联网 5.0 实现无缝对接，解决信息孤岛问题，变万家系统为一个平台。

三、产业生态化解决方案

猪联网 5.0 依托农信平台及生态合作资源，为猪企提供从生产、管理、交易、金融及社会化服务等全方位赋能，致力于为涉猪企业提升整体竞争力。

（一）猪交易

猪联网 5.0 与农信商城及国家生猪市场连接，利用农信供应链、金融及运营能力，降低交易成本，提升农信会员企业的线上竞争力。猪交易是面向生猪产业链中生产资料企业、经销商、猪场、猪贸易商、屠宰场、货运等各个生产经营主体提供交易的线上服务平台——农信商城，旨在解决交易信息不对称、交易链条过长、产品品质无法保证、交易成本居高不下、交易体验差、物流运输不便等问题。农信商城主要包括投入品交易平台——养殖市场，生猪交易平台——国家生猪市场，网络货运平台——农信贷联，线下服务渠道——运营中心。养殖户可从农信商城的养殖市场购买饲料、兽药、疫苗等投入品，国家生猪市场可帮助用户进行生猪交易，农信贷联为货运者与货主搭建网络找车匹配平台，运营中心为其所在县域内的养殖户匹配投入品集采、卖猪以及金融、物流等综合落地服务。

（二）猪金融

猪金融利用猪联网 5.0 的大数据技术与交易场景优势，搭建金融与养猪的桥梁，为生猪产业注入金融资源，旨在为使用者提供既不同于商业银行也不同于传统资本市场的第三种农村金融服务，建立行业内第一个可持续的农村普惠金融服务体系。数据竞争力是农信互联的核心竞争力，也是金融业务开展的核心。农信互联的金融业务以农信金服为主要载体，利用农信平台积累的用户生产经营与交易大数据，依托自主开发的农信资信模型，形成一个面向农户的行业内普惠制、可持续的农业金融服务新体系。相对于传统金融机构单一的金融产品，农信金服为用户提供从交易到贷款再到保险的一体化金融解决方案，以猪为起点，农信金服积极打造农业全产业链的金融服务，作为农业和金融的连接器，用科技的力量帮助金融服务融入农业领域。具体规划包括面向农户、涉农企业的征信业务“农信度”、理财业务“农富宝”、供应链金融贷款业务“农信贷”、农业互联网保险经纪业务“农信险”、融资租赁服务“农信租”、保理业务“农信保”、农业产业聚合支付通道“农讯付”，以及对外输出数据分析、风控的金融科技服务等。农信金服在生猪产业进行了成功的探索之后，积极拓展蛋联网、田联网、渔联网等其他农业产业的金融服务，走出了一条涵盖农业产业供应链上下游所有环节的农业金融发展之路。

（三）猪服务

猪服务，借助猪联网 5.0 的养猪大脑，用数据服务养猪，涉及行情宝、猪病通、猪学堂、猪友圈、猪托管等。行情宝，依托国家生猪市场上真实的活体生猪交易价格，参考农业农村部等发布的生猪价格等，制定了生猪价格指数，并实时发布全国各主要城市当天的生猪价格看板，为产业主体提供实时生猪、仔猪、大宗原材料等市场价格行情服务。猪病通，依托猪联网平台的海量行业用户，为产业主体提供实时的在线生猪疾病问诊服务，依托问诊服务，形成猪病诊断预警大数据。猪学堂，为行业内各主体提供在线的学习平台。猪友圈，为生猪产业内外的各个主体，提供在线的交友、互动、交流的圈子社群平台。猪托管，为养猪主体提供养殖托管服务。

养猪业千年未有之大变局，既是中国引领世界生猪产业发展的历史机遇，又给面临安全、效率和成本等多重压力的养猪产业带来更大的挑战。在机遇与挑战并存中，或许数智化、集团化、生态化的养猪新业态是一条通往星辰大海的征途。当下的养猪企业，需要把自己放到未来，用未来的视角看现在，用未来的视角看过去，将会看到不一样的东西，再对当下进行布局，赢得未来的主动权。

第二十章 20

农信通：农业信息综合服务与数字乡村建设

2020年是“十三五”规划收官之年，也是脱贫攻坚取得重大胜利之年。尽管新冠肺炎疫情导致在农村工作的诸多不便，农信通集团（以下简称“农信通”）依然在2019年提出“五纵五横一贯通”产业架构和“六个一”产品体系的基础上，重点围绕“建设新基础、研发新平台、探索新模式、构建新生态、培育新农人”五个方面，积极践行农业信息综合服务与数字乡村建设，并取得了良好成效。

通过信息化技术和体系赋能，叠加公益、便民、电子商务、培训教育四大服务，推动“买、卖、推、缴、代、取”六大业务及12条航线资源在“益农信息社”的落地，从而形成农村服务资产，激活乡村服务、消费资源，形成乡村新的业态，让消费就是资源，数据就是资产，服务就是动能。实现农民得实惠、集体有收入、服务能入户、企业能发展、基层政府有抓手，从而真正形成推动信息及现代服务进村入户的能力。

一、建设新基础

农信通积极开展农村新型基础设施建设，应用大数据、移动互联网、物联网等新技术，搭建通往千村万乡、千家万户、坑塘圈舍、田间地头的创新型服务网络，已在河南、天津、江西、河北、山东、云南等省（市）建成运营15万个益农信息社，提供公益、便民、电商、培训体验等综合服务，让老百姓进“一扇门”办“百样事”。截至2020年，累计提供公益服务230多万次、便民服务600多万次、培训服务24万次，线上线下交易额达到20亿元。在新冠肺炎疫情期间，全国益农信息社为抗疫情、稳市场、保供给做出了重大贡献，累计配送蔬菜1000多万公斤，米、面、粮、油等生活物资1500多万公斤。

二、研发新平台

围绕农业和畜牧全产业链，农信通开展智慧种养、质量安全溯源、监测预警等信息化平台研发，与华为共同成立数字乡村实验室，与鹤壁市农科院共同成立程相文玉米研究室，与京东联合共建中国“三农”云计算大数据中心，形成行业领先的平台产品体系。

搭建数字乡村综合管理服务平台，以地理信息、卫星遥感、环境监测、产业发展、人员等信息为基础，建立农业资源、农村环境、农村社会治理、农产品电商、城乡信息等专题图，进行深层次挖掘分析，实现农业资源分布、农业生产决策、农村环境监察、农村社会治理综合考核、农产品电商交易、城乡信息交互的“一张图”。

三、探索新模式

农信通开创“飞机场”模式，把益农信息社打造成服务“三农”的“飞机场”，接入各类优质企业，为村民提供社会化服务；开创“益农拼购”模式，通过小程序、在线直播等媒介，推动生活用品进村入户和农产品出村进城，打造村民家门口的超市；开创数字乡村服务合作社模式，依托信息高速公路引导现代资源进村入户，组建服务合作社，实现服务能入户、农民得实惠、集体有收入。2020 年 6 月，建成运营的鹤壁市浚县新镇马行村数字乡村服务合作社，每个月能为村集体增加收入 3000~5000 元。

四、构建新生态

通过产品创新、技术创新、模式创新，引导形成农业农村数字化服务新生态。在全国对接省级服务商 478 家，市级服务商 1280 家，县级服务商 4670 家，联合各市县本土企业成立“数字乡村县级运营服务中心”；在农产品上行、农业社会化服务、生活用品下乡、供应链资源整合等方面形成 12 条服务航线，涵盖内容多、涉及行业广、覆盖业务全，导入的各类服务资源如下。

（1）金融保险　让村口银行遍布农村，让保险服务来到农民身边，让农民融资不再像走蜀道，让普惠金融普照“三农”。导入办银行卡、存款、发放贷款、车辆保险、农业保险、寿险、疾病意外险等服务。

（2）公益便民　让在农村也可以享受到城市一样的社会化服务，消除城乡数字鸿沟，推行城乡公平服务。提供代缴电费、话费、水费、天然气费、社保缴费等服务。

（3）生态生活　让农村生活更环保，山才会更绿，水才会更清，绿水青山才是金山银山。提供共享打印机、健康水站、充电桩、太阳能、节能灶、洁净煤、环保生活用品等服务，能实现小事不出户，大事不出村。

（4）健康医疗　让农民没有难看的病，让名医、名院、名方、名药进村，让康养服务入户。通过汇集多款智能医疗设备以及可穿戴设备，以数据采集、记录、汇总、分析体系，为农民提供就医及健康指导，为慢病人群和亚健康人群提供检测、治疗、保健等多方位服务。

（5）神州居易　“安得广厦千万间，大庇天下农民俱欢颜”，为让农民建房易、进城买房易、装修易、购买家居易、结婚易，搭建房产及装修信息发布平台，为农民提供进城买房的房产信息、建筑材料、装修公司、家居用品、结婚用品等资源。

（6）双创就业　让农民进城打工、回乡创业有平台、有体系、有培训、有孵化、有增值服务、有支撑。搭建就业服务平台，开展定向吸纳、定向输出、定向招聘、定向咨询、定向培训等活动，进一步畅通农村富余劳动力与企业用工的市场化就业渠道，促进农村富余劳动力实现就业。

（7）新农商城　聚天下名品，集多种渠道，创新农村电商模式，推行适合农村工业品和农产品消费的集单、拼购等多种农村新零售方式，让农村消费升级。提供生活用品、粮食用品、家电用品等产品，通过拼购拼团等方式，让每个村都可以开团购买。

（8）文旅教育　让文化走进乡村，让乡村旅游更加贴心，让教育消除农民贫穷代际遗传。通过村歌、村史、农村演艺、农家乐、古村落、实用教育等载体，串联区域内的自然、文化、生态、产业等资源，打造“文旅 + 教育”型美丽乡村。

（9）呱呱农服　重构农资、农技、金融保险等社会化服务价值链，让天下没有难种的地。提供化肥、农药、种子集中采买，飞防植保、集中打药、农机服务等农业社会化服务。

（10）呱呱牧易　围绕第三方防疫服务、畜牧投入品、经销商、养殖企业、运销屠宰价值链，对生产、检疫、交易、运输、屠宰等环节提供专业化的技术服务和互联网金融服务，让天下没有难养的畜禽。

（11）智慧三农　研发农业领域的各类信息化产品和农业物联网产品，让信息服务普遍化，让物联网、大数据、人工智能从概念落到实际。

（12）云仓物流　让县级运营中心和村级站成为乡村物流的重要节点，通过整合第三方物流体系，打通农村物流最后一公里，连通最后一百米，提供收发快递、物流配送等资源。

五、培育新农人

建立新农邦商学院，普及推广新理念、新技术、新模式，为数字乡村建设培育新农人。2020年，已形成固定讲师50余人、特聘讲师150余人的师资团队，开发农业物联网应用、智能手机操作使用、直播电商实操等热门课程50多个，线上线下每年培训10万人次以上。

第二十一章 21

托普云农：数字农业助力乡村全面振兴

2020年是“十三五”规划的收官之年，也是乡村振兴战略稳步推进的一年。这一年，数字农业发展百花齐放，新模式、新业态、新技术竞相涌现，为农业农村发展输出了一系列成果和经验，激发了农业农村发展的全新活力。

作为数字农业领域的先行者，托普云农一直致力于用科技改变传统农业，用服务缔造美好生活。十几年来，公司广泛学习吸收国内外先进技术与发展经验，夯实团队研发能力，聚焦农业农村发展痛点，深耕农业种植业，利用人工智能、物联网、大数据等数字技术，打造数字应用，摸索数据服务，深入推进农业向智能化、信息化、数字化的方向发展，为农业农村现代化建设探索高质量发展之路。

第一节　数字技术赋能种植业全产业链

数字技术是农业现代化建设的重要手段，托普云农正深刻分析农业各细分领域发展痛点，利用相关数字技术优势，为行业消除痛点，促进行业高质量发展。

一、技术赋能耕保，探索可持续发展

万物土中生，有土斯有粮，土地是粮食生产宝贵的不可再生资源。粮食安全是国家的头等大事，要牢牢端住中国人的饭碗，坚持落实“藏粮于地、藏粮于技”战略。

《国家乡村振兴战略规划（2018—2022年）》指出，要加强耕地保护和建设，严守耕地红线，大规模推进高标准农田建设，实施耕地质量保护和提升行动。

针对耕地保护与利用，托普云农依托公司自身软硬件优势，研发了一系列性能稳定、数据采集精准的智能装备，致力于支撑建设耕保全国性监测网点，推动高标准农田建设，推进全国耕保大数据平台的搭建。平台依托智能装备实现对土壤墒情数据和气象等数据实时监测，利用物联网技术实现数据实时传输，通过长时间的数据积累和清洗，构建部省市县各级大数据库，进而利用大数据管理平台，实现多级联动，以满足实际职能管理需求。

2018年起，托普云农联合吉林省土壤肥料总站打造了吉林耕地质量保护大数据平台，构建省市县三级联动数据平台，汇聚土、水、肥三大耕地质量数据，对耕地土壤相关的土、水、肥数据进行采集、处理、分析，得出全省宏观土壤类数据，并对数据进行集中分析展示。根据不同类别的土壤数据建设不同专题内容，包括耕地应急指挥、GIS专题图集、测土监控、培情大数据、黑土地监测、轮作休耕等。通过不同专题内容的详尽展示分析，为政府提供科学决策依据，为耕地质量保护监测、管理、服务、应用提供数据支撑。

目前，基于一定的数据积累和职能管理需求的加强，平台的建设正着力于为土地评级工作做好数据支撑，推动实现数据指导耕种布局和耕种生产。托普云农开发了一款名为

“土肥管家”的便民App，农户利用该App，仅需输入相关地理位置与种植参数，即可获得智能推荐的测土配方施肥指南。根据施肥指南的指导进行农事操作，农户即可在保护耕地可持续耕作的前提下，最大化利用土地资源，实现增产增收。

二、强化智能测报，深化物理防治

病虫害是危害农作物，威胁粮食安全的主要因素之一。2020年，世界上多国深受沙漠蝗虫袭扰，造成大量粮食受灾，加上新冠肺炎疫情的影响，导致世界粮食市场供给形势严峻。而在国内，草地贪夜蛾已经完成入侵定殖，强大的迁飞能力将周期性影响我国南方种植区。因此，做好病虫害测报与防治工作是保障粮食安全的重要举措。

《全国动植物保护能力提升工程建设规划（2017—2025年）》提出，要实施植物保护能力提升工程，完善植物病虫疫情监测预警体系。2020年，《农作物病虫害防治条例》自5月1日起正式施行，让农作物病虫害防治工作实现有法可依。

在病虫害测报层面，传统的测报方式需专业人才定期到田间取点采样，烦琐的采样计数工作与路途奔波，极大地消耗着植保人才的时间与精力，而随着人才空档问题与人才老龄化问题的日益严重，虫情测报工作将愈发难以落实。托普云农研发生产的病虫害监测预警系统是一套能够有效满足病虫疫情监测预警需求的解决方案。该解决方案由智能虫情测报灯、智能孢子捕捉仪、智能气象监测系统等智能装备构成，利用图像识别、智能传感等技术实现数据采集，通过物联网，将监测数据实时传输至云平台，可在云端实现数据分析与管理，便于职能部门对病虫害发生趋势进行分析研讨，能够及时制定防治方案，有效应对重大病虫害疫情的发生。它不仅解决了专业人才缺口问题，满足了虫情测报的功能需求，还大大提升了数据的覆盖面与连贯性。利用这些长期积累的数据，植保部门还通过横向对比与纵向对比，可以挖掘出更多价值信息。

截至2020年，该系统平台已在包括浙江、江苏、山东、湖南等全国20余个省份落地应用，可有效测报水稻、小麦、玉米等3大作物的100余种主要病虫害，助力各地植保部门在虫情测报工作上取得新的突破。例如，浙江省已连续多年监测发现虫情始发期早于水稻播种期，不仅体现了该平台为植保测报拓宽了数据广度，也为植保专家对相关害虫的生长习性的分析提供了重要的数据材料。

托普云农还与全国农技中心达成战略合作，全力推进全国植保大数据平台的建设，它可实现全国性重大病虫害的区域联防智能测报和趋势分析。例如，接壤区域间的联动有利于对重大迁飞性病虫害的监测跟踪，通过对监测网络上虫情的变化趋势分析，植保部门即可科学有效地制定大规模迁飞性虫害的防治策略，结合统防统治举措，实现节本增效，保障稳产增产。

在病虫害防治层面，托普云农积极响应“农药化肥减量”，积极参与构建国家物理防治科技创新联盟，出任联盟秘书长单位，推动行业标准规范的建立与落实。

在产品端，托普云农基于物理防治的理念，研发生产了针对大田、茶园、果园、大棚等不同场景的一系列绿色防控设备，用灯光诱捕、物理灭杀的方式实现病虫害的有效防治。其中，托普云农联合陈宗懋院士共同研发的联网型风吸式杀虫灯是极具代表性的技术产品之一，它对灯源光谱进行了优化，专业诱杀茶小绿叶蝉等茶园虫害，减少了对瓢虫、蜜蜂等大体型昆虫的诱杀，是真正成就绿色茶园的“茶博士”。2019年，该产品全面推向全国茶叶市场，先后在浙江、湖南、湖北、山东、安徽等近 20 个省份上千个茶园得到广泛应用，为当地的茶园绿色防控、提高茶叶的质量起到重要的作用。其中，安吉古丈三道和茶厂因绿色发展模式被打造成浙江绿色茶园生态循环试点基地，吸引全国休闲农业和乡村旅游大会、各茶叶体系绿色防控会议、产业扶贫大会等行业会议竞相到访参观观摩。2020 年，托普云农因在技术突破和技术推广上的贡献，被中国农业技术推广协会和《中国农技推广》《中国植保导刊》杂志社评为“农药减量增效优秀示范企业”。

三、解放科研育种，告别“人工时代”

种子是农业的“芯片”，是粮食生产的源头，种业作为国家战略性、基础性核心产业，是促进农业长期稳定发展、保障国家粮食安全的根本，也是农业发展的决定性内因。农业现代化离不开种业现代化，种业现代化离不开现代化设备的加持。

优良品种的选育是一个漫长而严谨的过程，从育苗到考种，需要育种专家的精心管理，也需要大量的数据测量工作。稳定的温湿度环境有利于种苗生长，托普云农生产出品的温室培养箱等设备，可克服天气因素，为育种育苗提供良好稳定的生长环境，实现批量育苗，同时设备添加物联网模块，可实现远程控制和报警，方便育种专家管理。另外，全生长周期的性状分析离不开大量的测量工作，传统的测量需要育种专家“用尺量，用笔记”，过程十分烦琐，而大量的重复工作易造成疲劳，导致数据记录误差的产生。托普云农利用人工智能图形识别技术，研发了一系列图像识别设备和智能手机应用，可对种子性状、根系性状、植株茎性状、叶片性状等数据实现高效、便捷、精准的“无尺测量”和电子化管理。托普云农的育种设备广泛应用于全国的科研院校和种子公司，助力科研育种效率提升。

历年中央一号文件曾多次指出，要推进海南、甘肃和四川国家级育种制种基地和区域性良种繁育基地建设。全面提升现代种业基础设施和装备能力，融入智慧农业和物联网等现代科技，实现种业现代化生产与管理，已经进入国家顶层设计。

托普云农整合公司软硬件资源，满足制种基地中育种育苗、病虫害测报、绿色防控等功能建设需求，为制种基地建设打造了一套现代化种植基地模板，并且在四川省邛崃市杂交水稻制种基地项目中应用落地，取得了明显效果。

该项目针对杂交水稻制种基地种子生产、管理和服务等环节，实现种子生产经营从粗放式、经验性管理到精细化、科学化、信息化管理的生产管理模式转换；由于农业物联网在制种基地实现管理自动化，可以及时发现问题，准确地掌握农作物用药、用肥时间和用量，有效降低农药、化肥的使用，大幅度提高农药、化肥的利用率，减轻对环境的承载压力，同时能够减少应急反应，提高杂交水稻制种的产量与品质，降低种子生产成本，保护农业生态环境，综合经济效益增加 20% 以上，因此是加快推进杂交水稻制种基地现代化建设和管理的必然选择。引进和采用新技术、新装备，创建制种基地种子生产新机制、新模式，对保证用种安全、稳定农民增收、提高企业效益、促进种业发展具有基础保障作用，对推动传统农业向现代农业转变具有示范和引领意义。

在托普云农的支撑下，邛崃市已建成种业基地 3.5 万亩，成功入选国家现代农业产业园创建名单，被农业农村部认定为“国家级杂交水稻制种基地”，落户四川省唯一的种质资源中心库。

四、打造产销一体，推动产业兴旺

产业兴旺是乡村振兴战略的总要求之一。《乡村振兴战略规划（2018—2022年）》指出，加快农业现代化步伐，坚持质量兴农、品牌强农，深化农业供给侧结构性改革，构建现代农业产业体系、生产体系、经营体系，推动农业发展质量变革、效率变革、动力变革，持续提高农业创新力、竞争力和全要素生产率。

作为国内先行的数字农业综合服务商，托普云农一直致力于解决行业发展痛点，满足产业发展需求。在产业数字化的建设中，托普云农利用自身软硬件优势，大力推动农业供给侧改革，积极探索发展产供销一体化模式。围绕前期生产、中期管理、后期销售等环节，提供智能装备与数字化管理平台，为农业生产经营主体提供全产业链数字服务，实现农产品从产到销的效益提升，促进产业振兴，保障农民增产增收。

托普云农通过部署水肥一体化系统、病虫害智能测报系统、绿色防控装备等数字化应用，打造"智慧园区"，实现智能化生产，并将所有生产要素数据、农事操作数据、农资管理数据等传输汇总至数字化管理平台，实现智慧管理，可有效节省人力成本，提升生产效益。利用区块链技术，打造质量安全追溯二维码，将农产品地理信息、环境信息、生长信息、农残检测信息、储存运输信息等融于"码"上，实现全流程的信息追溯。托普云农还衔接电商平台，将前期生产数据用消费者易于接受的营销语言表达，将产品优质可靠的属性呈现出来，从而提升农产品价值。

托普云农的产供销一体化模式相继在砀山酥梨、德清早园笋、浦江葡萄等地方名特优产业上落地应用，并逐步完善模式打造与服务体系，助力特色产业实现数字化转型，推动产业兴旺。例如，在浦江葡萄产业的应用上，托普云农参与葡萄超级农场的建设，该农场以图像识别等人工智能技术为核心，实现生产、加工、仓储、销售一体化数字管理模式，提高生产管理效率。在葡萄生产环节，通过"农事AI专家"实现通风、保温、补光、消毒杀菌、灌溉施肥等智能化控制，节约综合人工；自动识别农事操作，降低失误率，实现精品种植、智能测产、智能分级等，做到数据全程溯源。通过信息化技术与数字化设施的导入，目前，浦江县葡萄种植面积7万亩，种植主体达1.2万余户，葡萄种植设施化实现100%覆盖，已实现年产量12.7万吨，年产值11.4亿元的发展成果。

第二节　未来之路：落脚数字农业农村，深入推进乡村振兴

2021年，是国家"十四五"开局之年，也是稳步推进乡村振兴战略，加快构建以国内大循环为主体、国内国际双循环相互促进的新发展格局，实现2035年远景发展目标的关键之年。在新的历史背景和发展形势下，托普云农还将持续深耕农业农村，在多个维度积蓄力量，为乡村振兴战略稳步实施积极行动，勇于探索。

一、构建智慧园区

随着政策的推动，土地流转、新型农业经营主体、地方区域品牌等相关事宜的发展，集约化、规模化、标准化生产的现代农业产业园将迎来更多建设空间。托普云农将结合自身多年的行业服务理解与技术沉淀，推动建设落地更多特色优势产业智慧园区，探索产销

对接发展模式，提供一站式解决方案，助力产业数字化转型，实现节本增效。

二、生产普量级惠民产品

未来，托普云农还将研发温室宝等普量级惠民产品，基于数字应用，为中小农场提供数据服务。温室宝是一款基于智能传感和物联网技术的小型智能装备，可实现对土壤墒情、温度、湿度、光照强度 5 个参数的实时监测与远程查看，通过管理平台的协同服务，可为农场的农事管理提供指导性的建议。

三、生态联盟的建设

农业是一个庞大的生态体系，只有各环节协同运转，对接合作才能促进产业链、价值链的构建和补充完善，托普云农正致力于构建基于政用产学研为主体的生态联盟，促进平台共建，成果共享，形成更大的联盟合力，推动农业现代化建设，推动农业高质量发展。

2021 年是继往开来的一年，托普云农还将敢于谋划、勤于耕耘，为实现乡村全面振兴开新路，创新篇，全力助推建设一个农业强、农村美、农民富的美好“三农”新局面！

第二十二章 22

派得伟业：数字技术助推育种产业升级

第一节 公司简介

北京派得伟业科技发展有限公司（以下简称“派得伟业”）于2001年由北京农业信息技术研究中心和北京市农林科学院共同投资组建，注册资金1970万元。派得伟业以“立足农业、面向农村、服务农民”为宗旨，通过了高新技术企业、系统集成等10项资质认定，具有农业农村部农业物联网系统集成重点实验室、首都科技条件平台北京市农林科学院研发实验服务基地等省部级创新平台6个，承担了国家科技支撑计划、北京市科技计划等省部级及以上课题54项，先后获得国家科技进步奖、全国农牧业渔业丰收奖等省部级及以上奖项15项，软件著作权174项，逐步形成智慧农业、数字乡村等领域创新科技成果，产品和服务遍布全国，已成长为我国农业农村信息化领域的龙头企业。

在贯彻聚焦实施乡村振兴战略的新形势下，派得伟业将进一步梳理公司治理体系，重点突出以新一代信息技术为核心的现代农业领域应用软件开发和技术服务，并进一步推动科技成果的转化应用和辐射推广。在公司顶层架构方面，力争打造“互联网＋现代农业”技术体系和“北京（点）＋大客户（线）＋渠道（面）”的市场推广体系相融合的一体化运行模式；在长远运营方面，将进一步搭建智慧乡村平台、新品种保护平台、智慧林果平台、智慧农园平台等专业软件平台运营以及北京市农科院基地综合平台运营，力争实现派得伟业的可持续发展。

第二节 种业大数据平台建设重点

一、建设背景

我国于1999年加入国际植物新品种保护联盟（UPOV），建立了中国植物新品种保护体系。派得伟业于2007年起为该体系提供信息化技术支撑和服务，为其提供基础性保障工作。根据《种子法》和植物新品种保护条例及其实施细则的相关规定，2008年起陆续建成了植物新品种保护办公室门户网站、自动化办公系统和已知品种数据库等平台系统，并于2019完成了新版平台系统的升级改造。在此基础上，派得伟业开展了种业大数据平台的搭建工作，为审查机构、测试机构、复审委员会、知识产权法院、代理机构和申请人等提供服务，实现了申请、受理审查、DUS测试、繁殖材料保藏等业务的协同处理、数据快速筛选、数据资源共享等功能，实现植物品种权全过程的信息化管理与服务，提高了植物品种权管理和DUS测试的工作效率。

二、建设内容

在派得伟业种业大数据平台基础上，结合农业农村部种业管理司和农业农村部科技发展中心业务办公需求，搭建了农业农村部新品种保护信息化平台，能够为农业农村部种业大数据平台建设提供技术支撑。支持191个作物种属办理新品种保护和DUS测试业务，它的目标是为品种权或者DUS测试申请人提供在线化申请业务办理工具，让数据多跑路，提高受理的自动化和智能化水平；实现品种权审查和授权管理；实现DUS测试数据整理、分析、计算和测试报告自动化管理；实现测试业务协同处理、品种信息快速筛选、数据资源有效共享及服务精准有效；提高品种保护的准确性、可靠性、科学性和客观性。

（一）农业品种权申请系统

围绕申请人新品种权申请过程的业务流程，建设农业品种权申请系统（如图22-1、图22-2所示），优化品种权申报工作效率，节约申报成本，进一步加强植物新品种权的受理审查水平，促进植物新品种保护工作的发展。

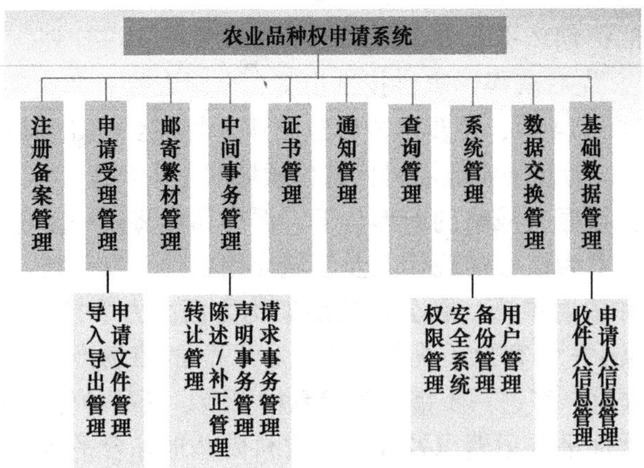

图22-1　农业品种权申请系统结构

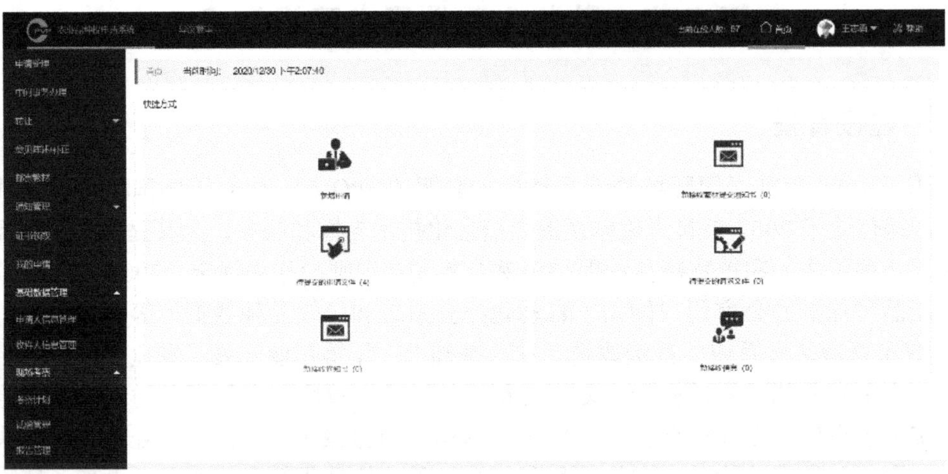

图22-2　农业品种权申请系统界面

（二）植物品种权审查信息管理系统

围绕植物新品种权审查业务流程，建设农业品种权审查管理系统（如图 22-3、图 22-4 所示），实现线上受理、初审、实审和授权管理，建立科学高效的电子政务平台和数据信息系统，进一步为植物新品种权管理和服务工作提供支撑。

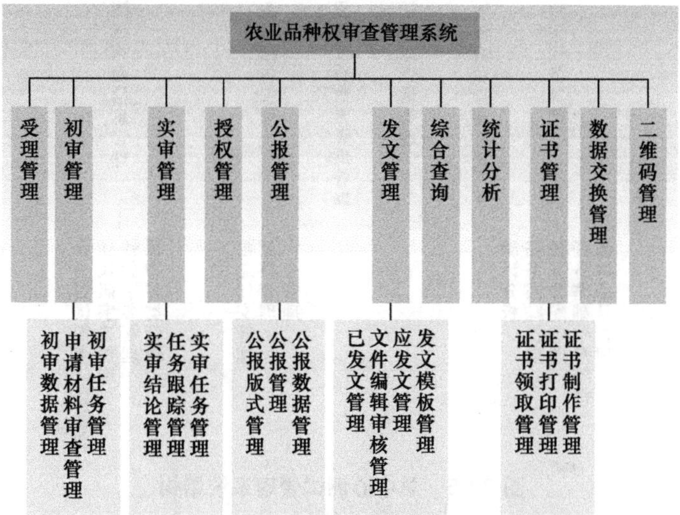

图 22-3　农业品种权审查管理系统结构

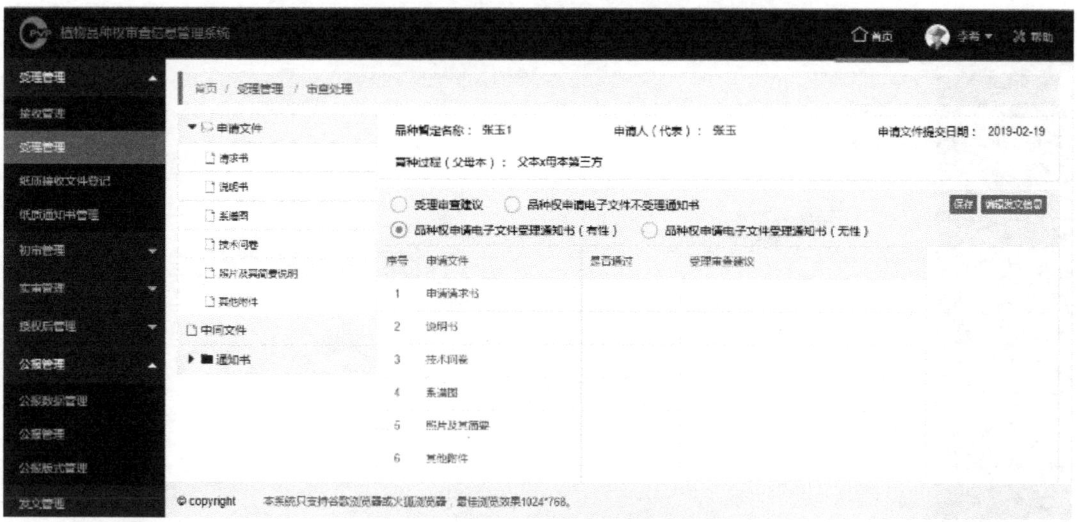

图 22-4　农业品种权审查管理系统界面

（三）总中心测试管理系统

围绕总中心测试任务管理、测试试验安排、DUS 分析、测试报告和测试机构管理等相关管理实务，建立总中心测试管理系统（如图 22-5、图 22-6 所示），实现测试任务分配、测试实验数据查询、DUS 数据分析、报告管理、发文管理等功能，实现植物品种权测试业务管理的信息化，提高测试工作中管理效率。

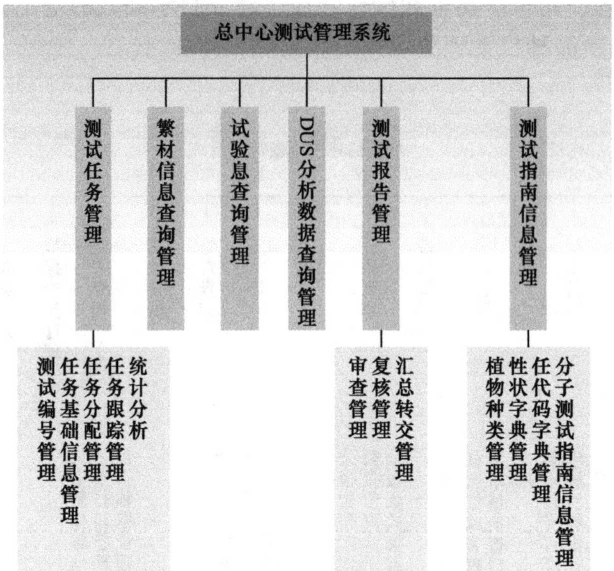

图 22-5 总中心测试管理系统结构

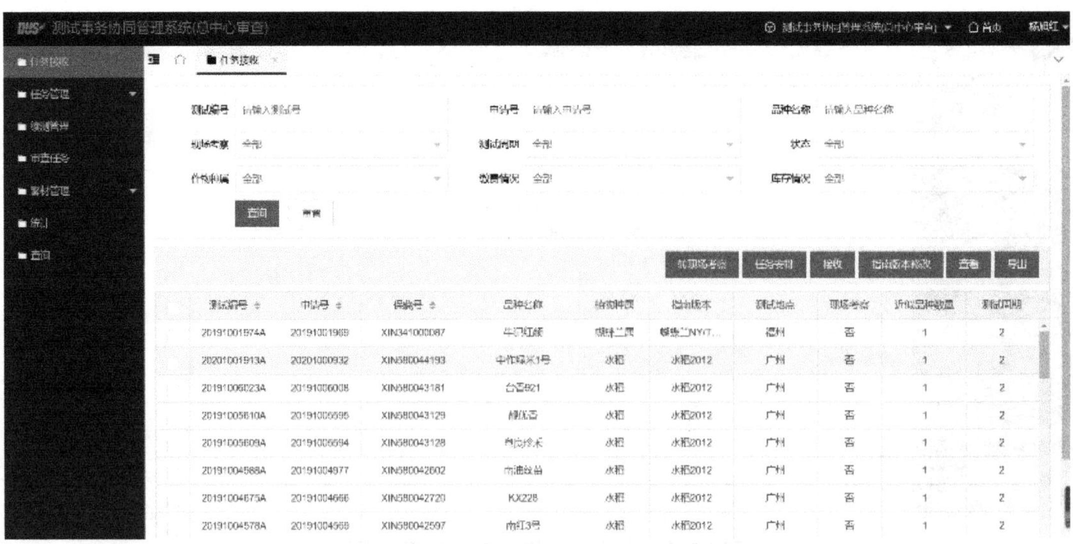

图 22-6 总中心测试管理系统界面

（四）分中心测试管理系统

围绕测试指南信息查询、测试任务接收、测试试验安排、DUS 分析、测试报告编制等相关管理事务，建立分中心测试业务协同管理系统（如图 22-7、图 22-8 所示），实现测试任务分配、测试实验数据查询管理及分析、DUS 数据判定和品种测试报告编制和审核、测试意见反馈等功能，提高品质测试的工作效率。

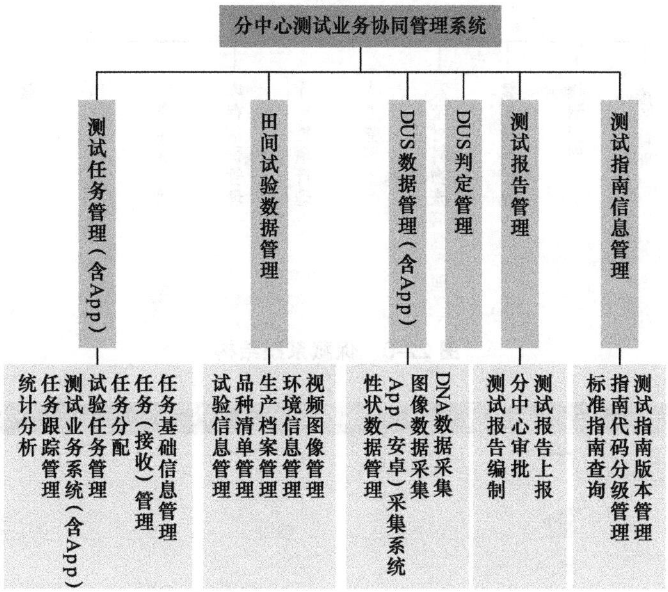

图 22-7　分中心测试业务协同管理系统结构

图 22-8　分中心测试业务协同管理系统界面

（五）保藏系统

围绕保藏中心和测试分中心繁殖材料管理的需求，充分考虑品种权繁殖材料和非品种权繁殖材料管理的实际情况，针对有性繁殖材料和无性繁殖材料，建立保藏系统（如图 22-9、图 22-10 所示），实现接收管理、检测管理、繁殖材料信息、繁殖材料物流信息管理、入库管理、库存数量管理、库存预警管理、保藏标准管理、出库管理、盘点等功能。

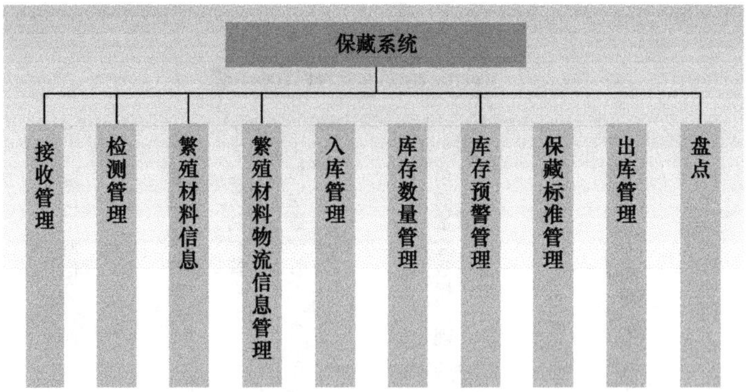

图 22-9 保藏系统结构

图 22-10 保藏系统界面

（六）近似品种筛选系统

近似品种筛选系统可基于已知品种数据库的性状和 DNA 指纹信息筛选目标品种的近似品种，如图 22-11、图 22-12 所示。通过对指南版本、代码等的管理，完成不同版本指南下性状代码的转换，实现同一版本下性状的比对，提高筛选的准确性。支持二次筛选、后台筛选和多任务筛选，支持根据需要设定公众和各部门筛选范围和权限。

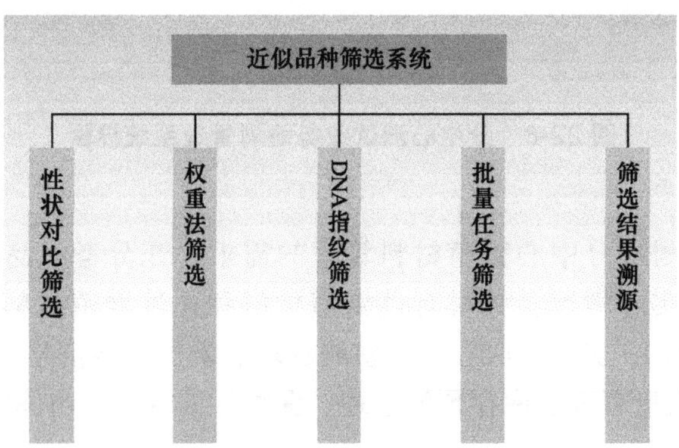

图 22-11 近似品种筛选系统结构

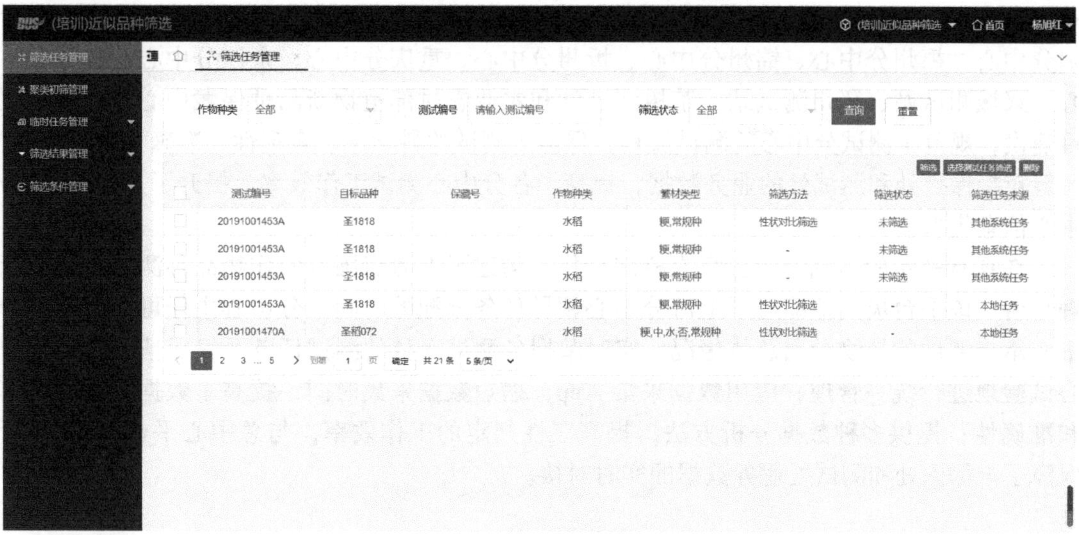

图 22-12　近似品种筛选系统界面

第三节　育种大数据平台建设成效

育种大数据平台服务国内外育种单位上万家，极大地提高了植物新品种保护申请审查的办事效率和服务水平，节约了申报成本，增强了品种权管理和服务能力。平台服务国家植物品种测试机构 30 余个，有效地提高了植物品种 DUS 测试的工作效率，为全国农业植物 DUS 测试、测试体系业务管理与培训、对外合作与交流、信息数据服务管理与服务提供了有力的保障；与 UPOV 等国际组织进行数据交换和共享，向国内育种企业和育种家提供便利的国际品种权申请通道，促进我国的优良品种受到更多国家的保护，为我国的种业创新工作和植物品种权保护工作提供了基础性支撑，并做出了积极的贡献。

（一）平台运行情况

平台现有注册用户 12557 个，日均活跃用户 105 个左右，完成品种权申请量 40668 个，处理品种权授权量 14535 个，完成测试报告 20362 份；测试品种数据库和已知品种数据库共有数据约 350 万条；平台现有数据约 9000 万条，数据容量近 1.2TB。上万家国内外育种企业通过该平台申请植物品种权保护工作，平台服务的国内外育种企业有江苏省农业科学院、北京金色农华种业科技股份有限公司、山东登海种业股份有限公司、北京市农林科学院、中国农业科学院作物科学研究所、中国种子集团有限公司、河南省农业科学院、安徽省农业科学院水稻研究所、先锋国际良种公司、荷兰安祖公司等。这些育种企业的品种权授权量均在 100 个以上，极大地提高了植物新品种保护申请审查的办事效率和服务水平，节约了申报成本，增强了品种权管理和服务能力。

（二）分中心应用情况

平台在农业农村部植物新品种测试体系推广使用，分中心包括北京分中心、公主岭分中心、哈尔滨分中心、南京分中心、济南分中心、上海分中心、杭州分中心、广州分中心、成都分中心、杨凌分中心、乌鲁木齐分中心、西宁分中心、昆明分中心、儋州分中心、张家口分中心、巴彦淖尔分中心、原阳分中心、岳阳分中心、襄阳分中心、阜阳分中心、贵阳分中心、福州分中心、锦州分中心、忻州分中心、重庆分中心、余江分中心、玉林分中心、兴城测试站、郑州测试站、茶树测试站和农业农村部植物新品种保藏中心。通过该项目建设，规范了测试分中心的测试流程，保障了测试的科学性、客观性、准确性和可靠性，无缝对接保护处和测试处的业务数据，提高了各分中心测试工作效率，提升了 DUS 测试分中心信息化水平。

在现有平台的基础上与上海农科院合作，构建了上海市国家农作物品种测试站在线管理平台。该平台极大地缩短了上海分中心领导任务分配的时间，分中心主任可实时掌握分中心承接测试的植物种属总体情况，实时掌握各测试人员的测试任务及完成情况；对分中心试验地进行统一管理；应用数据采集 App，缩短数据采集时间，提高了数据采集的效率和准确性；提供多种数据分析方法，提高三性判定的工作效率，与总中心平台无缝对接，保障了与保护处和测试处业务数据的实时对接。

第二十三章 23

朗坤物联网：智慧物联与数字经济赋能乡村建设

曾几何时，农村电商、网上政务、直播带货、无人农场等，数字化、信息化时代离乡村距离很远，但随着农业信息化的逐步推进，从2G、3G、4G到5G，从互联网到物联网再到人工智能，数字乡村早已在农业生产经营、乡村治理、公共服务、产业振兴、城乡融合等方面不断发力，融入乡村生活的每个场景，也改变着老百姓的点点滴滴，农业农村农民与城市的联通越来越近，城乡发展鸿沟在数字化的作用下渐成弥合态势。党的十九大做出了实施乡村振兴战略的重大决策部署，按照产业兴旺、生态宜居、乡风文明、治理有效、生活富裕的总要求，建立健全城乡融合发展体制机制和政策体系，加快推进农业农村现代化。2019年5月，中共中央办公厅、国务院办公厅印发《数字乡村发展战略纲要》，数字乡村是伴随网络化、信息化和数字化在农业农村经济社会发展中的应用，以及农民现代信息技能的提高而内生的农业农村现代化发展和转型进程，既是乡村振兴的战略方向，也是建设数字中国的重要内容。加快信息化发展，整体带动和提升农业农村现代化发展。

第一节　物联网小镇建设实践

农业农村的发展需要通过进一步解放和发展数字化生产力，利用云计算、大数据、物联网、人工智能等技术搭建起一个智慧型的乡村，打造集网络化、信息化、智能化和现代化为一体的新型农业小镇。而物联网小镇无疑是一座桥梁，一端连着城市，一端连着乡村，是推进数字乡村建设进程的重要突破口。

一、物联网小镇建设内涵

物联网小镇，是以“互联网+思维”“物联网感知”为理念，利用大数据、人工智能、互联网、云计算、物联网等新一代信息技术赋能农业生产、经营、管理和服务等各个环节，对基层农村生产和管理的智能化流程再造，赋能农民生活改善和农村全面发展，实现小镇农业生产、农民生活和社会管理智能化。2020年是全面建成小康社会和“十三五”规划收官之年，也是脱贫攻坚决战决胜之年，因此物联网小镇的建设具有重大的时代意义。物联网小镇作为新时代产业转型升级的关键抓手和推动创业创新的有效平台，协助乡镇走出固有的乡村发展思路，真正从乡村本位出发，转变思想，探索出一条乡村崛起的可持续路径。在发展产业过程中，深入挖掘特色产业内涵和价值，关注农业结构和生产方式调整的深层次变革，推动旅游、科技、工业、农业、建筑等领域深度融合发展，从根本上助力乡村全面振兴。

二、物联网小镇建设内容

朗坤物联网深耕“三农”领域十余载，是国内领先的物联网小镇综合运营商，提供了独具匠心的创建特色小镇的顶层设计服务；创新了党务、政务、农务、商务和社会化服务的“五维一体”服务模式；创立了以智慧综合服务平台、“农事通”全国服务中心、“农市通”全国电商服务中心和“农视通”全国农民培训中心的“一平台三中心”服务作支撑体系；并通过农村端、平台端和城市端立体化打通城乡对接渠道，使农村生活像城市生活一样便利，开创了物联网小镇新模式。

物联网小镇项目建设采用“1+2+*N*”模式，即1个平台、2个中心和*N*个智慧小镇配套工程，其中一个平台包括物联网小镇综合服务平台和智慧农业、智慧景区、智慧林长、智慧河长、蓝天守卫和综治管理等基础信息设施项目；2个中心分别为运营中心与大数据管控中心；*N*个智慧小镇配套工程，分别为数字果园配套工程、数字茶园配套工程、智慧教育（四点半课堂）配套工程和村级线下服务站等内容。

通过打造物联网小镇综合服务平台，集党务、政务、商务、农务、社会化服务，五维一体的智慧型乡村管理系统。农民足不出户，一台智能终端就能解决面临的问题。

通过打造小镇智慧生活平台，将农业生产、景区经营、乡村生活和村民档案信息管理平台化、系统化，居民只需要通过智能终端，就能享受生产、营销及培训的一体化服务。

出于对下午4点30分放学的小学生的安全考虑，解决乡村留守儿童的管理与教育问题，打造智慧教育——四点半课堂。利用互联网技术，实现学生时间预约、课程管理、教师选择的一体化服务，基层管理工作者做好服务工作，合理安排学生课后时间，培养学生思维，开展丰富的课程，做有温度的教育服务，让家长不愁孩子放学后无人管理。

三、物联网小镇建设实践案例

2015年，朗坤物联网打造的石山互联网农业小镇项目，以管控中心为服务核心，依托“三农”大数据中心和运营管理中心，因地制宜探索“企业＋合作社＋农户”的致富路，通过镇级运营＋村级服务模式，实现石山互联网农业小镇智慧运营。小镇搭建的产销一体化服务、“双创”服务、农民职业培训等一体化平台，运营效益十分显著，从2015年至今，全镇农民人均收入从五千多元增至近两万元，每年增长40%以上。同时被社会各界予以充分肯定，受到了党和国家领导人的高度重视和充分肯定。

第二节 数字乡村建设的探索

中央一号文件始终将农业发展置于首位，随着政策推动现代化农业发展，在“互联网+农业”、农业物联网、大数据、人工智能等新兴技术的加持下，农业农村发展以人为中心，正在重塑有速度、有温度、有保障的“三农”新形态。从物联网小镇建设到数字乡村建设，伴随网络化、信息化和数字化在农业农村经济社会发展中的应用，以及农民现代信息技能的提高而内生的农业农村现代化发展和转型进程，既是乡村振兴的战略方向，也是建设数字中国的重要内容。

一、数字乡村建设意义

数字乡村是以先进的物联网技术为依托，结合镇域经济、政治、文化、社会、生态文明和党的建设等发展与建设现状，发挥信息技术创新的扩散效应、信息和知识的溢出效应、数字技术释放的普惠效应，推进农业农村现代化发展，同时发挥信息化在推进乡村治理体系和治理能力现代化中的基础支撑作用，繁荣发展乡村网络文化，构建乡村治理新体系，实现农村生活与管理现代化、科技化、智慧化的目标，提高农民的生活水平和品质，提升基层政府利用现代科技技术管理乡村能力。

1）发展数字经济，缩小城乡“数字鸿沟”。数字乡村建设是以信息化、智能化为技术手段，以农业产业为核心，培育主体带动融合发展，形成多主体参与、多要素聚集、多业态发展、多模式推进的新发展业态，数字化将赋能并带动传统产业转型升级，进而推动中国经济发展和社会转型。

2）提升现代农业农村水平，完善乡村新一代信息基础设施。数字乡村建设通过建设智慧农业、智慧景区、智慧林长、智慧河长、蓝天守卫和乡村治理等信息化基础配套设施工程，利用物联网技术对农业进行生产管理，大幅提升农业农村现代化水平。

3）提高乡村生态环境质量和乡村治理管理水平。通过物联网技术对乡村生态环境和乡村治理进行智能管控，消除不合理的农业生产方式和生活方式对生态环境的不良影响，同时建设智慧党建、智慧政务等乡村治理体系，提升乡村治理智能化、信息化，提高人民群众满意度。

二、数字乡村建设内容

乡村振兴是国家稳定的基础，留住有希望的一代才是未来乡村振兴的基础，因此数字乡村建设是打造未来乡村社区的根本。

1）农村数字经济建设。通过“农业农村资源一张图”“互联网＋农业”“互联网＋旅游”，积极探索互联网与特色农业产业和乡村产业进行深度融合，开展基于农业大数据的创新应用，促进一二三产业深度融合，形成规范有序乡村共享数据经济，提高生产调度、决策、管理、服务能力。

2）智慧绿色乡村建设。利用农业物联网、智慧水肥一体化技术，推动化肥农药减量使用，实现农业绿色生产方式；建立镇域生态系统监测平台，提高乡村生态保护信息化水平；建设农村人居环境综合监测平台，实现对农村污染物、污染源实时全程监测，实现乡村绿色生活方式。

3）乡村文化网络建设。通过“互联网＋乡村文明”，实现互联网宣传中国特色社会主义文化和社会主义思想道德，建立镇域“数字文化历史资源库”“数字村史馆”“数字家风家训馆”，利用互联网技术实现农业文化网络展览，完成乡村网络文化建设。

4）乡村综合治理建设。通过“互联网＋党建”，建设完善农村基层党建信息平台，通过“互联网＋基层政务服务”，实现“最多跑一次”“不见面审批”，推动政务服务网上办、马上办、少跑快办，提高群众办事便捷程度。通过“互联网＋监管”，实现乡村治理网格化监管。

5）信息惠民服务建设。通过乡村教育信息化、乡村社会保障及社会救助系统的建设，完善面向孤寡和留守老人、留守儿童、困境儿童、残障人士等特殊人群的信息服务体系建设。

第三节　下一步重点建设内容

数字乡村建设下一步重点围绕建立数字乡村生产经营体系、管理服务体系和决策应用体系，按照“整合资源、统一平台、科学决策、综合服务”的总体思路，推动绿色生态农业、美好乡村建设、乡村旅游、特色产业等方面的快速发展。通过数字乡村建设，将极大提升政府的指挥决策和管理能力，提高农企的智能化管理水平，以及大大提升当地居民生活质量和外来游客体验度。重点建设内容概括为“三农云”大数据中心，线上平台包括“四个一”的软件平台：农业信息服务“一张网”、农村集体三资“一本账”、数字农业农村“一张图”和智慧“三农”应用“一朵云”；线下平台包括“三农云”科技服务站、数据中心、多功能汇报中心和“三农”融媒体中心、电商孵化中心等，“三农云”大数据中心将推动政府信息和公共数据互联开放共享，形成一批全产业链的数字乡村生产模式，创设一套鼓励企业参与数字农业生产经营的政策体系，培育一批数字乡村龙头企业。

科研创新篇

第二十四章 24

国家农业信息化工程技术研究中心

国家农业信息化工程技术研究中心（NERCITA）（以下简称“中心”）是2001年由国家科技部批准组建，专门从事农业农村信息化工程技术研究开发的国家级科研机构。中心拥有科研人员近500人，围绕农业智能系统与信息服务、农业遥感技术与地理信息系统、农业精准作业技术与智能装备、农业物联网与智能控制、农产品质量安全与物流、农业农村信息化标准与发展战略六大方向，进行源头技术创新、技术平台构建和重大产品研发，为我国农业现代化和新农村建设提供了有力支撑。中心拥有2500亩的国家精准农业研究示范基地和省部级以上科技创新条件平台41个，包括农业农村部农业信息技术综合性重点实验室（学科群牵头单位）、农业信息软硬件产品质量检测重点实验室、农业遥感机理与定量遥感重点实验室、农业航空应用技术国际联合研究中心、国家农业科技创新与集成示范基地、科技部国家农业信息化工程技术研究中心、国家农业智能装备工程技术研究中心、国家科技成果转化服务（北京）示范基地、国家发改委农业物联网技术国家地方联合工程实验室、农机北斗与智能测控国家地方联合工程实验室、农产品质量安全追溯技术及应用国家工程实验室、中国科学技术协会全国科普教育基地，国家外专局国家精准农业引智基地等。

一、养分快速诊断与氮素智能化原位监测技术开展大面积示范应用

中心依托“十三五”国家重点研发计划项目课题“养分快速诊断与氮素智能化原位监测技术”，以主要粮食作物、经济作物、蔬菜和果树种植体系为对象，针对作物—土壤养分信息现场快速检测的迫切需求，研究基于多源波谱数据解析的作物养分快速诊断和土壤氮素实时监控及智能化原位监测技术，研发便携式（点）- 农机车载（线）- 无人机机载（面）平台和无线传感网多源信息融合的养分诊断技术装备；构建“点—线—面”多平台优势互补、多尺度数据协同融合的作物土壤养分实时动态监测与诊断系统，实现作物—土壤养分大范围、动态和实时的原位监测和快速诊断，为水肥一体化施用的精准化、智慧化决策提供技术支撑。该重点研发计划项目课题申报国家发明专利15项（授权6项）、取得8项软件著作权、发表论文25篇（SCI、EI共19篇）、出版专著1部，研发养分原位智能监测技术装备4套。课题技术成果已在北京、河北、吉林、山东、江苏、内蒙古和新疆等省（区、市），针对冬小麦、玉米、棉花、马铃薯和番茄等作物开展了大范围的示范应用，推广面积近10万亩，培训技术人员110多名，取得较好的社会经济效益。

二、智能化精准施肥及肥料深施技术及其装备实现大规模集成应用示范

中心承担的国家重点研发计划“智能化精准施肥及肥料深施技术及其装备”项目，面向黄淮海、东北、长江中下游、华南、西北等区域规模经营条件下的小麦、玉米、水稻以

及马铃薯四大粮食作物和棉花、油菜等经济作物，按照农机—农艺—信息融合的思路，围绕肥料定位、定量、分层、深施等关键技术问题，开展了大量研究工作和田间试验。该项目突破了小麦与玉米基肥分层变量施肥、小麦精准对行追肥、玉米间歇精密排肥、棉花基肥精准对行分层深施、水稻侧位深施、水稻精量播种和精密化肥深施等关键技术 20 项，研制了基于作物传感器的南方稻麦变量施肥机、小麦基肥分层施肥机、小麦种肥拟合精准施肥机、小麦精准对行深施追肥机、棉花精准对行分层施肥机、水稻插秧同步侧位精准深施机、水稻施肥精量穴播机、水稻施肥精量旱穴播机、莜麦兼用型深施直播机、多旋翼无人机变量追肥等技术装备 15 套，其中水稻施肥精量穴播机正式批量生产应用，棉花精准对行分层施肥机已小批量生产，小麦精准对行深施追肥机在多地开展集成示范应用。该项目建立了东北、华北、长江中下游、华南和西北地区的 22 个项目示范区和 27 个课题试验区，其中 19 个项目示范区属于国家现代农业示范区范围。截至 2020 年 10 月，累计试验与示范应用面积超过 216 万亩。

三、规模化精准施药作业装备关键技术引领产业发展

中心针对温室、果园和大田规模化农业生产，开展了果树空间差异的对靶探测、精准喷药处方图作业控制技术、精准施药喷洒靶标在线传感探测技术和规模化农场按需变量施药技术及配套控制方法的研究，创新提出了挡风导流雾滴防飘移方法和喷杆高度仿形控制方法；开发出适合设施生产的机器人喷药系统，研制了基于光电探测的新型果园对靶喷洒技术及装备，创制了气流挡帘式雾滴防飘移装置，并基于北斗卫星导航系统和物联网技术开发了大田多平台化学农药精准喷洒技术及装备，完成精准施药过程远程监测及可溯源管理，构建了规模化农业生产数据管理平台，实现了精准化施药作业装备产业化与应用推广，累计示范推广 52 万亩，平均节本增效 28.9%。该关键技术的研究探索了规模化农业生产农药精准控制技术的新方法，构建了基于大数据生产管理平台，实现了作业过程远程监测及可溯源管理，促进了规模化农业生产管理转型升级，引领了我国规模化农业生产精准施药产业发展方向。

四、多功能植保机得到大范围推广应用

多功能植保机具有多功能性、先进性和实用性的特点，解决了市场上主流产品臭氧发生器及杀虫灯的臭氧释放不均匀、被动杀虫等问题，还增加了辅助加温功能，可有效解决设施作物冻害问题。

1）在臭氧均匀施放方面，通过空气动力学分析采用断续臭氧施放，连续送风，可增加臭氧与空气混合、稀释，增加加热管加温功能，增加空气对流，最大限度保证臭氧施放均匀；并基于设施蔬菜生产需求、生长空间特点及病虫害防治要素，使用适宜于设施蔬菜不同生长阶段、不同使用环境的臭氧消毒释放浓度与作用时间。这方面属于设备与方法的原始创新。

2）在杀灭害虫方面，当臭氧达到一定浓度时，其强氧化性会氧化害虫的细胞膜，导致细胞死亡，从而有效杀灭害虫的卵和幼虫；利用害虫成虫的趋光性设有黄、蓝光，吸引害虫到设备下部，利用风机产生的负压将其吸入设备，设备内高压及局部高浓度臭氧可以杀灭害虫。这种主动式杀灭害虫方法和设备也是原始创新。

3）设备集成了臭氧杀菌、主动式杀虫、临时加温及物联网等多项技术，能实现设施蔬菜病虫害智能综合防控，具有多功能和实用性。这是该项目的集成创新。

4）多功能植保机已经在北京、上海、天津、重庆、河北、河南、山西、陕西、黑龙江、辽宁、吉林、青海、内蒙古、江苏、甘肃、浙江等20多个省（区、市）推广应用3000多台（套），病虫害防控面积达2万多亩，平均减少农药用量70%，提高经济效益30%。多功能植保机还可以利用通信技术和计算机技术，实现对生产和管理的自动控制，避免了人力物力的浪费。该设备从根本上减少农药的使用量、提高农作物品质，给用户带来的经济效益明显。设备的安装、使用、维护都很简单，为促进绿色蔬菜产业发展做出了应有的贡献。

五、寿光型智能玻璃温室引领智能温室中国模式

大型化、智能化是未来温室发展的主流方向，中心在山东省寿光市设计建造寿光型智能玻璃温室占地8万平方米。温室以“下沉式、大斜面、外保温”为创新要素，融合了中国日光温室的保温蓄热和荷兰文洛型连栋温室的大空间优势，有效解决了荷兰模式温室能耗大、运行成本高等问题。寿光市智慧农业科技园项目高度融合应用物联网、大数据、云计算、人工智能等技术，全力打造设施农业信息技术与智能装备新高地。通过可视化托管式集中管控云服务平台，各类传感器自动采集水、肥、光、热等要素信息并上传到平台，通过智能分析决策，自动控制温室各种执行装备，如正压风机、窗户、分时外遮阴网、高压喷雾、各类机器人作业系统等，调整“气配方”“肥配方”“光配方”，为蔬菜生产创造优越环境条件。通过在植物工厂应用光配方精量选配，配置独立的智能可变LED光系统，采用白、红、蓝三色不同光组合，实现不同品种、不同生长阶段的光组合智能选配。通过研发潮汐式智能管控系统，解决了传统顶部喷淋式育苗根部营养不足、水肥利用率低、营养液浪费以及容易诱发病虫害发生等问题。应用闭环水肥一体化系统，可根据植株种类、定植时间、生长环境，通过模型决策实现水肥的按需精量供给，达到零排放，可远程监测与管理，节水30%～35%，节肥40%左右。研发多功能作业机器人、表型观测机器人、巡检机器人等进行生产管理作业，基本实现了温室的无人化管控和作业，大大降低了劳动强度，提高了生产率。

六、甘蓝无人化作业关键技术研究取得重要进展

中心针对蔬菜生产全程精准化、智能化作业需求，以现代化农机农艺融合、人类经验与机器智能协作为主线，以智能化管控技术为支撑，通过天空地立体化监测传感网络、农业大脑和智能作业集群研发，针对不同品种、不同生产模式、不同生产区域条件等应用场景进行科学组配和集成应用，覆盖蔬菜规模化生产的育苗、平整地、起垄、播种、移栽、田间管理、收获等全链条，集中实现蔬菜规模化生产全生长周期的无人化管理，大幅降低水、肥、药及人力投入，提高蔬菜产量和品质，提升蔬菜生产效率和资源利用率，改善产区周边生态环境，全面提高蔬菜生产规模化、智能化、科学化管理水平，促进产业的绿色高效可持续发展。蔬菜规模化生产人机智能协作技术在自主作业规划和无人协同作业两方面实现了关键技术创新，并在甘蓝全程无人化作业实际生产中得到长时高效验证。

1）自主作业规划技术创新。研究突破了多目视觉、激光-毫米波-红外雷达多传感器共融协同、GPS与北斗双模导航、农业5G场景适配等技术，实现了自主路径规划、作物

动态识别、障碍物识别与智能避障，构建了我国首个面向蔬菜规模化生产的智能化人机协作系统。

2）无人协同作业技术创新。研究突破了育苗环境低延时监测与多参数协同调控，平整地高精度作业与质量监测反馈，起垄平直度动态监测与保持，播种和移栽精准对垄配速与投苗率、漏栽率监测，长势监测与水肥精准决策控制，病虫害在线化知识图谱与施药精准决策，采收精准对垄、柔性采收和产量监测等关键技术，形成了覆盖蔬菜规模化生产全流程的无人作业技术支撑体系，可有效支撑跨时域生产服务响应、全天候农作物看护和多类型智能装备协同作业，实现蔬菜全生长周期的智能化、无人化作业和管理。该技术成功入选农业农村部十大引领性农业技术，并在小汤山国家精准农业研究示范基地和石家庄市农林科学研究院赵县实验基地落地蔬菜无人农场，技术成果与应用效果广受关注，2020 年 10 月 19 日的无人化采收现场会吸引了央视、新华社、农民日报等众多主流媒体关注报道，中国政府网、农业农村部官网等政府权威网站对报道进行了转载。

七、畜禽舍有害气体高精密、多组分传感器研究取得重要突破

在国家重点研发计划“畜禽生理、生态新型传感器件研制与验证”支持下，中心创新性提出了基于多通道激光二极管吸收和散射光谱的畜禽舍有害气体和粉尘传感机理，利用多种气体和粉尘对激光的特异性吸收和散射截面，提高了气体传感器的灵敏度、特异性和精度。研究结果发表于权威杂志 TrAC-Trends in Analytical Chemistry（影响因子 9.8）。在机理研究基础上，研制了畜禽舍有害气体高精密、多组分监测仪，能够同时实现甲烷、二氧化碳、硫化氢、氨气、PM1.0、PM2.5、PM10 的快速、在线和原位监测。这一仪器的所有器件均为国产，且拥有完全自主的知识产权（发明专利 CN103528992B）。相对于目前国际市场上主流的传感器 INNOVA1512，国产传感器的灵敏度更高（INNOVA 1512 对硫化氢的检测极限为 $14\times10^{-4}\%$，而国产传感器的检测极限为 $0.2\times10^{-4}\%$），成本更为低廉，且专门针对畜禽舍环境设计了防尘等处理，可靠性更高。

八、基于北斗的农机自动导航与作业精准测控关键技术及应用获得 2018—2019 年度神农中华农业科技奖一等奖

中心针对我国农机化高质高效发展中缺少农机作业数量监测与质量控制技术、农机农艺融合不充分、管理服务手段滞后等问题，开展了 10 余年研究与攻关，突破了农机北斗自动导航、全程机械化作业智能监测和作业大数据云服务等关键技术，创制了农机北斗自动导航系统和全程机械化作业智能监测终端系列产品；攻克了广域集群农机作业多元异构数据高并发接入、大数据分析处理技术，构建了基于大数据的全程机械化作业云服务平台，并在国内率先实现了业务化运行。成果获授权国家专利 36 件（发明 15 件）、软件著作权 47 件，发表论文 32 篇；制定团体、企业标准 4 项。经第三方评价，成果整体达到国际先进水平。成果已在 23 个省市、387 个县区累计推广农机自动导航系统 1480 套、农机作业监测终端 30860 台，近两年直接经济效益 1.36 亿元，服务农机作业面积 7000 多万亩，社会经济效益显著。该成果为国家农机作业补贴政策规范高效实施提供了有效的监管技术支撑，促进了农业机械化高质高效发展、农机装备产业的科技进步和转型升级。

九、中国农技推广信息服务云平台获得 2016—2018 年度全国农牧渔业丰收奖一等奖

中心针对农业科技成果供需主体协同不足及农民“问专家难、学技术难、找农资难、卖产品难”等问题，从多元主体协同网络构建、农技资源高效利用、服务精准调配及成效提升等方面，集成创新农业知识智能分享学习、农民难题快速反馈指导、生产现场全方位服务、农情立体化防控、市场预测预警分析等技术，构建高效智能化服务平台，建立效能驱动的线上线下协同推广新机制，探索形成“农业科技创新链、农民脱贫增收价值链、技术服务供应链”三链相通的推广模式。平台在 31 省（区、市）、2 垦区共 2845 个县（农场）覆盖应用，收集生产问题 320.2 万个，技术解答 2 千万次，发布农业新技术 2 万多项，上报作物长势、面积、产量、灾害等农情动态 79.9 万条，日访问 156.8 万人，提供线上线下服务 10 亿余人次，受益小农户 1.39 亿。在 60 个试点县累计实施 4990.9 万亩，开展新品种新技术推荐、生产标准化管理、病害早期防控、农业科技扶贫等服务，总效益 61.7 亿元。

第二十五章 国家数字渔业创新中心 25

第一节 强化国家数字渔业创新中心的创新团队和人才培养

一、创新团队的内涵式发展

国家数字渔业创新中心的创新团队，最早源自1996年中国农业大学农业信息化研究所团队，是国内最早开始农业信息化方面的研究的团队之一，2006年更名为中国农业大学智能系统研究所，2009年获批科技部国际科技合作基地“中欧农业信息技术研究中心”，2011年获批农业部“农业信息获取重点实验室”，2012年获批北京市发改委“先进农业传感技术北京工程研究中心”，获批北京市科委“北京市农业物联网工程技术研究中心”，2012年获农业部认定“中国农业信息化评价中心”，2013年获批农业部“全国农业农村信息化技术创新性示范基地”，2014年成为国际农业信息化期刊*Information Processing in Agriculture*挂靠单位，2015年入选农业部水产养殖物联网创新团队，2016年入选中国科协农业物联网首席科普团队，并发起成立“中国渔业物联网与大数据产业创新联盟”（现更名为中国数字渔业协同创新平台），2017年获批农业部“精准农业技术集成科研基地（渔业）”，2019年获批农业农村部“国家数字渔业创新中心”。创新团队已发展成为更深更高的科创平台，肩负着数字农业的科研攻关、产业应用和社会服务。

创新团队历经内涵式发展提升和壮大，逐步由农业物联网多领域应用聚焦到紧迫的渔业纵深领域；已由引进消化吸收国外先进技术研发发展成为自主研发创新并引领国内外行业的先锋队；技术水平已由国际跟跑到全面国际并跑和部分国际领跑的层次；研发人员也由单学科本地力量为主发展成为跨学科交叉融合的中外拔尖人才交织的创新团队；产业化推广应用也由转化孵化领跑企业到形成全链条三产融合的产业联盟集群。

创新团队面向国家重大需求，围绕先进传感技术、智能信息处理技术、测控系统与智能装备、农业农村信息化战略等研究方向，重点开展数字渔业应用基础性研究、关键技术原型产品研发，将基础理论研究与工程实践紧密结合，自主研发和国际合作相结合，人才培养和科学研究相结合。积极通过内培外引的方式发展壮大，创新团队已有190位研究人员（不含2020年新入团队成员），其中，教授13人，副教授14人，科研助理8人，博士后2人，硕士和博士研究生153人；现有长江学者特聘教授1人，国家百千万人才1人，国务院政府特殊津贴获得者1人，国家万人计划1人，教育部新世纪优秀人才2人，北京市科技新星2人。目前，该团队已发展成一支专业技能互补、年龄梯度合理的大型创新科研团队。

二、拔尖人才的引进与高级人才的培养

创新团队历来重视不同梯度人才的培养，对专职教师人员采用内培外引方式进行能力和技术的强化和融合，通过四段式培养和联合培养计划锻造研究生的独立自主、科学严谨的学术能力和工程技能。

2020 年，通过已有的国际合作交流渠道和新拓展的国际合作渠道，分别在能源优化调控、水下机器人等领域引进 3 名拔尖人才，在应用数学、环境科学、国际关系等领域融入了 11 名教授、副教授人员加入团队，未来将会有更多的学术带头人涌现，并且在拓宽的领域继续深度融合和发展，形成引领性的平台和科研成果及产品。

2020 年，累计培养硕博士高级人才 24 名，每个毕业硕博研究生均通过四段式培养，即第一阶段专题学习文献查阅分析方法和综述论文撰写方法，结合研究生选题，确定科学问题和研究题目，写出一篇综述论文在国外杂志发表；第二阶段专题学习创新方法与专利撰写，设计解决问题的创新解决方案，提出一个发明专利；第三阶段专题学习试验与开发技巧，对设计的方案进行实验室和现场试验验证；第四阶段专题学习论文写作方法，把科学问题、研究方法、研究结果等进行系统归纳、提升、总结，写出高水平论文发表在国外杂志。每位团队毕业生的自主学习能力大大提高，独立从事科学研究的能力较强。

同时，针对专项联合培养计划，申请并获批国家留学基金委数字渔业交叉创新型人才培养项目，每年选派 10 名优秀硕士生到美国、英国三所大学进行 1+3 联合培养，获取国外高校博士学位。目前已完成 2 个批次招生，第一批次录取 3 名美国康奈尔大学、4 名英国萨里大学博士生候选人，第二批次录取 3 名英国萨里大学博士生候选人。本专项旨在培养具有国际视野的交叉创新型数字渔业人才，前 1 年在国内熟悉国情、应用场景和调研选题，后 3 年在国外完成模型和方法研究，获取国外高校博士学位，并回国完成落地应用和优化，培养理论与实践结合、科研与产业并重的交叉型高级人才。

第二节　强化国家数字渔业创新中心技术创新

一、天空地一体化渔业资源、环境、生态先进感知技术年度新进展

（1）基于水下机器人的深水网箱水质检测方法及系统　基于模糊神经网络模型，对检测轨迹偏差和变化量进行处理，分别得到对应的轨迹推力调整值和深度推力调整值；对水下机器人的检测深度进行调整，以稳定对深水网箱进行水质检测。

（2）基于计算机视觉的鱼群自动计数方法　通过预设的关联分析法，选取特定点之间的实际距离和待测算鱼类眼部的实际特征值中与鱼类重量相关的关联特征；将关联特征代入预设的神经网络模型，计算得到神经网络模型输出的待测算鱼类的重量预测值。

（3）基于深度学习的鱼苗数量估计方法及系统　提取鱼苗图像的灰度图和热力图等特征，与卷积神经网络模型结合，得到模型的反馈结果，最终获取网络模型输出的待检测的鱼苗数量的估计结果。

（4）水下鱼体重量测量方法及装置　针对不同成像角度的鱼体侧面积矫正，将非正交成像角度的鱼体侧面积通过几何变换修正为正交成像角度鱼体侧面积；利用实测数据对重

量估测模型进行验证，并优化完善模型，使其能够在水下准确测量自由游泳状态下的鱼体重量数据。

（5）基于双目视觉的鱼体长度测量装置及方法　提取目标鱼体的轮廓线与包络线，获取目标鱼体的鱼尾位置，计算轮廓线上距离鱼尾位置为第二最大间距的点，获取目标鱼体的鱼嘴位置；基于鱼嘴位置与鱼尾位置，计算目标鱼体的有效长度。

（6）基于深度学习的网衣检测方法、装置、设备及存储介质　根据目标网衣图像进行训练，获得待处理检测模型和目标检测模型；检测输出图像中的破损目标和附着物目标，统计破损目标数量和附着物目标数量，并生成密度热力图，将密度热力图作为网衣检测结果。

（7）水产品腐败菌的表面增强拉曼散射（SERS）生物传感器快速检测方法　通过合成手性双金属 Fe_3O_4-AuNPs 负载 MOFs 二维纳米片，得到磁化后定向有序排列的复合材料，获得均匀、可重复、大面积、高增强的 SERS 活性基底；将双链 DNA 修饰其上，用于腐败菌的高灵敏检测。

二、水产养殖智能信息处理与云平台技术年度新进展

（1）养殖鱼类生长环境调控方法及装置　基于鱼类视频图像数据获得的鱼类行为与生长指标数据，同目标鱼类生长环境指标数据和目标鱼类行为与生长指标数据，用多分支输出结构的深度学习网络进行训练模型和识别，得到对应鱼类生长环境的调控方案，并进行环境精准调整。

（2）溶解氧预测方法及装置　将溶解氧训练集以及训练标签输入至长短期记忆（LSTM）网络进行训练，以确定所述 LSTM 网络的超参数组合；对所述超参数组合进行优化，以预测待测水源的溶解氧。

（3）基于 Mask R-CNN 的冰鲜鲳鱼新鲜度分级方法　使用其语义分割分支对鱼眼和鱼鳃部位进行准确的检测分割，使用其分类分支对鱼眼和鱼鳃部位的新鲜度进行快速分类。其目的是为了增进模型的可扩展性和可迁移性。

（4）基于 MU-UVE 的冰鲜鲳鱼新鲜度评估方法　基于机器视觉和数字图像处理技术获取图像数据并提取特征，通过 MC-UVE 算法筛选最佳特征并输入支持向量机（SVM）机器学习分类算法评估新鲜度等级。本研究不仅可以快速测定质变敏感区域的劣变情况，还实现了对鲳鱼新鲜度的智能预测。

（5）基于时空融合的水质预测方法、装置、设备及存储介质　提取海水网箱历史水质参数作为时间水质参数，当前水质参数作为空间水质参数，并确定目标数据；基于预设长短期记忆网络和预设时间卷积网络构建网络预测模型；将目标数据输入网络预测模型进行训练，获得预测值。

（6）溶解氧调控方法和装置　采集待调控水质的数据，生成输入因子；根据输入因子，通过溶解氧预测模型，获得预测溶解氧；根据预测溶解氧，通过控制规则表，确定增氧量。

（7）粘连鲫鱼图像分割方法　对鲫鱼鱼群图像进行颜色空间选取、图像初分割和鱼体轮廓提取等预处理；基于形态因子识别出粘连鲫鱼目标，并采用基于分割点搜索与配对的方法实现粘连鲫鱼分割。根据鲫鱼粘连形状可自动确定分割线的数目，从而保证了粘连鲫鱼图像的准确分割。

（8）基于级联深度网络的水下视觉增强方法和装置　先确定水下退化图像，再采用两级卷积神经网络建立的网络训练水下图像增强模型，每级卷积神经网络由 5 个卷积层和 3 个密集连接层组成；将所述水下退化图像输入水下图像增强模型，输出对应于所述水下退化图像的增强图像。

三、水产养殖智慧鱼机装备和系统年度新进展

（1）水下目标识别网络优化方法及装置　将水下视频图像预先训练，获取网络权值参数；通过聚类获取网络权值参数的聚类中心值；根据定点数法量化所述聚类中心值，并将量化后的聚类中心值存储为字码本；基于字码本对水下目标识别网络进行迭代训练直至水下目标识别网络收敛。

（2）轨迹跟踪控制方法、装置、设备和存储介质　先获得被控对象当前状态，由图信息表示；基于随机轨迹数据集进行训练图神经网络模型，将图信息输入至图神经网络模型，结合预设的目标轨迹确定当前的最优控制序列，实现了高效、准确地对被控制对象进行轨迹跟踪控制。

（3）鱼类摄食状态的检测方法　获得鱼群采食时的纹理特征和形状特征，代入预设深度森林模型中，得到鱼群的摄食状态，准确率可达到 95% 左右。这为鱼类的精准饲喂提供理论支持和解决方法。

（4）基于时序图像的鱼群摄食行为分析模型构建方法　使用多尺度 Retinex 算法进行鱼群摄食图像增强，并构建图像对；使用单发多框目标检测模型，获取鱼体的位置信息变化向量组，将提取到的鱼群摄食行为特征输入多元分类支持向量机（MSVM）模型中判别鱼群当前的摄食状态。

（5）用于观测对虾健康和摄食状态的智能料台装置　运用深度学习算法和计算机视觉方法，对对虾信息进行数据增强、建模和识别等分析，得到对虾健康状态和摄食状态分析结果；通过无线网络传输到智能控制器，带动滑块和滑轮控制料台精准动作。

（6）基于智能视频图像处理的鱼类饲喂平台　实时获取养殖池内鱼类运动视频，并进行水下视频增强、评估和目标跟踪，使用多模态机器学习对其进行处理，得到鱼类行为的判别；控制连接着养殖池的饲料投喂器，对鱼群饲料进食量进行精确控制。

（7）基于双目摄像机的对虾加工图像实时智能采集及处理装置　基于双目摄像机联动智能采集和处理图像，分析对虾在传送带中的落点区域，智能移动摄像机拍摄相应区域，提高了有效图像的采集率、图像清晰度及图像质量，并增加了剥壳检测与计数结果图像。

第三节　强化国家数字渔业创新中心主要理论及发现

一、渔业资源、环境、生物信息感知及传输机理本年度新进展

（1）基于纳米金粒子比色法的汞离子检测方法　采用铋试剂 - Ⅱ修饰的纳米金粒子胶体悬浮液检测汞离子。在实验条件下，采用 Savitzky-Golay 一阶导数对连续投影算法提取的特征波长进行了预处理，通过线性支持向量机回归模型进行建模与分析。该模型具有良

好的自预测能力和实际预测能力。校正集的相关系数为0.9685，均方根误差为0.0412mg/L，验证集的相关系数为0.9600，均方根误差为0.0434mg/L。

（2）基于微流控和比色光谱法的水产养殖海水氨氮含量检测 以大围网养殖海水中的氨氮为研究对象，在比色光谱法基础上结合微流控技术进行靛酚蓝法比色反应，实现对溶液中氨氮含量的定量检测。将数据进行多元散色校正（MSC）后再使用小波平滑的预处理方法结合排序法划分样本集建立的偏最小二乘（PLS）回归模型效果最优，建模集校正标准差（RMSEC）和预测集校正标准差（RMSEP）分别为0.0566mg/L和0.0677mg/L，相对分析误差（RPD）为6.8932；在优化条件下测得方法的线性范围和检测限分别为0.005～1.350mg/L和0.0036mg/L。结果表明，实验建模效果良好，操作简单、方便，实验快速、可靠、无污染。

（3）基于可见光谱的鱼苗体长估测方法 基于相关研究，提出了基于迁移学习ResNet50模型的鱼苗体长估测方法。该模型具有50层的Residual Network架构，用迁移学习的方法将在ImageNet上训练得到的卷积层的参数传递到训练所使用的模型上，并调整softmax层适应所研究问题。对来自10种不同长度的6677个样本的鱼苗数据集上的实验结果表明该方法可以有效地用于鱼苗分类，相比其他三种迁移学习模型AlexNet、VGG16、GoogLeNet，在准确率和运行时间上，该方法都有明显优势。实验结果表明，该算法与传统的图像处理方法相比估算鱼苗体长准确率提高2%左右。

（4）基于SE-ResNet152与Class-Balanced Focal Loss的鱼类品种分类方法 对数据样本进行可视化分析和图像预处理；构建SE-ResNet152广义特征提取器并迁移到目标数据集；最后运用Class-Balanced Focal Loss损失函数训练SE-ResNet152模型，实现基于鱼体不同视图的鱼类品种的自动分类。

（5）基于图像分析和神经网络的鱼体质量估算方法 对鱼体图像进行图像分割、图像增强等预处理操作，采用基于主成分分析（PCA）的方法提取鱼体图像特征，并采用基于协同过滤（CF）的方法计算特征值，最后采用基于BPNN（Back-Propagation Neural Network）的方法预测鱼体质量。以鲫鱼为实验对象，在真实数据集上进行实验，结果表明，均方误差为0.0104，均方根误差为0.0137，确定系数为0.9021。

（6）基于图像密度划分与局部回归的鱼群自动计数方法 采用图像处理技术分割出图像中的鱼群连通区域；对连通区域子图进行密度等级划分，解决了鱼群连通区域数据集不平衡问题，使得鱼群计数结果更准确、更稳定。使用该方法在真实的鱼群数据集上进行测试，均方误差为0.2985，均方根误差为0.6105，确定系数为0.9607。

（7）基于LabVIEW的水下鱼体长度自动估测方法 通过基于轮廓线和凸包计算的处理算法，自动提取鱼嘴尖和尾末的关键测量点，验证了自由游动鱼体与光轴不同角度下鱼长估计的成功率和准确性。实验结果表明，该方法能自动估计鱼长，准确率和成功率较高。估计体长与人工测量体长的回归分析显示，线性关系良好，平均相对误差小于2.55%。

二、水生物最优生长调控智能模型和方法本年度新进展

（1）基于GA-SVM的溶解氧传感器故障诊断研究 基于溶解氧参数的故障分类，采用GA模型，选取C和g的优化值分别为2.1649和5.3312，进行了支持向量机故障诊断实验。实验结果表明，溶解氧的准确度为98.53%，GA-SVM对溶解氧参数的诊断结果要好于BP

神经网络。

（2）基于 DeepAR-RELM 的池塘溶解氧时空预测方法研究　采用样本熵（sample entropy，SE）衡量各个监测点溶解氧序列的波动程度，采用最大互信息系数（maximum mutual information coefficient，MIC）衡量监测点溶解氧序列之间的相关性，综合选取波动程度较小且与相关性较大的监测点作为中心监测原点，建立池塘空间坐标系；采用 DeepAR 算法构建中心监测点的溶解氧时间序列预测模型，采用 RELM 算法构建中心监测点与池塘各位置溶解氧之间的空间映射关系模型，实现对未来时刻池塘溶解氧的空间预测。该方法均方根误差（RMSE）为 1.2633mg/L，平均绝对误差（MAE）为 0.9755mg/L，平均绝对百分比误差（MAPE）为 14.8732%，表明该方法有较好的预测精度和泛化能力，能够较准确地实现池塘溶解氧时空预测。

（3）基于 K-means 与 GRU 的池塘养殖溶解氧预测模型研究　采用主成分分析法（PCA）筛选出影响溶解氧变化的关键因素，然后对溶解氧时间序列进行 K 均值聚类，利用 GRU 建立溶解氧预测模型。为了提高聚类效果，增强了基于溶解氧变化的时间序列相似性计算。30 分钟间隔模型的平均绝对误差为 0.264，平均绝对百分比误差为 3.5%。实验结果表明，与传统方法相比，该方法具有更高的预测精度和灵活性。

（4）基于深度信念网络的循环水养殖溶解氧预测模型研究　采用变分模态分解（VMD）数据处理方法评估原始数据空间，对原始数据进行分离和去噪，突出显示数据特征之间的关系，并有效提高神经网络输入的质量。该模型可以快速、准确地预测时间序列中的溶解氧含量，预测性能满足实际生产需要。

（5）基于 WT-CNN-LSTM 的溶解氧预测模型　使用小波变换（WT）降低数据噪声，使用卷积神经网络（CNN）深度挖掘各变量之间的潜在关系，利用长短期记忆网络（LSTM）的时序性预测 2 小时后的水产养殖溶解氧含量。结果表明，平均绝对误差、均方根误差和相关系数分别为 0.138、0.229 和 0.954，比传统 LSTM 模型分别优化了 28.87%、21.03% 和 4.61%。

（6）基于小波变换去噪和 CNN-LSTM 的池塘养殖水质关键因子预测模型　通过小波变换去噪对物联网采集的数据进行预处理，再采用 CNN-LSTM 模型对不同水质因子进行准确预测。利用该方法对溶解氧、水温和 pH 值分别预测，其中 pH 值预测均方误差为 0.020；溶解氧预测均方误差为 0.408；水温预测均方误差为 0.083。实验表明，该模型具有更高的预测准确度，以及较高的灵活性和通用性。

（7）寿光市鱼菜共生温室浅层地热供冷供热可行性的实测研究（地温剖面和地热势）　构建了寿光市鱼菜共生温室区域地下 0.1 ~ 3.6 米浅层地温的测量模型、温度分布剖面和地温潜力的初步评价，测量结果表明，0.1 ~ 3.6 米深处的年平均温度范围为 13.1 ~ 17.6℃。地热潜力初步评估结果表明，空气温度和 1.5 ~ 3.6 米深处地温日平均温差，在冬季为 10 ~ 25℃，夏季在 −15 ~ −5℃。因此，可在 1、2、11 和 12 月运行增温循环，在 5、6 和 7 月，可以运行降温循环。

（8）鱼菜共生中循环水系统低能耗加热方法的模型研究　提出一种采用螺旋盘管换热器和蓄热单元相结合的新型加热方式来代替电加热器。在 4 种温度（55℃、60℃、70℃、80℃）、3 种流量（0.166kg/s、0.249kg/s、0.332kg/s）下，采用计算流体力学方法对模型进行瞬态分析和检验。结果表明，该模型与常规热源（包括太阳能集热器和热泵系统）具有相同效果，可保持鱼缸最佳水温在 26.75 ~ 30℃。将 3.4m^3 的鱼缸水从 24.5℃加热到 28℃，热水温度和流量分别为 70℃和 0.332kg/s 时，26 分钟内水温分布达到最佳结果，传热率为 31.8kW，热效率为 76.1%。

（9）基于 LC-RAKEL 的农业文本多标记分类方法研究　对采集到的农业文本进行预处理，采用基于信息增益的方法进行特征选择，并采用基于类别区分度的方法进行特征加权；最后计算标记间的相关性，选择相关性较高的标记子集构建 RAKEL 多标记分类模型，实现文本多标记分类。结果表明，平均精度达到 91.19%，验证了本文方法的有效性。

三、数字鱼机装备与系统集成本年度新进展

（1）基于计算机视觉和监控摄像机的增氧机异常检测实时专家系统　提出了一种基于区域建议思想的小目标区域检测方法，并提出了一种新的参考帧 Kanade-Lucas-Tomasi（KLT）算法，用于固定区域的运动特征提取。还提出了一种时间序列降维方法用于建立类间边界明显的特征数据集，利用机器学习算法建立特征分类器。该专家系统可以在实际视频数据集和扩增视频数据集上实现实时、鲁棒、无成本的增氧机异常检测。

（2）近红外高光谱成像技术与多元方法相结合来鉴别虾新鲜度　在全波长模型分析的基础上，应用标准正态变化（SNV）预处理方法对全波长光谱数据进行预处理；基于特征波长建模分析，采用 CARS 提取算法处理数据的特征波长。结果表明，SNV-CARS-ELM 的模型获得了最优的性能，总体分类准确率为 97.92%，并采用面向对象的方法对图像分类结果进行了可视化。

第四节　建设国家数字渔业创新中心重大工程

一、粤港澳大湾区无人渔场项目（工程化池塘模式）

无人渔场项目于 2020 年 4 月 1 日完成设计和规划，并进行勘探和多轮研讨，确定分期实施目标。一期工程于 2020 年 9 月底开始施工，12 月底初步完成基础建设和仪器设备安装调试，于 2021 年 1 月初步进行了试运行并达到预期效果，成为国内第一个无人渔场生产系统，起到了示范和引领的作用。

无人渔场项目坐落在广州市南沙区珠江管理区一涌和二涌间，南侧为凤凰三桥，项目占地 515 亩。地块布局呈东北—西南方向，分布 9 口池塘，区域内有沿池塘的 2 条西北—东南走向机耕路和若干相垂直的塘间道路；选址地的行政位置位于南沙区珠江街道前锋社区附近，空间位置处于北纬 22.74 度，东经 113.53 度，坐落在 1 涌东围区域；北侧紧邻下横沥水道大堤，水源充沛，面积开阔平坦，利于集中规划和规模化生产示范；同时，紧邻下横沥水道和凤凰三桥主干道，地理位置优越，运输便利，利于鱼苗、饲料、成鱼、加工品等批量转运和分发。

该项目定位为未来引领性、示范性生态种养系统，体现生态化、工程化、智慧化和国产化，融合天空地一体化环境、生态、水质、水生物生理信息感知，5G 传输，智能自主渔业作业装备，大数据云平台和三维可视化的巡查和检修交互。设置生产区 31 个池塘 5 种养殖模式和湿地公园区 9 个池塘，设计年产活鱼 344.4 吨，虾蟹 6.3 吨，水生蔬菜 179.4 吨，

莲藕 9 吨，海水稻 1.5 吨，具有较好的经济社会效益，同时该项目基于生态化设计，有集中集污装置和净化湿地净化，具有较高的环保效益。

项目总投资为 3495.38 万元，其中建安工程费 2888.153 万元（含专业设备工程费用 1174.65 万元），前期及其他费用 392.69 万元，预备费用 164.04 万元。

二、工厂化鱼菜共生 4.0 项目

工厂化鱼菜共生 4.0 项目于 2020 年 2 月 10 日开始进行设计和规划，完成调整和多轮研讨，于 4 月 22 日召开了项目专家论证会，完成合资公司内部立项，5 月上旬完成项目管理备案和审核。合资公司已经成立，已完成注资、办税手续，以及 EPC 招投标工作，项目处在第一期 1 号、2 号车间建设中。截至 2020 年年底，1 号车间建设进度完成 8%，二号车间建设进度完成 30%。该项目计划 2021 年 5 月完成基本基建并进入设施设备全面安装调试阶段。该项目是国内第一个集设计理念和先进技术的工厂化鱼菜共生生产系统，融合了渔业全链条环节和三产协同的引领性超级农业生产系统。

该项目用地位于广州市南沙区珠江管理区二涌半，南侧为规划 13 号路，占地面积约 34104.0 平方米，总建筑面积 61802.9 平方米；分为一期用地 24.6 亩，二期用地 14.8 亩，三期用地 11.7 亩；其中 1 号车间 6456.45 平方米，2 号车间 1739.5 平方米，3 号车间 2463.25 平方米，4 号车间 2463.25 平方米，育苗车间 2000 平方米，科研试验楼 1910 平方米，蔬菜大棚 7000 平方米。

整个项目遵循生态高效可持续发展的理念，融合生态设计和人工智能技术、智能装备技术等，实现有机、超高产、全链条、高附加值的新型种养殖生产系统。年产水花鱼苗 1600 万尾，标苗 640 万尾，名贵成鱼（墨瑞鳕、石斑鱼、金目鲈等）450 吨，蔬菜（冰菜、奶油生菜、番茄、罗勒等）150 吨，鱼苗 2400 万株，打通 100 家供应门店，每家日均销售活鲜 60 公斤，冻品 40 公斤，刺身 5 公斤，蔬菜加工 80 公斤。预计项目营收平均每年 128122.12 万元，年均利润总额为 5630.63 万元，年均所得税 931.27 万元。

项目的总投资 47472.92 万元（不含流动资金和开办费），其中建安工程费 31002.23 万元（含专业设备工程费用 8501.92 万元），前期及其他费用 13015.19 万元（含土地使用权费用 10060.58 万元），预备费用 1272.75 万元（计费基数不含土地和专业设备费用），建设期利息 2182.75 万元。

第五节　强化国家数字渔业创新中心社会服务及社会影响

为加速推动我国数字渔业产学研结合，国家数字渔业创新中心发起并成立中国数字渔业协同创新平台，涵盖研发、生产、测试、服务、国际合作、资本、市场流通等 13 个工作组，成员包括数字渔业的政府部门、科研院所、渔业三产企业和合作社在内的 100 余家单位；形成政产学研用一体化的中试、示范、推广的产业体系，从根本上推动数字渔业的产业化运用，促进渔业的健康快速发展，促进产业结构调整和转型升级。

加大专业基地的建设，起到以点带面的积极效益。2020 年 5 月，在北京国际都市农业科技园，中心联合中农富通科技有限公司共建国家数字渔业创新中心工厂化鱼菜共生基地（通州），重点研发和示范高效精准鱼菜共生技术和装备，辐射带动北京城市副中心，服务

京津冀现代农业发展。

加大代表性项目建设，起到示范引领的积极效益。2020 年，中心重点在烟台市、东营市、上海市、南京市、广州市进行无人渔场的策划和实施，起到了热烈反响和示范带动的作用。

加大地方产业研究院建设，将社会服务能力建在一线，将研发挪到现场，将产业服务送到现场。2020 年，中心重点推进了烟台市智慧渔业产业研究院的筹建和签约、南京市高淳区智慧渔业产业研究院的筹建和签约，以及广州市南沙区智慧渔业产业研究院的筹建和谈判工作。

同时，加大国家地方的数字农业推广基地专项建设，配合农业农村部指导山东省，安徽省、湖南省、广东省和海南省的数字农业推广基地入库工作，给予报告编制的指导和技术支持。

第六节　国家数字渔业创新中心 2021 年工作展望

2020 年，国家数字渔业创新中心共获得全国创新争先奖 1 项，中国发明协会发明创业奖一等奖 1 项，2020 北京水产青年学术论坛学术报告一等奖，第十二届“挑战杯”中国大学生创业计划竞赛全国决赛银奖 1 项，第六届中国国际“互联网 +”大学生创新创业北京赛区复赛二等奖 2 项，全国大学生物联网设计竞赛全国总决赛一等奖 1 项，北京地区广受关注学术论文 1 项，中国农业大学优秀硕士论文 1 项；开发新产品和新模式 4 项；授权发明专利 23 项，发表 SCI 检索论文 37 篇，最高影响因子为 12.11；出版《无人农场——未来农业的新模式》、*Internet+Agriculture*：*the road to reforming agriculture supply* 图书 2 部；编写 2 项行业标准，8 项企业标准；召开国际信息处理联合会第五技术委员会（IFIP TC5）年会 1 次，线上国际会议 7 次，发表学术论文 50 篇，执行国际合作项目 2 项，开展外籍专家讲座 11 场次。

2021 年度，国家数字渔业创新中心将继续聚焦纵深领域，开展“卡脖子”和引领性技术攻关和研发，对准工厂化鱼菜共生、陆海接力大围网养殖、海洋牧场主战场，进行系统的调研、综述、分析和梳理，进行研究点布局，深化各项研究，形成有展示度的成果，并在全国进行推广应用。利用国家数字渔业创新中心和精准渔业科学试验基地及其他基地，整合提升科创平台和实验室，建设世界一流科研、测试、交流合作创新中心。加快进行烟台、南京、广州、成都等地产业研究院建设步伐，将产业研发和应用推进到现场鱼塘，建设一批未来农场。加强国际合作与交流，深化国际项目、国际组织、国际期刊、国际会议建设，争创世界一流数字渔业创新团队。形成产学研用协同战力和影响，打造数字渔业航母战斗群，为现代农业转型升级不懈奋斗，助力乡村振兴战略。

发展政策篇

第二十六章 政策法规 26

2019 年 12 月，农业农村部、中央网络安全和信息化委员会办公室印发《数字农业农村发展规划（2019—2025 年）》，对新时期推进数字农业农村建设的总体思路、发展目标、重点任务做出明确部署，擘画了数字农业农村发展新蓝图。这是贯彻落实党中央关于建设网络强国、数字中国、智慧社会、数字乡村等系列战略部署的重要举措，是指导新时期数字农业农村建设的行动指南。

2020 年 1 月，国家广电总局印发《关于加强广播电视公共服务体系建设的指导意见》，按照乡村振兴、区域协调发展和智慧广电等战略部署，聚焦人民听好看好用好广播电视，以标准化建设为引领，以均等化享有为基础，以提高覆盖面和适用性为关键，以推进转型升级为方向，补短板、强弱项、提质量、增效能，加强改进传输覆盖网络，完善公共服务制度，建立健全长效服务机制，大力推进“智慧广电 + 公共服务”，深度融入网络强国、数字中国、智慧社会建设，加快构建现代化广播电视公共服务体系，不断提升人民的获得感、幸福感和安全感。

2020 年 2 月，国家发改委会同 3 个部门印发《关于应对新型冠状病毒感染肺炎疫情 支持鼓励劳动者参与线上职业技能培训的通知》，免费开放线上技能培训资源，提升线上职业技能培训资源质量，完善线上职业技能培训配套服务，加大线上职业技能培训扶持力度，积极开展宣传动员，强化组织实施。

2020 年 3 月，农业农村部印发《农业农村部办公厅关于进一步优化审批服务推动农业企业加快复工复产的通知》，提出了简化审批手续，优化办事流程；压缩审批时间，提高审批效率；推进网上办事，创新服务方式；加强审批监管，维护企业权益等具体举措。

2020 年 4 月，国家邮政局印发《快递进村三年行动方案（2020—2022 年）》，明确到 2022 年底，我国农村快递服务深度显著增强，县、乡、村快递物流体系逐步建立，城乡之间流通渠道基本畅通，农村综合物流服务供给力度明显加大，快递服务“三农”成果更加丰硕，广大农民可以享受到更加便捷高效的快递服务，符合条件的建制村基本实现“村村通快递”。

2020 年 5 月，农业农村部印发《2020 年农产品质量安全专项整治“利剑”行动方案》，在巩固“不忘初心、牢记使命”主题教育农产品质量安全整治成果的基础上，继续组织实施农产品质量安全专项整治，开展“利剑”行动，严厉打击各类违法违规用药和非法添加行为，切实保障人民群众“舌尖上的安全”。

2020 年 5 月，国家发改委会同商务部等 11 部门联合印发了《关于进一步优化发展环境 促进生鲜农产品流通的实施意见》，围绕降低企业经营成本、加大金融支持力度、加大用地用房供给、营造良好营商环境、支持企业做大做强 5 个方面，提出了 12 项促进生鲜农产品流通的政策措施，为农产品流通企业发展营造良好的发展环境。

2020年5月，国家发改委与交通部印发《关于进一步降低物流成本的实施意见》，从降低物流制度成本、要素成本、税费成本、信息成本、联运成本、综合成本6个方面，提出24项政策举措，为农村物流发展创造良好条件。

2020年6月，农业农村部等9部委联合印发《关于深入实施农村创新创业带头人培育行动的意见》，提出创新创业是乡村产业振兴的重要动能，人才是创新创业的核心要素。农村创新创业带头人饱含乡土情怀、具有超前眼光、充满创业激情、富有奉献精神，是带动农村经济发展和农民就业增收的乡村企业家。深入实施农村创新创业带头人培育行动，大力发展富民乡村产业，奠定决胜全面建成小康社会的物质基础。

2020年6月，农业农村部印发《农业农村部关于加快推进设施种植机械化发展的意见》，提出到2025年，种植设施区域布局更加合理，结构类型更加优化，以塑料大棚、日光温室和连栋温室为主的种植设施总面积稳定在200万公顷以上；设施结构区域化标准化设计、建设、改造稳步推进，农机作业条件显著改善，新型设施结构、材料和节能降耗技术装备取得突破的发展目标，明确了推进设施布局标准化、设施建造宜机化、生产作业机械化、设施装备智能化、生产服务社会化的主要任务，从加强组织领导、完善扶持政策、推进科技创新、强化示范引导、加强公共服务5个方面明确了保障措施。

2020年6月，交通运输部联合国家邮政局在全国范围内组织开展“农村物流服务品牌”推广工作，印发《交通运输部办公厅关于公布首批农村物流服务品牌并组织开展第二批农村物流服务品牌申报工作的通知》，评选出首批25个农村物流服务品牌项目，总结经验模式和典型做法，指导各地加大对农村地区物流资源整合力度，创新运营服务模式，便利城乡间物资运输，引领农村物流高质量发展。

2020年7月，中央农村工作领导小组办公室等7部门联合印发《关于扩大农业农村有效投资 加快补上“三农”领域突出短板的意见》，指导各地推动高标准农田建设工程、农产品仓储保鲜冷链物流设施建设工程、现代农业园区建设工程、动植物保护建设工程、沿海现代渔港建设工程、农村人居环境整治工程、农村供水保障工程、乡镇污水处理工程、智慧农业和数字乡村建设工程、农村公路建设工程、农村电网建设工程11个农业农村领域补短板重大工程项目建设。

专家视点篇

第二十七章 27

智慧农业赋能农业现代化高质量发展

中国工程院院士、中国农业科学院院长　唐华俊

智慧农业被视为继植物育种和遗传学革命之后的又一次农业新技术革命，将彻底改变现代农业生产经营方式与管理模式，使农业进入数字化、网络化和智能化发展阶段。智慧农业是数字技术科技创新的新场景，科技创新与农业产业的深度融合，不仅会催生农业产业发展新动能，也会引发数字技术、数据科学、人工智能和区块链等技术创新。

一、智慧农业是农业信息化发展的高级阶段，是未来农业发展的必然方向

人类社会正在经历信息革命。信息技术代表当今先进生产力的发展方向，具有强大的带动性、渗透性和扩散性。21 世纪以来，人类全面迈进以互联网为中心的信息技术时代。随着新一代信息技术迅速发展，农业信息化正从传统的数字化、网络化向智能化、智慧化的高端方向发展。全球农业发展进入智慧农业发展新阶段。智慧农业以信息知识为核心，将遥感网、传感网、大数据、互联网、云计算、人工智能等现代信息技术以及智能装备、智能机器人等，深入应用到农业生产、加工、经营、管理和服务等全产业链环节，实现精准化种植、互联网化销售、智能化决策和社会化服务，形成以数字化、自动化、精准化和智能化为基本特征的现代农业发展形态。

党的十九大报告指出，“要坚持农业农村优先发展，按照产业兴旺、生态宜居、乡风文明、治理有效、生活富裕的总要求，建立健全城乡融合发展体制机制和政策体系，加快推进农业农村现代化。”

智慧农业是农业信息化发展的高级阶段，是全新的农业发展理念，与计算机农业、数字农业、精准农业等农业信息化发展模式既相关又不同。计算机农业、数字农业、精准农业将关键信息技术应用到农业生产过程中，提高农业生产率和效益。智慧农业则是实现全要素、全链条、全产业、全区域的智能化，不仅贯穿农业生产过程，还包括农业经营、农业管理、农业服务等环节，这是与其他农业信息化发展模式的最大不同。智慧农业的内涵和外延更加宽泛，所涉及的理论、技术、系统和装备更加综合和复杂。

当前我国正处于传统农业向现代农业转变的关键时期。农业发展面临农产品价格“天花板”封顶和生产成本“地板”抬升等新挑战，农业资源环境制约、农业生产结构失衡和农业发展质量效益不高等新问题日益突出，迫切需要加快转变农业发展方式，从粗放发展向精细管理、科学决策发展模式转变，走产出高效、产品安全、资源节约、环境友好的农业现代化道路。农业信息化成为引领我国现代农业发展、创新农业管理服务和破解农业发展难题的必然选择。

“十三五”规划纲要、2016 年以来每年的“中央一号文件”、近年发布的《新一代人工智能发展规划》《数字乡村发展战略纲要》《数字农业农村发展规划（2019—2025 年）》等，

都对农业数字化和智能化发展做出顶层设计和系统谋划。发展智慧农业是贯彻落实我国“四化同步”战略、加快转变农业发展方式和推进农业现代化建设的迫切需要，有助于促进信息化与农业现代化深度融合，推动农业全产业链改造升级，进行资源优化配置和科学管理，有效提升农业生产经营效率和改善农业生态环境，对建设数字中国、实施乡村振兴战略、推进农业高质量发展具有重要意义。

二、智慧农业的关键是数据，需要解决数据获取、处理与应用三大问题

数据是基础性战略资源，数字经济是现代经济发展新动能。党的十九届四中全会首次提出，将数据作为生产要素参与收益分配，数据作为新生产要素从投入阶段贯穿到产出和分配阶段。智慧农业的目标是实现农业全过程智能化，其实质是数据驱动。围绕数据这一关键生产要素，智慧农业的组成包括数据获取、数据处理分析、数据应用服务等方面的关键技术、装备和集成系统，实现从数据到知识到决策的转换。每一环节都有其关键理论和技术方法体系，这些理论、技术方法高度集成，形成完整的智慧农业系统。

1）数据获取是智慧农业的基础。通过精准感知和数据采集技术创新，构建天空地一体化的农业农村信息采集技术体系，开展数据采集、输入、汇总、应用、管理技术的研究，提升原始数据获取和处理能力，解决“数据从哪来和如何管”这一基础问题。重点是推进满足农业农村需求的专业遥感卫星研发，突破无人机农业应用的共性关键技术，攻克农业生产环境和动植物生理体征专用传感器制造，实现重要农区、牧区的资源环境、生产、经营、管理、服务等跨区域、全要素、多层次的数据采集；研发农业农村大数据管理平台，突破“集中＋分布式”农业农村资源资产一体化云架构、数据安全等关键技术。

2）数据处理分析是智慧农业的支撑。进行数据挖掘与智能诊断技术创新，构建农业大数据智能处理与分析技术体系，加强人工智能、虚拟现实、区块链＋农业、大数据认知分析等前沿技术超前布局，解决“数据如何处理与分析”的问题。重点是开展技术攻关，集成农学知识与模型、计算机视觉、深度学习等方法，研发动植物生产监测、识别、诊断、模拟与调控的专有模型和算法，实现农业生产全要素、全过程的数字化、智能化诊断；围绕农村数字化服务，加强农业农村数据资源关联挖掘、智能检索、智能匹配与深度学习等技术研发，满足农民对便民服务、电子商务等的全方位信息需求。

3）数据应用服务是智慧农业的关键。通过精准管控与技术创新，构建数据赋能农业农村智能化决策与管理技术体系，加快行业管理与服务流程数字化改造，解决“数据如何服务”的问题。重点是加强农业农村专有软件与信息系统的整合集成研究，研发环境智能控制系统、农产品质量快速检测与冷链物流技术、农产品可信追溯技术；加强智能装备自主研发能力，研发一批农业智能感知、智能控制、自主作业等装备，重点突破农业机器人、数控喷药、智能检测、智能搬运、智能采摘、果蔬产品分级分选等技术；进行数字农业标准规范研制，建立数据标准、数据接入与服务、软硬件接口等标准规范。

三、智慧农业是复杂的系统应用，需要多部门、多领域、多学科的交叉和集成

从应用领域看，智慧农业技术、平台和装备已经广泛应用到种植、养殖、加工、流通等不同领域，形成智能农田、智能牧场、智能渔场、智能果园、智能化植物工厂、农产品

加工智能车间、农产品绿色智能供应链等新的产业发展业态。针对不同应用主体，形成不同智慧农业发展模式和路径，如小农户的智慧农业应用以信息技能培训、技术托管与装备共享服务、电商平台和小型智能终端应用等为主；针对种养大户、家庭农场、农业企业、合作社等新型经营主体，则以提高生产率、提升产品附加值、全产业链智慧化转型等应用为主。同时，围绕不同区域的产业类型和特点，形成不同智慧农业应用模式，如我国东北地区以规模化的大田精准种植为主，东南沿海地区以智慧渔业与智慧物流发展为主，西南山区以智慧特色农业发展为主。

智慧农业是复杂的软硬件系统应用，通过前沿数字技术与装备的综合应用，自动、精准、高效地收集、提取并加工农业大数据，让各类数据“孤岛”相互联通，借助图像视频识别、深度学习与数据挖掘等人工智能方法，快速获取多种信息知识，实现农业优质高效、生态友好的高质量发展。

智慧农业作为技术密集型的农业创新体系，需要技术、平台和生态的融合发展。具体来说，不仅需要5G、数据中心等新型基础设施的支撑，更需要信息技术、数据科学、农业科学和装备科学的基础研究和理论突破。智慧农业未来发展的重要动力来源于农业信息技术与农学和农机高度有机融合，有赖于数字技术与农业科学、资源环境科学、基因组学、农业经济和社会科学的交叉集成。只有对动植物生产与水土资源、环境之间的复杂关系和生态联系进行科学理解，才能将海量农业数据转化为知识和决策；只有与个体动植物的基因组学、微生物群等分子信息相结合，机器学习、深度学习和数据挖掘技术才可能发挥重要作用，实现数据赋能农业的目标。此外，推动智慧农业科技创新必须重视跨学科、跨行业的知识交流和技术集成，重视复合型农业人才的培养。

（文章来源：《人民日报》）

第二十八章 28

发展智慧农业，建设数字乡村

中国工程院院士、国家农业信息化工程技术研究中心主任　赵春江

一、充分认识现代信息科技的时代特征

现代信息科技在当代表现出两大突出特征。

1）信息科技的生产力特征。现代信息科技通过与农业各生产力要素渗透，起到倍增器的作用，大大提高了农业劳动生产率。现代农业信息科技是未来最活跃的农业生产力，互联网、人工智能、大数据、区块链等技术，将提升农业生产者决策和管理行为的智能化；传感器、机器人、智能装备等技术将实现传统农业生产工具的转型升级；数字化技术将使管理者更清晰地认识和把握农业生产对象及其与各生产要素、环境要素、技术措施之间的相互作用关系。

2）信息科技的经济特征。数字经济是指以使用数字化的知识和信息作为关键生产要素，以现代信息网络为重要载体，以信息通信技术的有效使用作为效率提升和经济结构优化重要推动力的一系列经济活动。20 世纪 90 年代以来，美国抓住了数字革命的机遇，创造了 10 多年的经济繁荣，成为世界第一数字经济大国。随着互联网、物联网、大数据等现代信息科技的快速发展以及与传统产业的深度融合，数字经济成为当今世界经济发展的主要驱动力。2018 年，我国数字经济总量 31 万亿元，占 GDP 比重达到 34.8%。据中国信息通信研究院数据，预计 2035 年我国数字经济规模 150 万亿元，占 GDP 比例为 55%，达到发达国家平均水平。2019 年 10 月 11 日，国家主席习近平在致中国国际数字经济博览会的贺信中指出，当今世界，科技革命和产业变革日新月异，数字经济蓬勃发展，深刻改变着人类生产生活方式，对各国经济社会发展、全球治理体系、人类文明进程影响深远。一方面，农业是最基础的传统行业，我国农业数字经济与工业、服务业等行业和领域相比，潜力巨大。据中国信息通信研究院 2019 年发布的数据，2018 年我国农业数字经济仅占农业增加值的 7.3%，远低于工业（18.3%）、服务业（35.9%）的水平。另一方面，我国农村地区对信息基础设施有着巨大需求，发展农业信息化，提高农村地区居民生活水平，提升乡村治理能力。

二、大力发展智慧农业，重塑我国现代农业

（一）国际形势

世界农业发展经历了以矮秆水稻品种为代表的第一次绿色革命、以动植物转基因为核心的第二次绿色革命，随着现代信息技术与农业的深度融合发展，农业的第三次革命——智慧农业正在到来。发达国家对智慧农业正进行战略布局。

1）美国。美国农业在经历了机械化、杂交种化、化学化、生物技术化阶段后，正走向

数字农业阶段。据测算，美国 20% 耕地、80% 大农场实现了大田生产全程数字化，平均每个农场拥有约 50 台连接物联网的设备。

2）加拿大。加拿大联邦政府预测与策划组织在其发布的《元扫描 3: 新兴技术与相关信息图》报告中指出，土壤与作物感应器（传感器）、家畜生物识别、农业机器人等技术将在未来 5 ~ 10 年进入生产实际，改变加拿大传统农业生产方式。

3）欧盟。2017 年 10 月 12 日，欧盟农机协会（CEMA）在欧盟总部召开峰会，提出在农业数字技术革命的背景下，未来欧洲农业发展方向是以现代信息技术装备为核心的"农业 4.0"。

4）日本。2015 年，日本"战略性创新推进计划（SIP）"启动了基于智能机械 + 智能 IT 的下一代农林水产业创造技术项目。日本未来将大力发展以农业机器人为核心的无人农场。据预测，到 2025 年，全球智慧农业市值将达到 683.89 亿美元，发展最快的是亚太地区，年复合增长率（CAGR）达到 14.12%，主要内容包括大田精准农业、智慧畜牧业、智慧渔业、智能温室，主要技术包括遥感与传感器系统、农业大数据与云服务技术、智能化农业装备（无人机、机器人）。

（二）我国发展智慧农业的重大需求分析

1）劳力短缺导致人工成本迅速增加。2019 年，我国城镇化率为 60.60%，"十三五"期间农村将转移人口 1 个亿。根据世界银行数据，我国农业劳动力占比由 1991 年的 60%(世界平均 45%）下降到 2018 年的 26%（世界平均 28%）。农村劳动力短缺，人工成本迅速增加，很多农产品的人工成本占比超过 50%。农业劳动力老龄化日益突出，预计"十四五"期间，我国老年农业劳动力占比将进一步提高。另外，农业从业人员受教育程度较低，也是我国农业生产的短板。

2）我国农业的产业竞争力不强。一是生产规模小。小农户生产是我国农业的基本特征，我国农户共有 2.2 亿 ~ 2.3 亿户，50 亩以下农户耕地占全国耕地总面积的 80%。二是方式落后。2019 年我国主要农作物（小麦、玉米、水稻）耕种收综合机械化率约 69%，而设施农业机械化率仅 31% ~ 33%，畜禽养殖业机械化率约 35%（其中，生猪养殖的机械化率约 30%，鸡养殖的机械化率约 40%，肉牛、水禽等养殖的机械化率普遍低于 30%）。三是效率效益低。2016 年，欧美农业人均产值为 5 万 ~ 7 万美元，日韩为 3 万 ~ 5 万美元，我国只有 7850 美元。

3）我国智慧农业缺乏技术储备。智慧农业具有显著的多学科交叉的特点，由于农业的特性，将工业和信息技术直接拿到农业领域往往不能有效解决农业问题，必须开展基于农业生物特性和农业问题的专题研究。由于缺乏基础性和原创性研究，我国智慧农业技术整体上与发达国家差距在 10 年以上，特别是在农业传感器、农业人工智能、农业机器人等方面，差距更大。我国智慧农业技术不仅仅是"短板"问题，而是整体上的"短桶"问题。

（三）我国智慧农业战略布局

我国农业在经历了人力和畜力为主的传统农业，以广泛应用杂交种和化肥、农药的生物 - 化学农业，以农业机械为生产工具的机械化农业之后，正向以信息为生产要素，互联网、物联网、大数据、云计算、区块链、人工智能和智能装备应用为特征的智慧农业迈进。

当前我国农业发展面临着谁来种地、怎样把地种好的重大问题，面临着质量效益不高、产业竞争力不强等挑战。围绕农业"保供给、促升级、提效益、可持续"发展理念，

“十四五”时期我国智慧农业应围绕以下三大战略目标进行任务布局。

1）计算机替代人脑。通过农业大数据与人工智能等技术，提高涉农人员运用信息技术水平和管理决策能力。

2）机器替代人力。通过农业智能装备的创新发展，解决农村劳动力短缺、人工成本高的问题。

3）农业安全自主可控。解决“卡脖子”与短板技术，确保农业安全自主可控。

（四）重点任务

1）建设人机协同的天空地一体化数据信息采集体系。在农业全产业链主要环节部署农业物联网、农机车载监控应用终端，与农业遥感、农业无人机和传统人工采集系统结合，实现对农业生产全领域、全过程、全覆盖的实时动态监测。

2）建设国家农业农村大数据中心与应用体系。通过顶层设计、统一标准、分布存储、集中管控，搭建统一开放的国家农业农村大数据中心；建设全局性、区域性、专业性（优先种植业、养殖业、农机、种业、耕地、科教、典型农产品）大数据；建设基于大数据的“一张图”（农业生产要素、环境要素、产业布局等）；开展基于农业大数据的创新应用，融合农业一二三产业，提高生产调度、决策、管理、服务能力。

3）加大农业智能装备应用。针对农业产业链中劳动密集的环节，加快发展大田作物精准播种、精准施肥施药、精准收获等智能装备，设施农业育苗移栽、水肥一体化、绿色防控、智能控制等智能装备，设施养殖中环境控制、精准饲喂、疫病防控等智能装备，以及农产品加工、冷鲜物流智能设备。

4）实施一批智慧农业重大工程。围绕效率型、效益型、效果型三类农业，在农产品优势产区实施智慧农业工程，将互联网、物联网、大数据、云计算、区块链、人工智能、5G和先进适用智能化农业装备，应用于农业生产、加工、物流、销售等环节，促进农业三产融合发展，提高农民收入。

三、开展数字乡村建设，促进乡村振兴

（一）国际数字乡村发展借鉴

2016年9月初，超过340名农村利益相关者聚集在爱尔兰科克市，在“农村更美好生活”标题下，发布了《科克宣言2.0》，阐述了农村地区的期望和愿望。《科克宣言2.0》提出，在需要解决的优先事项中，要求政策特别注意缩小农村和城市地区之间的数字鸿沟，并发展农村地区连通性和数字化所带来的潜力。

欧盟委员会成立智慧乡村工作委员会，制定了中长期发展战略，利用欧盟资金推动智慧乡村发展。其核心是通过数字技术和知识创新应用，缩小城乡数字鸿沟，为农村地区居民和企业带来利益，主要解决5个方面问题：一是提高农村地区居民生活质量；二是提高农村居民生活水平；三是为农村居民提供优质公共服务；四是更好利用各类资源，减少环境负面影响；五是通过模式创新为农村价值链提供新机会。

（二）我国数字乡村建设现状与未来需求

2019年，我国行政村光纤和4G网络通达比例均已超过98%，贫困村的固网宽带覆盖率达99%，实现了全球领先的农村网络覆盖。2019年，我国农村网络零售额1.7万亿～1.8万亿元，农产品网络零售额3500亿～4000亿元。截至2019年11月，我国信息进村入户

工程已在18个省份整省推进实施，共建成运营34.6万个益农信息社，累计培训村级信息员73.7万人次，为农民和新型农业经营主体提供公益服务7709万人次，开展便民服务2.6亿人次。

我国农村地区信息化发展取得长足进步，但农村地区信息基础设施仍显薄弱，投入较少，城乡数字鸿沟明显，城乡网民比例是3.2：1。据农业农村部信息中心监测，2018年全国县域用于农业农村信息化建设的财政投入，25.2%的县域低于10万元，仅有20.0%的县域在500万元以上，我国县域数字农业农村发展总体水平为33%。

（三）“十四五”期间我国数字乡村建设战略考虑

以乡村振兴和新基建为契机，在《数字乡村发展战略纲要》框架下，围绕促进城乡融合发展、缩小城乡数字鸿沟，加强农村地区信息化建设，大力发展以数据为关键要素的农业生产性服务业，加快数字技术对农村地区生产、生活、治理（公共服务、公共事务、公共安全）等全面渗透，加快信息化服务普及，降低应用成本，为老百姓提供用得上、用得起、用得好的信息服务，让老百姓有获得感与幸福感。

（四）重点任务

1）乡村信息基础网络建设。在新基建战略下，进行乡村网络设施改造升级，实现全国行政村宽带全接入、4G网络全覆盖；在重要河流、出水口建设生态监测物联网；在城郊区建设5G基站，并开展典型应用;在500人以上农村人口居住区建设社会治安视频监控网络；缩小数字鸿沟，城乡上网比例由76：24变为60：40。

2）农村大数据建设。建设包括土地、河流、道路等内容的农村地区基础地理信息数据；建设农村产业、农村经济、农村管理、农民生活大数据，实现农村管理、疫情防控、应急调度指挥的数字化。

3）农村综合信息服务平台建设。建立网络化、专业化、社会化的大数据服务云平台，提供远程教育、远程医疗、文化娱乐、科学普及、市场信息等服务，实现城乡基本公共服务均等化。

4）乡村数字化治理能力建设。建设乡村集体资产、公共服务、公共事务、公共安全、乡村党建等数字系统，实现乡村治理体系和治理能力现代化。

5）数字化实体试点建设。在农村地区建设10000个数字经济实体、1000个互联网小镇、100个数字县域经济实体，激活资源要素，发展数字经济，培育亲农惠农乡村新业态、新模式，促进农村地区创新创业与绿色发展。

6）农村电商体系建设。建立完善农村电商平台及配套基础设施（农产品冷藏设施），制定电商产品技术标准和产品唯一标识，促进工业品下乡、农产品出村进城，实现小农户与大市场有机衔接。

四、“十四五”期间促进智慧农业与数字乡村的建议

1）要加强与国家相关战略规划衔接。与党中央国务院提出的乡村振兴战略、国家大数据战略，以及《国家信息化发展战略纲要》《新一代人工智能发展规划》《数字乡村发展战略纲要》等国家重大战略和规划相衔接，体现国家意志。

2）要突出规划的可操作性。规划既要突出战略性顶层设计，也要坚持落地解决智慧农业与数字乡村发展过程的实际问题，突出需求导向，部署实施一批智慧农业与数字乡村建

设重大工程，让老百姓有获得感。

3）要认真研究制定配套的政策机制。坚持政府主导、市场推动、中央与地方联动机制。可借鉴欧盟共同农业政策（CAP），支持不同农户应用数字技术的分门别类的补贴机制。加强技术标准制定，建立数据整合共享机制和规范化的数据管理制度。

（文章来源：农业农村部官网）

第二十九章 29

数字农业的发展趋势与推进路径

农业农村部信息中心课题组　王小兵　钟永玲　李想　康春鹏
董春岩　梁栋　马晔

数字农业是农业现代化的高级阶段，是我国由农业大国迈向农业强国的必经之路。近年来，我国数字农业发展取得了明显成效，但也面临着诸多亟待解决的问题。对此，需采取有针对性的措施，瞄准农业农村现代化的主攻方向，提供强有力的信息化支撑，为农业高质量可持续发展提供新动能，让农民群众有更多获得感、幸福感、安全感。

当前，数字技术加速向各领域渗透发展，正在全球范围内开启一次具有革命性的数字化转型。在此进程中，我们应主动适应潮流，提升数字化生产力，加快我国经济社会各领域数字化发展步伐，特别是要面向农村的广阔沃土，实施数字乡村发展战略，推动高质量发展。

近年来，我国高度重视数字农业农村发展。《促进大数据发展行动纲要》《数字乡村发展战略纲要》等接连出台，农业农村部也相继印发《"互联网+"现代农业三年行动实施方案》《关于推进农业农村大数据发展的实施意见》《"十三五"全国农业农村信息化发展规划》等，推动数字农业发展落地见效。大力发展数字农业，已经成为我国推动乡村振兴、建设数字中国的重要组成部分。

一、发展数字农业正逢其时

当前，数字农业正呈现出巨大的发展潜力和广阔的应用前景。

1）农业数字经济发展潜力巨大。据第44次中国互联网络发展状况统计报告，截至2019年6月，我国网民规模达8.54亿人，互联网普及率为61.2%。其中，农村网民规模2.25亿人，占整体网民的26.3%，农村互联网仍有很大发展空间。同时，农业数字经济与制造业、服务业以及电力、金融、水利、气象等行业和领域相比，还是一片洼地。据中国信息通信研究院在《中国数字经济发展与就业白皮书（2019年）》中发布的数据，2018年我国农业数字经济仅占农业增加值的7.3%，远低于工业18.3%、服务业35.9%的水平。

2）数字技术加快向农业农村渗透融合。新技术的应用将加速对传统农业各领域各环节的全方位、全角度、全链条的数字化改造，提高全要素生产率，释放数字技术对农村经济社会发展的放大、叠加、倍增作用，为农村经济社会高质量发展增添新动能。我们推动农业高质量发展，也要求全面提升农业绿色化、优质化、特色化、品牌化水平，加快农业转型升级，不断提升我国农业的综合效益和竞争力。数字技术对提高土地产出率、劳动生产率、资源利用率的作用正日益凸显，其在农业中的应用推广也呈现出率先在经济效益较高的行业实现突破的明显特征。

3）农业数字化转型是农业现代化的必然选择。农业数字化转型是农业绿色可持续发展的必然要求，利用实时在线数据和历史记录数据构建动植物生长模型，实行精准化种养，可最大限度挖掘动植物生长潜力，减少投入，降低成本，实现农业生产优质、高产、高效；农业数字化转型是保障农产品质量安全的必然要求，利用区块链、大数据、云平台等提供精准生产、加工、流通各环节的数据信息，可实现从生产到消费全过程的有效监管和可追溯，保障农产品质量安全；农业数字化转型是促进农产品产销精准对接的必然要求，推动农产品生产流通各环节的数字化，可提高产需双方信息获取效率和处理效率，减少信息不透明、不对称等影响，降低交易过程中的不确定性，实现更为精准的产需对接；农业数字化转型是解决“谁来种地、怎么种地”的必然选择，利用大数据、人工智能，将经验、知识和技术数据化，可实现智能化、产业化、高效化生产，降低农业从业门槛，有效解决劳动力缺乏、行业风险高、生产效益低等问题。

二、我国数字农业发展的现状

数字农业是数字中国的重要组成部分，是创新推动农业农村信息化发展的有效手段，也是抢占农业农村现代化制高点的战略举措。近年来，我国推动数字农业农村发展取得显著成效，但也面临诸多挑战。

1）从数字农业发展取得的成效看：一是农村网络基础支撑能力明显增强。据工业和信息化部数据，2019年我国行政村光纤和4G网络通达比例均已超过98%，提前完成“十三五”规划目标；贫困村的固网宽带覆盖率达99%，实现了全球领先的农村网络覆盖。二是数字农业农村建设快速起步。自2015年实施“互联网+”现代农业行动以来，现代信息技术与农业农村呈现全面融合发展之势。据农业农村部信息中心发布的数据，2018年全国县域数字农业农村发展总体水平达到33%，其中农业生产数字化水平为18.6%。三是农村电子商务快速发展。2018年我国农村电商市场规模达17050亿元，2019年上半年达到1873.6亿元，同比增长25.3%。行政村电子商务服务站点覆盖率达64%。四是数字农业建设成效初显。农业农村部已在9个省份开展了农业物联网区域试验示范工程；深入推进数字农业建设试点，在全国开展了苹果、大豆、棉花、茶叶、油料、橡胶6个品种的全产业链大数据建设试点；已批复建设数字农业试点县13个；分三批认定全国农业农村信息化示范基地210个。五是信息进村入户工程已进入整省推进的新阶段。截至2019年11月，已在18个省份整省推进信息进村入户工程，共建成运营34.6万个益农信息社，累计培训村级信息员73.7万人次，为农民和新型农业经营主体提供公益服务7709万人次，开展便民服务2.6亿人次，实现电子商务交易额254.1亿元。

2）从数字农业发展面临的挑战看：一是核心关键技术研发滞后。传感器国产化、精确度、集成度、抗逆性都不高，动植物本体传感器基本处于空白，尚未研发出专用智能芯片，也尚未构建起动植物生长模型。二是信息数据资源共享机制不健全。政务信息系统互联互通不够，公共服务信息化进程滞后。部省联动、部门协作、合力推进的工作机制有待强化。全国性和全产业链数据共享平台仍未建立。三是利用现代信息技术解决农业产业中的现实问题有待加强。生产环节的智能装备研发滞后，全球定位系统（GPS）、地理信息系统（GIS）、遥感（RS）、第五代通信技术（5G）等技术的融合集成度低，相关装备的易操作性差、价格高。四是农村缺乏高素质劳动力，在一定程度上制约了数字技术的应用。农村劳动力文化水平普遍偏低，农业劳动强度大，年轻人不愿意从事农业，靠天吃饭的局面尚未根本改变，亟须推进农业生产智能化、经营网络化、管理数字化、服务精准化。五是财政经费保障不足。据农业农村部信息中心监测，2018 年全国县域用于农业农村信息化建设的财政投入，25.2% 的县域低于 10 万元，仅有 20.0% 的县域在 500 万元以上。

三、更好发展数字农业的路径与措施

大力发展数字农业，须瞄准农业农村现代化的主攻方向，以创新驱动农业高质量发展，让农民群众有更多获得感、幸福感、安全感。

1）建设国家和省级农业农村大数据中心。紧紧围绕农业供给侧结构性改革、农业高质量发展等，坚持需求导向、问题导向、应用导向，加快构建天空地一体化的农业数字资源体系，抓紧启动建设国家农业农村大数据中心。鼓励支持各省（区、市）建设省级农业农村大数据中心。加快推进现有数据资源整合，尽快明确涉农数据权属，建立健全市场主体共享数据的相关机制。特别是对各级财政支持的各类农业项目，立项时可明确数据共享义务，验收时亦把数据共享作为前置条件。

2）条块结合推进农业大数据建设。以重点农产品全产业链为主线建设“条数据”，从苹果、生猪、大豆等重点品种入手，积极探索单品种全产业链大数据建设的路径、模式和可持续发展机制；以县域农产品生产基地和现代农业园区为单元，在国家农业农村地理信息平台的基础上建设“块数据”。条块结合，建立健全数据采集、分析、应用循环体系。积极探索农业大数据应用场景，与有关科研单位、大数据企业合作，打造内容丰富、模式多样、载体多元的信息服务产品。

3）加快数字农业技术创新和转化。在相关核心关键技术攻关中，要对智慧农业技术研发予以重点支持，加大数字农业领域新技术新产品新模式的应用推广力度，尽快将农业传感器、智能装备等纳入农机购置补贴。布局建设一批农业大数据试点示范县和农业农村数字经济示范区，前瞻性探索 5G 技术在农业农村中的应用场景，在全国农产品质量安全示范县、一村一品示范村（镇）开展区块链技术应用试点，推动科技成果尽快转化为现实生产力。

4）培育壮大农业数字经济。把传统农业的数字化改造作为农业数字经济发展的主阵地，打造数字农产品，提高农业附加值。深入挖掘农村在推进数字技术产业化方面的潜力，不断催生新业态新模式。创新发展农村电子商务，加快实施“互联网 +”农产品出村进城工程，坚持以农产品电子商务为重点，大力发展内容电商、品质电商、社交电商、视频电商等。

5）推进“三农”综合信息服务。把政务、事务、商务信息系统资源整合共享作为“牛鼻子”工作，大力发展以数据为关键要素的农业生产性服务业。鼓励市场主体开发农民爱用、常用、易用、好用的手机 App，让手机尽快成为广大农民的“新农具”。深入实施信息进村入户工程，力争 2020 年实现全国行政村益农信息社基本全覆盖。加快建设“一门式办理”“一站式服务”的农业综合信息服务平台，统筹推进城乡信息资源整合共享与利用，完善民生保障信息化服务。

（文章来源：《经济日报》）

第三十章 30

无人农场理论与技术初探

教育部长江学者特聘教授、中国农业大学教授　李道亮

我国是农业大国，耕地面积占全世界的7%，农业人口占全国人口的70%。农业劳动力是农业生产中最主要的资源，传统农业需要大量的人力物力，我国人口老龄化严重，人口红利即将消失，农业劳动力缺乏问题日益严重。按照国际劳工组织的划分标准，老年劳动力是指45岁以上的劳动人口，在全部劳动力中我国老年人口占比从2000年的29.20%上升到2015年的39.42%，平均每年上升2.04个百分点。其次，劳动力成本增加，农村劳动力向城市流动趋势显著，劳动生产率、农业生产率和资源利用率亟须提高，传统农业生产模式已无法适应市场要求。

随着科学技术的发展，物联网、大数据、人工智能、机器人、智能装备制造、5G等新一代信息技术的不断进步，“机器换人”成为可能。农业物联网技术完成农场信息的感知和传输，实现了农业智能装备的互联；大数据与云计算技术完成农业信息的获取、存储、分析和处理，实现了农业生产的精准化；人工智能与智能装备技术能够完成智能学习、智能决策以及装备与机器人的自主精准作业，真正实现了“机器换人”。因此，无人农场能够实现农业生产、管理全过程的信息感知、定量决策、智能控制、精准投入和个性化服务，进而实现农业生产集约、高产、优质、高效、生态、安全等可持续发展的目标。无人农场是推动现代农业发展的重要举措，能够以现代化、自动化装备提升传统农业产业，实现农业生产和管理全程的无人化，提高劳动生产率。无人农场的本质是实现农业生产的“机器换人”，是未来农业发展的大趋势。

随着物联网、大数据、人工智能等新一代信息技术的发展，英国、美国、以色列、挪威、荷兰、德国、日本等发达国家已经陆续开始构建无人大田、无人温室、无人猪场、无人渔场。2017年，英国哈珀亚当斯大学创建了全球第一家无人农场，同年，日本的无人蔬菜工厂和挪威的深海半潜式无人渔场也相继投入使用。2019年，我国山东、福建、北京等地也开始了对无人大田、无人猪场的探索，无人农场作为未来农业的一种新技术，已经开启全新的农场模式。本章针对无人农场的概念、发展历程，物联网、大数据、人工智能、智能装备与机器人4大关键技术，基础设施、作业装备、测控和管控云平台4大系统以及无人农场的5种典型应用进行概述和总结，分析无人农场的发展瓶颈，并提出我国无人农场的发展策略。

一、无人农场

（一）无人农场概念

无人农场是在人不进入农场的情况下，采用物联网、大数据、人工智能、5G、机器人等新一代信息技术，通过对农场设施、装备、机械等远程控制、自动控制或机器人自主控制，

完成所有农场作业的一种全天候、全过程、全空间的无人化生产作业模式。实现“机器换人”是无人农场的本质。全天候、全过程、全空间的无人化作业是无人农场的基本特征。

全天候无人化是指从种植或养殖的开始到结束时间段里，农场所有业务工作都能够在不需要人参与的情况下由机器自主完成。无人农场需要对农业动植物的生长环境、生长状态、各种作业装备的工作状态进行全天候监测，从而根据监测到的信息开展农场作业与管理。全过程无人化是指农业生产的各个工序和环节都不需要人的参与，由机器自主完成。特别是在业务对接环节，装备之间通过相互通信和识别，即可完成自主对接。全空间无人化是指在农场的物理空间内，无人车、无人船、无人机在不需要人的介入下自主完成移动作业，并实现固定装备与移动装备的无缝对接。无人农场的整体架构，如图 30-1 所示。

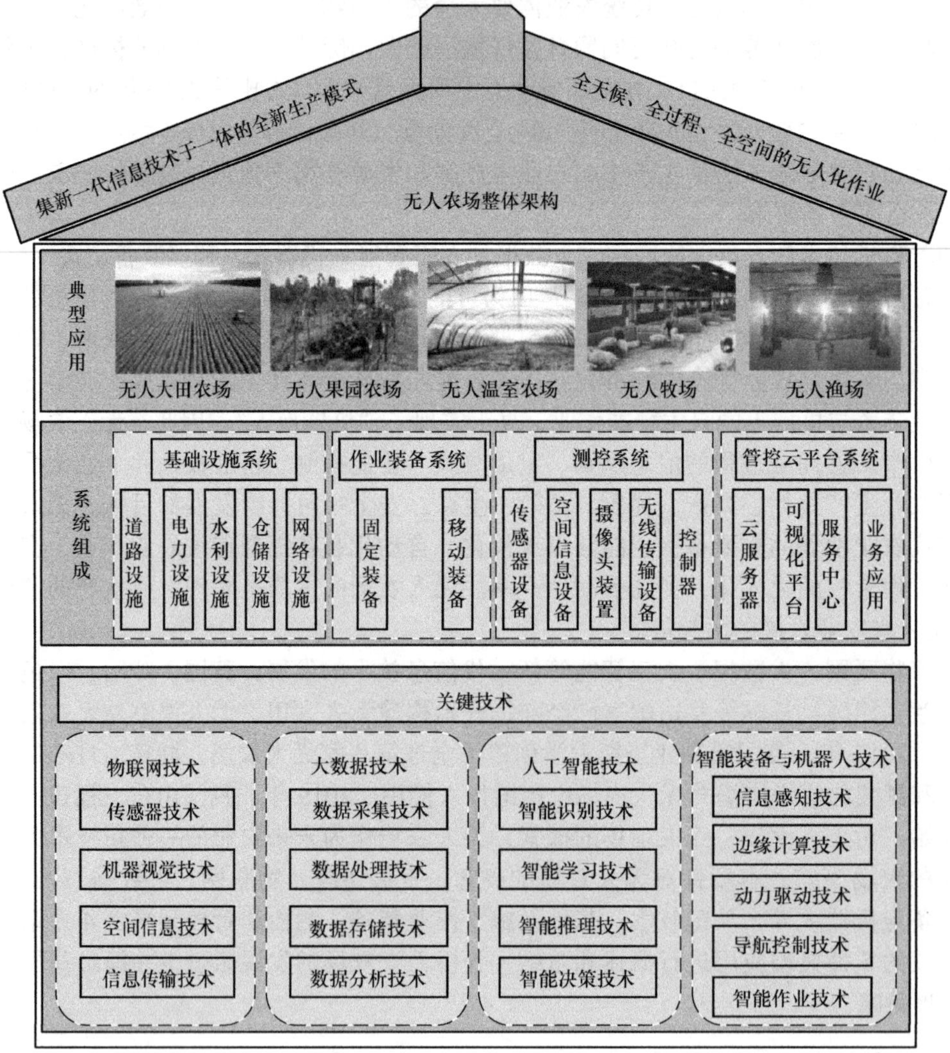

图 30-1 无人农场的整体架构

（二）无人农场发展历程

1. 农场的历史变迁

人类经历了农业社会、工业社会后，进入信息社会阶段。随着劳动工具的改进，农业也经历了从青铜器到铁器，从畜力到农业机械，从自动化生产到智能化生产的过程。因此，劳动工具的演变体现了农业 1.0 到农业 4.0 的演变。

（1）农业 1.0——传统农场 传统农场历史悠久，是农业社会的产物。传统农场的农业生产以人力、畜力为主，劳动力和土地处于核心地位，劳动工具是简单的手工工具（如铁器）和畜力机械，农业生产方式延续了古老而原始的传统农耕方式。17 世纪，农场成了欧洲农业生产的基本单位。目前，我国传统农场已基本消亡。

（2）农业 2.0——机械化农场 机械化农场起源于工业革命时代，是工业社会的产物。机械化农场是指利用各种动力和配套农机具装备农业，使用现代农业机械取代人力和畜力，实现生产工具的机械化，从而进行大规模农业生产的农场形态。欧美国家是最早实现农业生产机械化的国家，目前，我国大部分农场已基本实现了机械化。

（3）农业 3.0——自动化农场 自动化农场出现在 20 世纪后期，是信息社会的产物。自动化农场是计算机等信息技术与传统农业机械设备结合，使用自动化装备代替传统农机装备，实现农业生产管理自动化的农场。美国、荷兰和挪威等欧美国家已经分别实现了大田种植、设施蔬菜、畜禽养殖和水产养殖等大部分农场的高度自动化，目前，我国农场处于机械化向自动化过渡的阶段。

（4）农业 4.0——无人农场 无人农场是新一代信息技术、智能装备技术与先进种养殖工艺深度融合的产物，是对农业劳动力的彻底解放，代表着农业生产力的最先进水平。欧、美、日、英等发达国家的无人农场已进入小范围应用阶段，各种农场作业机器人已相继研制成功。目前，我国无人农场还处于试验示范阶段。

2. 无人农场的进阶形态

无人农场的发展目标是智能装备与机器人深度参与农业生产全过程，逐步替代人力并参与决策管理。根据机器人参与程度的不同，无人农场可以划分为 3 个不断进阶的形态，依次为远程控制、无人值守和自主作业的无人农场。

（1）初级阶段——远程控制 初级阶段的无人农场采用远程控制技术，通过对智能装备与机器人等远程控制，实现农场的无人化作业。远程控制阶段是机器代替劳动力的初级阶段，其特点是不需要人到农场现场劳作，但需要人远程操作、参与决策与控制，因此也称徒手农场，或称有人值守的无人农场。

（2）中级阶段——无人值守 中级阶段的无人农场无须人实时在远程监控室里对农场装备进行远程操作。无人值守阶段，作业装备可以自主巡航作业，但仍需要人参与计划，并负责指令的下达与生产的决策。人在此阶段无须时刻值守，是无人值守的无人农场。

（3）高级阶段——自主作业 高级阶段的无人农场完全不需要人的参与。农场所有的作业与管理，都通过管控云平台自主计划、自主决策、自主作业，并由装备自主完成所有农场业务。高级阶段的无人农场彻底地将人从农业生产管理中解放出来，是完全无人的自主作业农场，是农场发展的顶级水平。

二、无人农场的关键技术

无人农场是一个复杂的系统工程，是新一代信息技术不断发展的产物。无人农场通过对农业生产资源、环境、种养对象、装备等各要素的在线化、数据化，实现了种养殖对象的精准化管理、生产过程的智能化决策和无人化作业，其中物联网技术、大数据技术、人工智能技术和智能装备与机器人技术 4 大技术在无人农场中起关键性作用。无人农场关键技术的组成如图 30-2 所示。

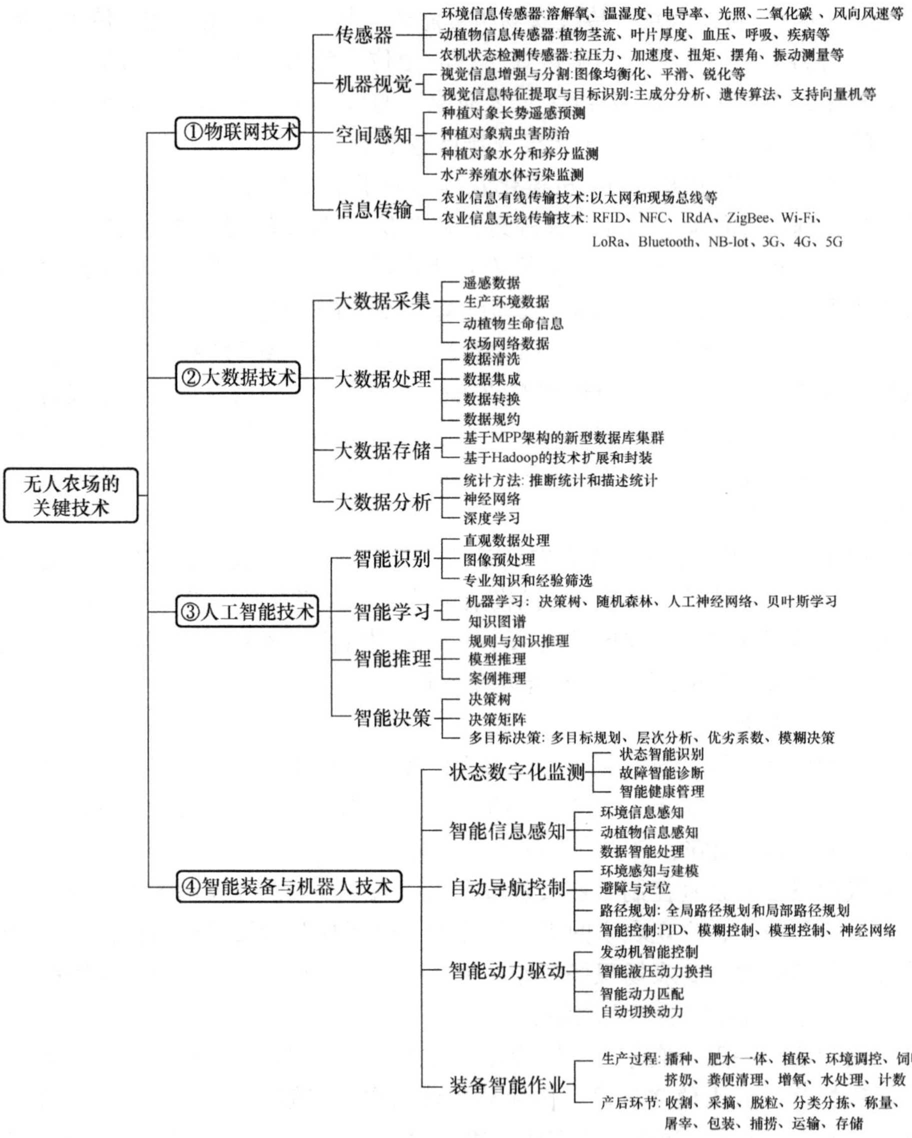

图 30-2　无人农场关键技术的组成

（一）物联网与无人农场

物联网是通过各种传感器、射频识别（RFID）、视频采集终端、激光扫描仪、空间信息装备等信息感知设备及无线传感网络，进行信息的采集和传输，最终形成一个万物互联的网络。农业物联网技术的广泛应用已经实现了大田种植、果园种植、温室大棚、畜禽养殖、水产养殖等领域生产、管理过程的信息感知和可靠传输。

农场要实现无人化作业，智能装备、农业种养殖对象和管控云平台如何形成一个实时通信的实体网络是面临的首要问题。农场装备能够根据环境、动植物生长实时状态开展相应作业，而物联网技术使农场装备网联化成为可能。物联网技术作为无人农场重要的支撑技术，主要体现在以下方面：物联网技术为无人农场提供以传感器为基础的环境全面感知技术，确保动植物生长在最佳环境下；物联网技术提供以机器视觉和遥感为核心的动植物表型技术和视觉导航技术，确保动植物生长状态的实时感知，为其生长调控提供关键参数；物联网技术提供各种装备的位置和状态感知技术，为装备导航、作业的技术参数获取提供可靠保证；物联网技术提供以 5G 或更高通信协议的实时通信技术，确保装备间的实时通信。

高精度、高精准、可现场测量为主要特征的新一代农业传感器技术是推动农业物联网技术发展的底层驱动力。集无线技术、网络技术和通信技术为一体的 5G，以及未来的 6G 等新一代无线通信技术为农业物联网技术的发展提供了一条“高速公路”。无人农场环境、装备、动植物信息的全面感知技术和信息可靠传输技术是物联网应用于无人农场的两大关键支撑技术，是实现农场无人化作业的基础。

（二）大数据与无人农场

无人农场通过智能装备完成精准作业，而装备是依靠农场海量实时数据的分析开展精准作业。无人农场时刻产生大量高维、异构、多源数据，因此如何获取、处理、存储、应用这些数据，是必须解决的问题。大数据应用于无人农场体现在以下方面：大数据为无人农场提供多源异构数据的处理技术，进行数据去粗存精、去伪存真、分类等处理方法；大数据能在众多数据中挖掘分析和知识发现，形成规律性的农场管理知识库；大数据能对各类数据进行有效的存储，形成历史数据，以备农场管控平台进行学习与调用；大数据与云计算和边缘计算技术结合，形成高效的计算能力，确保装备作业的迅速反应，实现精准自主作业。

数据的实时获取、智能处理、智能存储和智能分析是无人农场采用的 4 大关键大数据技术。基于大数据和云计算的无人农场，可实现环境信息、动植物信息、装备状态信息等各种数据的智能快速获取、处理、存储及分析，为智能装备的精准自主作业提供了数据支撑，从而实现农场的精准化管控。

（三）人工智能与无人农场

无人农场的本质是实现机器对人的替换，所以机器必须具有生产者的判断力、决策力和操作技能。人工智能技术的支撑给无人农场装上了“智能大脑”，让无人农场具备了“思考能力”。一方面，人工智能技术给农场装备端以识别、学习、导航和作业的能力。人工智能技术首先体现在装备端的智能感知技术，包括农业动植物生长环境、生长状态和装备本身工作状态的智能识别技术；其次是装备端的智能学习与推理技术，实现对农场各种作业的历史数据、经验与知识的学习，基于案例、规则与知识的推理，机器智能决策与精准作业控制。另一方面，人工智能技术为农场管控云平台提供基于大数据的搜索、学习、挖掘、推理与决策技术。无人农场中复杂的计算与推理都交由云平台解决，给装备以智能的大脑。

人工智能承担无人农场信息的优化和决策任务，智能识别、智能学习、智能推理和智能决策等技术让无人农场具有“思考能力”。实现管控云平台的无人化是无人农场的关键所在，这为实现智能装备与机器人的精准作业奠定了基础。

（四）智能装备、机器人与无人农场

无人农场智能装备与机器人是指农业生产、管理及产后环节等整个过程中所用到的设备的统称。无人农场智能装备主要包括无人车、无人机、无人船和移动机器人等移动装备和智能饲喂机、分类分级机、智能肥水一体机、精准播种机、自动喷药机等固定装备。无人农场机器人分为采摘机器人、自动巡航管理机器人、除草机器人、种植机器人、水产养

殖机器人等。智能装备与机器人是人工智能与装备技术的深度融合，结合现代信息技术，智能装备与机器人能够逐渐满足农场的无人化生产、信息化监测、最优化控制、精准化作业和智能化管理等需求。

智能装备与机器人能够完成传统农场人工需要完成的工作，是无人农场实现机器完全替换人工劳动的关键。智能装备与机器人依靠状态智能识别、故障智能诊断以及健康管理等技术实现无人农场装备与机器人状态的数字化监测；智能装备与机器人依靠智能计算、机器视觉、导航定位、路径规划以及传感器、遥感等技术的支撑，实现智能装备与机器人的自动导航与控制和农场信息的智能感知；高效发动机与电动机智能控制、智能液压动力换挡和多动力智能匹配等动力驱动智能化技术的应用，为智能装备与机器人提供动力来源，保障机器智能作业在最佳状态下；针对农业生产场景的各种作业的运动空间、时间、能耗、作业强度，智能装备与机器人通过智能控制系统，实现精准控制和智能作业。此外，在农场数据上传至云端之前，智能装备与机器人能够进行源数据的边缘计算，并将结果发送至云端，提升了整个无人农场的智能化和计算能力。无人农场中固定装备与移动装备的协同作业，完成了无人农场的精准自主作业任务，无人车、无人船、无人机等移动装备将发挥重要作用。

随着物联网、大数据、人工智能与智能装备和机器人的融合应用，无人农场的智能装备与机器人将逐步替代农民手工劳动，实现“农民足不出户，通过智能终端发出指令，就能种好庄稼、种好菜、养好牛、养好鱼”等农业生产任务。无人农场 4 大关键技术在农场中扮演着不同的角色，缺一不可，随着 4 大关键技术的不断进步、完善与成熟，“机器换人”逐渐成为可能，无人农场未来可期。

三、无人农场的系统组成

不同场景下无人农场的具体表现形式不同，但无人农场基本是由基础设施系统、作业装备系统、测控系统和管控云平台系统组成。无人农场 4 大系统各司其职，又相互联系、协同运行，共同完成无人农场智能生产和管理等任务，共同保障整个无人农场的正常运行。无人农场的系统组成如图 30-3 所示。

（一）基础设施系统

基础设施系统通常包括厂房、道路、水、电、仓库、车库、网络设备、智能终端和传感器节点等基础条件，是无人农场的基础物理构架，为农场无人化作业提供了工作环境的保障。基础设施系统为作业装备系统、测控系统和管控云平台系统提供了基础工作条件和环境，是整个无人农场运行的基础。由于农业应用场景差异大，无人农场的基础设施系统有较大差异，但前提都是为“机器换人”提供必要条件。加强农场基础建设，推进水、林、路、电、房综合配套，提高无人农场规模和生产力水平，为无人农场的持续稳定运行创造基础条件。

（二）作业装备系统

作业装备系统是完成无人农场生产和管理过程中使用的设备和装置的统称，根据作业任务特点分为固定装备和移动装备，是无人农场的核心组成部分。固定装备是无须移动即可完成无人农场自主作业任务的设备，主要包括无人牧场的饲喂设备、穿戴设备、挤奶设备和分拣设备等，无人渔场的投饵、增氧、计数设备等，无人果园的滴灌设备，无人温室的水肥一体、湿帘风机、环境调控等设备。固定装备具有单独可调控能力，并可以与移动装备结合，在自身不移动的条件下进行系统的作业控制。移动装备系统是指在移动过程中完成农场作业任务，如大田农场中耕播种机械、收获机械、植保机械等。无人车、无人船、无人机等是无人农场中最重要的移动装备，不仅能够实现无人运输任务，还可以作为搭载其他智能作业装备的平台。此外，移动装备还包括各种移动机器人设备。移动装备与固定装备是农场作业的执行者，它们之间的有效对接和配合作业，提高了装备的环境适应能力和工作效率，提高了无人农场智能化水平，实现了机器对人工作业的替换。

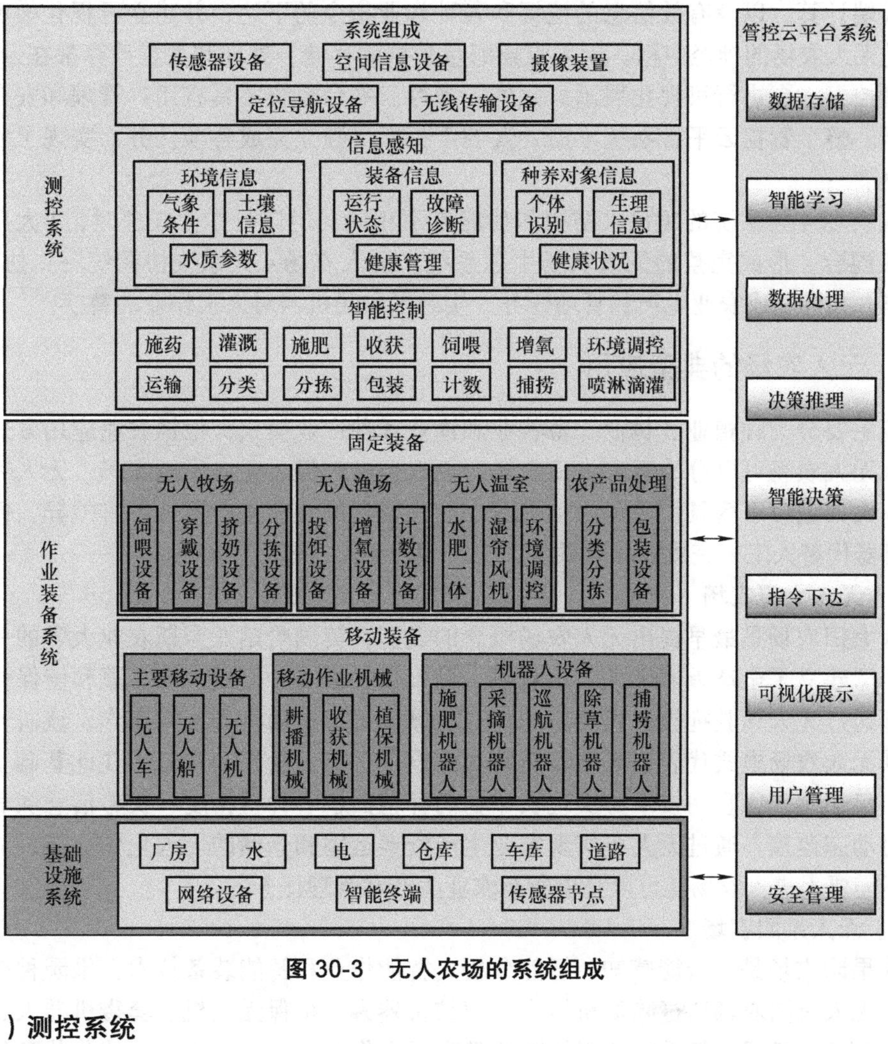

图 30-3　无人农场的系统组成

（三）测控系统

测控系统是指无人农场的信息感知系统和智能控制系统，是无人农场关键信息的数据来源，主要由“测”和“控”两部分组成。测控系统主要是通过各种传感器设备、空间信息设备、摄像装置、定位导航设备和无线传输设备等快速获取农场环境信息、种养对象的生长状态、装备的运行状态等，以保障各种信息的实时监测和通信，从而进行装备端的精准自主作业控制。测控系统是农场的感官系统，为无人农场提供了关键信息支撑，如畜禽养殖场的畜禽健康状况、喂养情况、位置信息及发情预测等，大田的气候气象、农作物面积与密度、土壤及病虫害等数据，智能装备运行状态数据、故障诊断以及健康管理等信息。测控系统为无人农场建立了数据服务平台，提供了数据支撑，完成了智能装备与机器人的智能控制，从而实现了种养对象的精准生产管理。

（四）管控云平台系统

无人农场具有海量的信息资源，且不同应用场景作业任务复杂多变，因此无人农场需要对各类数据进行智能存储、识别、学习，并完成知识的推理以及机器的智能决策。无人农场管控云平台系统能够进行无人农场各种信息和数据的存储、学习，数据处理、推理、决策的云端计算，以及有效信息的挖掘和各种作业指令的下达，并建立可视化模型，管控云平台是无人农场的神经中枢。无人农场海量数据的存储、处理和大量计算都在云端进行，并通过管控云平台进行可视化展示。此外，管控云平台系统还具有用户管理和安全管理等基础功能。整个管控云平台系统不需要人的干预即可独立完成各项任务，实现了农场无人管理和决策。

无人农场 4 大系统的角色、结构和功能各不相同，但进行作业任务时，4 大系统之间互相密切配合，形成完整的无人农场生态系统。无人农场 4 大系统协调统一，协同运行，系统工作，共同完成农业生产和管理任务，实现了农场机器对人工作业的替换。

四、无人农场的典型应用

农业主要分为种植业、林业、畜牧业和渔业 4 种产业模式，根据农业应用方式及类型的不同，无人农场可以分为无人大田农场、无人温室农场、无人果园农场、无人牧场和无人渔场 5 大典型应用场景，如图 30-4 所示。5 大场景的农业生产方式各有差异，但本质都是实现机器代替人工，完成农场各种生产、管理任务。

（一）无人大田农场

无人大田农场是最早提出无人农场概念的类型，英国哈珀亚当斯农业大学的一个农业工程师团队建立了全球首家无人大田农场。该农场的耕、种、播、收、灌和植保作业等全部流程都通过无人驾驶拖拉机及相应的作业机械实现，进而实现无人操作，该研究团队认为，这种无人农场模式代表了未来农业基本的设计思路。后来的研究者在此基础上，通过增加无人机遥感、物联网技术等实现农作物的种植面积、种植密度、长势信息和病虫害信息的实时动态监控，通过无人车实现农业生产资料运输和仓储的无人化作业等，从而真正实现了不需要人进入农场就可以完成所有农业生产和管理任务。

（二）无人果园农场

无人果园农场是指智能感知、智能分析、智能作业和智能装备技术在果园种植中的集成应用。无人果园农场通过除草机器人、剪枝机器人、植保无人机、套袋机器人、无人运输车、仓储搬运机器人等设备实现果园的日常无人作业；通过对水肥一体化装备的智能调控实现果园的精准灌溉和施肥，确保果树生长在最佳状态；通过采摘机器人、自动分拣装备、自动包装装备实现果园的采收；通过无人运输车和装载机器人对肥料、农药等生产资料开展库房与果园间运输与加注等工作。无人果园农场的出现实现了果园环境自主调控、无人植保，以及农产品的无人收获、运输和处理。

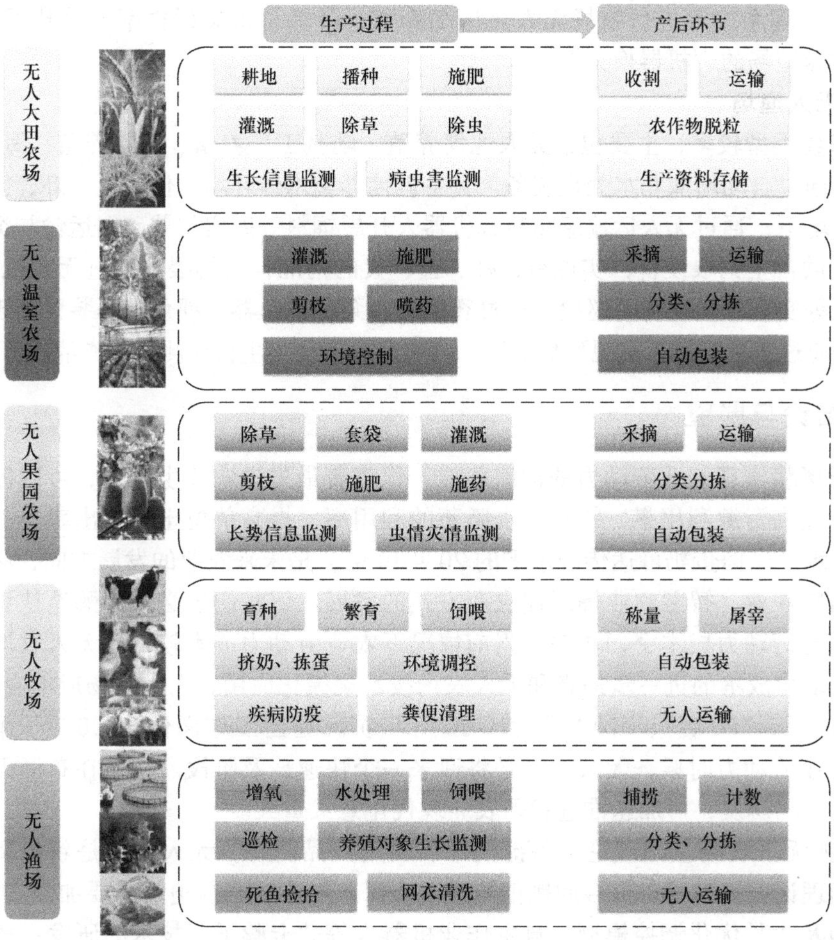

图 30-4　无人农场 5 大典型应用

（三）无人温室农场

无人温室农场是指集数字化、智能化于一体的无人温室大棚种植。无人温室农场通过自主调节风机、湿帘机、遮阳网、补光灯等自主调控温室环境，保障温室作物（蔬菜、花卉、水果）生长在最佳的环境下；通过园艺整枝机器人开展日常剪枝打岔等管理，通过水肥一体化施用装备实现温室大棚精准灌溉和施肥，通过采摘机器人、无人运输车、自动分拣装备、自动包装装备实现温室的采收，通过无人运输车和装载机器人运输肥料、农药等以开展库房与温室间运输与加注等工作。

（四）无人牧场

无人牧场是无人畜禽圈舍等养殖牧场的统称，是指畜禽育种、繁育、饲养和疾病防疫等环节以及产后运输、处理等全过程的无人化精细养殖模式。无人牧场通过无人运输车和装载机器人开展饲料等库房与养殖间运输与饲料仓加注，通过自主饲喂设备实现畜禽等精准饲喂，通过空气过滤装置和温湿度调控装置，确保畜禽等养殖动物生长在最佳的环境；通过挤奶机器人、粪便清扫机器人、饲草（料）给喂机器人、自动捡蛋机和自动包装机完成畜禽场的日常作业。此外，无人牧场通过智能穿戴设备提高畜禽个体特征智能识别水平，加强动物疫病疫情的精准诊断、预警和防控。无人牧场利用环境控制系统、智能装备系统以及信息化管理系统等进行牧场无人化精细养殖，降低了畜禽死亡率，提升了畜禽质量，实现了畜禽养殖场的“机器换人”。

（五）无人渔场

无人渔场类型较多，主要包括无人池塘养殖、陆基工厂养殖、网箱养殖、海洋牧场等。无人渔场可通过自动增氧和水处理装备，自主调控养殖水体环境，保证鱼、虾、蟹、贝等生长在最佳环境下；通过无人运输船和装载机器人开展饲料等库房与养殖间运输与饲料仓自主加注，并提供自主饲喂设备，实现鱼、虾、蟹、贝的精准自动饲喂；通过无人机、无人船、水下机器人等实现养殖现场的巡检；通过智能吸鱼泵、分鱼器、捕鱼船等装置实现鱼虾蟹贝类的收获；通过水下机器人实现死鱼捡拾、网衣巡检、鱼类生长监测、网衣清洗等智能作业。

五、结论与展望

无人农场将实现农业劳动力的彻底解放，代表着最先进农业生产力，可以极大提高劳动生产率，提高资源利用率，特别是水肥药的利用率，提高单位土地产出率，一亩地的蔬菜、水果、水产、肉蛋奶可达传统水平的 20 ~ 30 倍，是未来农业的发展方向，必将引领数字农业、精准农业、智慧农业等现代农业方式的发展。但我们也必须清醒地认识到，无人农场的成本与劳动力成本密切相关，当前情况下农业劳动力成本较低，无人农场的成本较高，随着劳动力成本的进一步提高和无人农场技术规模化应用，无人农场成本会越来越低。在 2050 年前后，“60 后”、“70 后” 和 “80 后” 农民退出工作岗位，“00 后” 和 “10 后” 成为主流农业劳动力时候，无人农场必将迎来一个快速普及阶段。从现在布局无人农场理论、技术、产品研发，对加速推进我国农业现代化意义重大。

1）加强无人农场基础理论、关键技术和实用产品研发。无人农场是新生事物，无人农场的基础理论关键技术有许多问题值得进一步深入探索。当前迫切需要加强农业传感器、动植物表型及生长优化调控模型、自主作业机器人等“卡脖子”技术的研发；率先在农机无人驾驶、无人机、无人猪场、无人鸡场、无人渔场等数字化基础好、可控性强的领域开展尝试，通过技术转让、联合开发、委托开发和共建研发基地、产业化中试基地，促进无人农场技术试验示范与产业化。

2）编制无人农场发展规划。围绕无人农场技术研发、转化、推广、应用和服务过程中的重大问题，做好顶层设计，制定无人农场在农业主导产业和特色区域的发展方向、重点领域、发展模式及推进路径，合理布局无人农场重大应用示范和产业化项目，强化政府对无人农场工作的宏观指导和统筹协调，集聚项目、资金、科技、人才等资源，促进无人农场的应用发展。

3）探索无人农场发展商业模式。无人农场最终都要商业化，要充分发挥协会、联盟、企业的作用，构建以应用需求为牵引、以企业为主体、以市场需求为导向、产学研相结合的无人农场合作发展模式，鼓励大型农业企业积极探索。

4）进一步优化和完善无人农场政策环境。无人农场是新兴产业，是未来发展趋势，但成本高、投入大，在当前技术和商业模式还不成熟的条件下，需要政府构建无人农场发展的政策支持环境，加快制定包括补贴、投资、信贷、税收、重大项目建设等一揽子政策支撑体系，鼓励民营资本进入，促进无人农场产业化发展。

（文章来源：《无人农场——未来农业的新模式》）

大事记篇

第三十一章 31

大事记

一、2020 年中央一号文件部署数字乡村试点工作

中共中央、国务院《关于抓好“三农”领域重点工作确保如期实现全面小康的意见》发布，提出依托现有资源建设农业农村大数据中心，加快物联网、大数据、区块链、人工智能、第五代移动通信网络、智慧气象等现代信息技术在农业领域的应用，开展国家数字乡村试点。

二、印发《数字农业农村发展规划（2019—2025 年）》

农业农村部、中央网络安全和信息化委员会办公室印发《数字农业农村发展规划（2019—2025 年）》，对新时期推进数字农业农村建设的总体思路、发展目标、重点任务做出明确部署，擘画了数字农业农村发展新蓝图。

三、印发《“互联网 +”农产品出村进城工程试点工作方案》

为贯彻落实《关于实施“互联网 +”农产品出村进城工程的指导意见》部署要求，农业农村部决定开展“互联网 +”农产品出村进城工程试点工作，并制定了《“互联网 +”农产品出村进城工程试点工作方案》。通过试点，探索形成一批符合各地实际、可复制可推广的推进模式和标准规范，向全国推广应用。

四、印发《2020 年农业农村部网络安全和信息化工作要点》

为做好 2020 年农业农村信息化重点工作，农业农村部研究制定了《2020 年农业农村部网络安全和信息化工作要点》，提出对大力实施数字农业农村建设、深入推进农业数字化转型、扎实推动农业农村大数据建设、进一步夯实农业农村信息化工作基础 4 方面 21 项工作进行部署安排。

五、印发《2020 年数字乡村发展工作要点》

中央网信办、农业农村部、国家发展改革委、工业和信息化部联合印发《关于印发〈2020 年数字乡村发展工作要点〉的通知》，明确了 2020 年数字乡村发展工作目标。农村信息基础设施建设加快推进，基本实现行政村光纤网络和 4G 普遍覆盖，农村互联网普及率明显提升；农村数字经济快速发展，农业农村数字化转型快速推进，遥感监测、物联网、大数据等信息技术在农业生产经营管理中广泛应用；乡村信息惠民便民不断深化，乡村数字普惠金融覆盖面进一步拓展；网络扶贫行动目标任务全面完成，巩固提升脱贫成果。

六、印发《关于开展国家数字乡村试点工作的通知》

中央网信办、农业农村部、国家发展改革委、工业和信息化部、科技部、市场监管总局、国务院扶贫办印发《关于开展国家数字乡村试点工作的通知》，部署开展国家数字乡村试点工作，明确了工作目标。到2021年年底，试点地区数字乡村建设取得明显成效，城乡数字鸿沟明显缩小，乡村数字经济快速发展，农业生产智能化、经营网络化水平大幅提高，依托互联网开展的农村创业创新蓬勃发展，乡村数字治理体系基本完善，乡村公共服务体系基本建立，乡村网络文化繁荣发展。

七、国家数字乡村试点地区名单公布

根据《关于开展国家数字乡村试点工作的通知》要求，中央网信办会同农业农村部、国家发展改革委、工业和信息化部、科技部、市场监管总局、国务院扶贫办等部门组织开展国家数字乡村试点工作。经各省、自治区、直辖市和新疆生产建设兵团推荐、专家评审及复核，七部门确定了国家数字乡村试点地区名单。

八、2020网络扶贫案例征集评审结果的公示

由中央网信办信息化发展局指导、中国网络社会组织联合会主办的2020网络扶贫案例征集活动，旨在征集来自脱贫攻坚一线、扶贫成效显著、受到群众认可的网信企业和网络社会组织真扶贫、扶真贫的典型案例。征集活动得到互联网企业和网络社会组织的积极响应，共收到申报案例160件，覆盖了网络扶贫五大工程。本着全面、客观、公平、公正的评审原则，通过初审、专家评审，有10个网络扶贫案例入选十大案例，50个网络扶贫案例入选典型案例。同时，根据推荐案例数量质量情况，确定吉林省委网信办、广东省互联网业联合会等10家单位为优秀组织单位。

九、数字乡村发展论坛提出发展数字乡村，引领乡村振兴

由中央网信办、农业农村部等主办的2019数字农业农村发展论坛（以下简称“论坛”）在江西南昌召开。论坛强调，要深刻认识当前数字农业农村建设面临的新形势新要求，抢抓机遇、应对挑战。下一步要紧紧围绕乡村振兴战略和数字乡村发展战略的统筹部署，明确推进重点，抓好引领示范，加强协作协同，推进国际交流，强化技术支撑。要大力推动农业数字化转型，着力打通农业全产业链的数据采集、分析、应用闭环，着力提升农业生产智能化、经营网络化水平。要加快推进乡村治理信息化，建立健全农村各类资产资源的数字化管理。要逐步推动惠民服务网络化，实现各类服务向农村延伸，让农民可以便捷地享受和城里人一样的各类服务。

十、2020年全国网络扶贫暨数字乡村发展工作现场推进会召开

2020年全国网络扶贫暨数字乡村发展工作现场推进会在贵阳市召开，会议由中央网信办、国家发展改革委、国务院扶贫办、工业和信息化部和贵州省委、省政府共同主办，旨在深入实施《网络扶贫行动计划》和《数字乡村发展战略纲要》，保持攻坚态势，扎实推进深度贫困地区特别是52个未摘帽贫困县的网络扶贫工作，打好网络扶贫收官战，接续推进

数字乡村建设。

十一、印发《关于做好2020年电子商务进农村综合示范工作的通知》

为贯彻落实中央一号文件部署，推动提升电子商务进农村，建立农村现代市场体系，助力脱贫攻坚和乡村振兴，财政部、商务部、国务院扶贫办决定2020年继续开展电子商务进农村综合示范，印发了《关于做好2020年电子商务进农村综合示范工作的通知》。

十二、《中国数字乡村发展报告（2020年）》发布

由中央网信办信息化发展局、农业农村部市场与信息化司指导，农业农村信息化专家委员会编制的《中国数字乡村发展报告（2020年）》（以下简称“报告”）在第十八届农交会数字乡村发展论坛上发布。报告全面总结了2020年我国数字乡村建设的政策举措、发展进程和阶段性成效，展现了各地区、各部门在推进数字乡村建设工作中的积极探索和重要进展。

参考文献

[1] 赵敬丹，李志明 . 从基于经验到基于数据——大数据时代乡村治理的现代化转型 [J]. 中共中央党校（国家行政学院）学报，2020，24（1）:130-135.

[2] 张晓丽，白煜，贾蕾，等. 浅谈改善农村人居环境 [J]. 环境与可持续发展，2016，41（4）:60-62.

[3] 王君梅，张源，贺军君，等 . 宁夏农村人居环境整治浅析 [J]. 宁夏农林科技，2019，60（12）: 41-43.

[4] 刘洪利 . 农村集体“三资”管理的问题和对策 [J]. 财经界（学术版），2020（11）:33-34.

[5] 刘乃祥，郭静，倪先元 . 全方位升级集体资产管理“安全堤坝”[J]. 农村财务会计，2020（8）: 38-40.

[6] 冯里涛，俞凯辉 . 信息技术在农村宅基地及住房确权登记发证工作中的应用探讨 [J]. 浙江国土资源，2019（3）: 43-45.

[7] 徐倩 . 农村“互联网 + 政务服务”的发展困境及其排解策略 [J]. 经济研究导刊，2019（33）: 41-42.

[8] 马亮 . 中国农村的“互联网 + 政务服务”: 现状、问题与前景 [J]. 电子政务，2018（5）: 74-84.

[9] 沧州市委编办 . 打造行政管理新模式，构建社会治理新格局 [J]. 中国机构改革与管理，2019（11）: 26-27.

[10] 王雨磊，廖伟 . 服务进站：农村税费取消后国家基层组织建设的新趋向 [J]. 电子政务，2020（3）: 63-74.

[11] 王蕘 .“后疫情”时代的在线政务服务实践与思考 [J]. 中国经贸导刊，2020（17）: 148-149.

[12] 王华华 . 互联网时代农村党组织社会治理何以“取信于民”?——以“乡村振兴”样板的山联村为例 [J]. 重庆大学学报（社会科学版），2019，25（1）:195-206.

[13] 黄玮攀 . 乡村振兴背景下农村公共卫生治理的实践困境探析——基于新冠疫情防治研究 [J]. 兴义民族师范学院学报，2020（5）: 68-73.

[14] 李先德，孙致陆，贾伟，等 . 新冠肺炎疫情对全球农产品市场与贸易的影响及对策建议 [J]. 农业经济问题，2020（8）: 4-11.

[15] 农业农村信息化专家咨询委员会 . 中国数字乡村发展报告（2020 年）[R/OL].（2020-11-27）[2020-12-1].http://www.moa.gov.cn/xw/zwdt/202011/P020201129305930462590.pdf.

[16] 农业农村部信息中心 .2020 全国县域数字农业农村发展水平评价报告 [EB/OL].（2020-11-27）[2020-12-1].http://www.agri.cn/V20/ztzl_1/sznync/gzdt/202011/P020201127364994044007.pdf.

[17] 李道亮，杨昊 . 农业物联网技术研究进展与发展趋势分析 [J]. 农业机械学报，2018，49（1）: 1-20.

[18] 滕光辉 . 畜禽设施精细养殖中信息感知与环境调控综述 [J]. 智慧农业，2019，1（3）:1-12.

[19] 杜欣怡，滕光辉，杜晓冬，等 . 基于雷达图的蛋鸡舍综合环境舒适度评价及应用 [J]. 农业工程学报，2020，36（15）:202-209.

[20] 熊本海，杨亮，郑姗姗 . 我国畜牧业信息化与智能装备技术应用研究进展 [J]. 中国农业信息，2018，30（1）:17-34.

[21] 汪开英，赵晓洋，何勇 . 畜禽行为及生理信息的无损监测技术研究进展 [J]. 农业工程学报，2017，33（20）:197-209.

[22] 杜晓冬，滕光辉，NORTON T，等 . 基于声谱图纹理特征的蛋鸡发声分类识别 [J]. 农业机械学报，2019，50（9）:215-220.

[23] 张建龙，庄晏榕，周康，等 . 基于机器视觉的育肥猪分群系统设计与试验 [J]. 农业工程学报，2020，36（17）:174-181.

[24] 庄晏榕，余炅桦，滕光辉，等 . 基于卷积神经网络的大白母猪发情行为识别方法研究 [J]. 农业机械学报，2020，51（S1）:364-370.

[25] 许志强，沈明霞，刘龙申，等 . 基于红外热图像的肉鸡腿部异常检测方法 [J]. 南京农业大学学报，2021，44（2）: 384-393.

[26] 何灿隆，沈明霞，刘龙申，等 . 基于加速度传感器的肉鸡步态检测方法研究与实现 [J]. 南京农业大学学报，2019，42（2）:365-372.